九三文学创作文库

在云南和西藏的边缘

木 祥

学苑出版社

图书在版编目（CIP）数据

在云南和西藏的边缘 / 木祥著 . —北京：学苑出版社，2017.4

（九三文学创作文库）

ISBN 978-7-5077-5179-6

Ⅰ. ①在… Ⅱ. ①木… Ⅲ. ①散文集—中国—当代 Ⅳ. ① I267

中国版本图书馆 CIP 数据核字（2017）第 042211 号

出 版 人：孟　白
责任编辑：李　耕
出版发行：学苑出版社
社　　址：北京市丰台区南方庄2号院1号楼
邮政编码：100079
网　　址：www.book001.com
电子信箱：xueyuanpress@163.com
联系电话：010-67601101（营销部）、010-67603091（总编室）
经　　销：全国新华书店
印 刷 厂：北京信彩瑞禾印刷厂
开本尺寸：880×1230　1/32
印　　张：14.125
字　　数：300千字
版　　次：2017年5月第1版
印　　次：2017年5月第1次印刷
定　　价：48.00元

总 序

"九三文学创作文库"第一辑图书即将由学苑出版社出版，这个最初由社中央文化工作委员会提出的构想，在大家努力下，终于有了成果，可喜可贺。

黑龙江省有一位九三学社基层组织的负责同志，是文学爱好者，多次把他的作品通过电子邮件传给我，有散文，有诗歌，描述他在林场当知青的生活，对当今社会巨大进步的感受，还有他特殊的家世，深深打动了我。至今还记得其中的一篇散文，是写囿于深山老林的孤寂的生活，他收养了一条狗，终日为伴，后来他回城了，那条狗天天到路口等他，日夜守护着他留下的物品，终于抑郁而死。生命之间的情感流淌笔端，让我感动不已。当时我想，我们九三学社成员中应该还有不少像他那样的业余文学爱好者，如果能组织起来，相互交流，岂不乐乎？也能以此增强九三学社组织的凝聚力。在我的建议下，2013年9月一批社内作家和业余文学爱好者聚集江西南昌，举办了"家园记忆"主题文学笔会，共商如何活跃与繁荣九三学社文学创作，笔会还邀请了著名作家王安忆和梁晓声做了有关文学创作的讲座。2015年10月社中央文化工作委员会又与九三学社云南省委和四川省委共同举办了"一带一路南方丝绸之路云南行文学笔会"，邀请了著名作家方方到会，除座谈交流外，还一起赴南方丝绸之路的"五尺道"采风。这样的活动,增强了全社范围内的文学氛围,活跃了社员的文学创作,最后促成了"九三文学创作文库"的出版。文库第一辑首先选择9位九三学社作家的作品,体裁多样,包括小说、散文、诗歌、随笔等。这9位作家,或为中国作协成员,或为全国性文学大奖的获得者,有长期从事文学创作的经历,具有较为丰富的写作经验和较强的创作实力,旨在为文库开一个好头,今后还将出版更多九三学社文学爱好者的优秀作品。

文学是人类文明殿堂里的瑰宝。好的文学作品能反映社会现实,映照人的灵魂,揭示真善美。经常阅读好的文学作品,能够丰富精神生活,滋润心田,陶冶情操,深化对人生、对生命、对社会的理解,所以我一直倡导我们九三学社的同志多读优秀文学作品。我曾经在社中央全会上以及多个场合,建议大家阅读陈忠实写的《白鹿原》。记得毛主席曾经说过,要了解中国封建社会,就去读《红楼梦》,我演绎了一下:要了解中国晚清到民国的社会,要了解中国近代农村,就去读《白鹿原》。近年来我读莫言的《蛙》、王蒙的《活动变人形》、王安忆的《长恨歌》与《启蒙时代》、贾平凹的《古炉》等,读每一期《新华文摘》转载的小说,都让我对人性与对中国社会有更深入的理解。我读刘慈欣的科幻小说《三体》,对天体物理有了从来没有过的了解和兴趣。总之,我体会到经常阅读好的文学作品,能开阔自己的视野,提升自己的境界,使自己深刻、高贵和优雅,面对纷乱浮躁的社会不至于迷失方向或放弃操守。

九三学社是以科技界为主体的参政党,但历史上也不乏在人文领域卓有建树的大家，比如红学家俞平伯，语言学家黎锦熙，国学大师刘文典、程千帆、游国恩，还有杨振声、李长之、魏建功、肖涤非、冯沅君、启功等，包括我们九三学社的创始人许德珩先生。此外，像梁希、潘菽、涂长望、茅以升、周培源、吴阶平、王选等许许多多出色的科学家，都具有深厚的文学功底和艺术修养，人文精神的滋养与他们的成才以及在科学技术方面取得重大成就有着密不可分的联系。

记得在"家园记忆"文学笔会上有一位同志提出"九三人要有一颗文学的心"，我深以为然。希望全社更加关注文学，大家读更多的优秀文学著作，也特别希望我们九三学社的文学爱好者能写出更多有思想、有筋骨、有温度、有想象力和创造力的优秀作品。祝愿"九三文学创作文库"办得越来越好，成长为九三学社家园里枝叶茂盛的美丽奇葩。

韩启德

2016 年 11 月 19 日

自 序

我从 20 世纪 90 年代初写作以来,写小说的时间多,心思都放在了小说上。有时候也"不务正业"写散文和诗歌,留下了为数不少的诗文。这主要得益于 90 年代报刊对散文需求量比较大,便写下了自己的回忆或感悟,表达一点小情绪。到了后来,网络论坛又开始活跃。新世纪开始,各种网络文学论坛十分热闹,当年,我喜欢在"新散文"论坛和"中财论坛"上发文章、读文章,认识了一些散文界的朋友,也写了相当数量的散文,主要是为了以文会友。特别是在"中财论坛"上面发文章还有可能得到稿费,因此写作热情比较高,写了不少的文章。其中《月光带来夜的动静》被收入人民文学出版社出版的《2004 散文——21 世纪年度散文选》;《喜马拉雅山下的拖拉机》获浙江"天目山网络大赛"一等奖;《远望西藏的云》被列为 2003 年《散文选刊》上榜散文。

我的散文,大体上是"回忆性"和"经历性"的事件散文。我曾经在乡村生活多年,后来到西藏当兵,工作后又多在丽江,所以,散文都是关于这些地方的人和事、自己的经历和情感。前几年我整理了一下,有 30 多万字,就跟朋友说,想把它们出版,但经费、发行都是问题,拖到了现在。如果不是九三学社给我这次机会,可能还要拖。谢谢九三学社,谢谢老朋友周勇先生力荐。

　　由于这些散文是陆陆续续写成的，朋友们读它们的时候，对时间概念，难免模糊。比如文章里面说到"至今已经三十年"了，其实，那段事，至今已经四十年了。文章是十年前写的啊，不知背景的读者难免产生误解。编稿的时候，责任编辑李耕老师提出了这个问题，除了在篇末加上写作时间外，我还想在这里作个说明。我在西藏当兵是1974年，1978年离开西藏，退伍回云南。我第二次去西藏是2006年。我去香格里拉的时间是2001年。了解这些，相信读者朋友能够更好地理解我在文章中提到的时间概念。

　　为了方便读者阅读，根据李耕老师的提议，我按文章与地理的关系对文章作了以下排列：岗巴·日喀则·拉萨·川藏线辑；大香格里拉辑；丽江古镇辑；遥远的故乡（一）（二）辑和编外辑。这样归类，比从前清晰了一些。至于编外一辑，是相对于《在云南和西藏的边缘》这个书名来称谓的。这一辑，本来也是可放可不放的，我不是评论家，里面的评论文章当然不是很到位。但是，这些评论和小序都是为朋友写的文章，总有些舍不得的感觉，还是留下来作个纪念。

　　我的散文，大部分我还是喜欢的，它们真实地记录了我的生活和工作，我的酸甜苦辣、复杂的情感。情感历程也是特殊的文化现象，它是特定时期产生的情感，是无可替代的。我同时认为，散文也是有信息量的，历史上许多散文，为什么有价值，是因为散文里记录了真实的人和事，真实的情感，留给了后人，留给了文学，留给了世界。

自　序

　　我的散文，大多是真实情感的流露，有的事件、人物，早已经消失了，凭记忆把它们记下来，希望引起共鸣。

　　当然，一些文章也显得单薄，有着局限性。但为了真实地反映自己的创作历程，也就不做更大的改动和删减了。

木　祥

2016 年 5 月 23 日于丽江古城

目录 Contents

第一辑　岗巴·日喀则·拉萨·川藏线

远望西藏的云 …………………………………………… 3
西藏部队八医院 ………………………………………… 16
在西藏唱歌和写作 ……………………………………… 20
梦想拉萨 ………………………………………………… 24
拉萨河边 ………………………………………………… 29
回忆八角街 ……………………………………………… 33
记忆中的岗巴 …………………………………………… 38
喜马拉雅山下的拖拉机 ………………………………… 42
闷罐车里的天水 ………………………………………… 45
高高的浪卡子 …………………………………………… 47
4月23日的拉萨 ………………………………………… 51
到了八宿 ………………………………………………… 55
轻轻走过日喀则 ………………………………………… 59
索县笔记 ………………………………………………… 65

纳木错散记 …………………………………… 70
波密 ………………………………………… 74
弦子芒康 …………………………………… 78
感受然乌天池 ……………………………… 82
话说江孜 …………………………………… 86
巴塘、巴塘 ………………………………… 91
红色甘孜 …………………………………… 96
昌都 ………………………………………… 100
西藏东达山 ………………………………… 105
西藏盐井 …………………………………… 109

第二辑　大香格里拉

翻越白马雪山 ……………………………… 115
在梅里雪山下 ……………………………… 119
明永冰川的声音 …………………………… 122
德钦小镇的细节 …………………………… 125
澜沧江边滇藏路 …………………………… 129
滇藏线 ……………………………………… 134
从中甸到奔子栏 …………………………… 139
天边的东竹林寺 …………………………… 144

第三辑　丽江古镇

四方街小记 ················· 151
丽江的阳光 ················· 154
艺术的束河 ················· 158
门前的落叶 ················· 161
古城春天 ··················· 165
束河店名散记 ··············· 168
属于丽江的这个晚上 ········· 172
秋意渐浓 ··················· 176
静静的束河 ················· 180
菜市场 ····················· 184

第四辑　遥远的故乡（一）

一个女人和一个食馆 ········· 189
月亮慢慢升起来 ············· 193
小巷里的书店 ··············· 196
田家巷 ····················· 199
月光带来夜的动静 ··········· 205
老屋小记 ··················· 209
妻子的单位 ················· 212
油茶的宗教 ················· 216
舞厅 ······················· 220
梦一样的松坪 ··············· 226

县城西街的孤独 …………………………… 230

我熟悉的乡村医务室 …………………… 235

小镇广场肖像 …………………………… 240

小镇的象棋摊 …………………………… 245

昨夜的新娘 ……………………………… 249

母亲记 …………………………………… 252

为母亲干活的疯子 ……………………… 255

小镇喜宴 ………………………………… 258

今天的村庄 ……………………………… 263

小镇的菜市场 …………………………… 266

第五辑　遥远的故乡（二）

违章的羊 ………………………………… 273

两棵树 …………………………………… 276

半边碗 …………………………………… 280

雨水 ……………………………………… 283

5月9日会议纪要 ………………………… 286

猜测一个女人 …………………………… 290

孤独的性生活 …………………………… 293

与网友们聊天 …………………………… 297

笑容 ……………………………………… 301

圈子 ……………………………………… 304

远方的朋友，金安 ……………………… 308

初冬的早晨 ············· 315
声音 ················· 319
怀念一次日出 ············ 323
上山小记 ··············· 326
洗衣歌 ················ 332

第六辑　编　外

黎明前到达巴黎 ··········· 337
点滴的荷兰 ············· 341
清晨在巴黎凯旋门 ·········· 345
在瑞士苏黎世城 ··········· 350
《大家》编辑部 ··········· 354
403号房间 ·············· 359
我怎么讲述海男 ··········· 363
与马师干一杯酒 ··········· 369
马霁鸿散文赏析 ··········· 374
陈洪金的文章和生活片断 ······ 380
诗画雁南 ··············· 386
刘芝英诗歌赏析 ··········· 391
尹晓燕小说的自我意识 ······· 396
"沧阳"情未了
　——杨春山散文浅析 ······· 401
永远的歌者 ············· 406

梦想者人生理想 …………………………………… 412
杨世祥和他的《木楞房之恋》 …………………… 418
网络散文怎么样 …………………………………… 422
小说《乌鸦》中的性描写 ………………………… 425
散文的帽子 ………………………………………… 429

第一辑
岗巴·日喀则·拉萨·川藏线

远望西藏的云

我在一个想象的角落里望着西藏。抬起头来,在一方狭小的天地里,猜测天空中的哪一片云彩是从西藏飘过来的。

冥冥中也构思着关于西藏的文字。从开始学习写作,我就琢磨着写在西藏当兵的事情。我想,在西藏生活了四五年,总得写出点什么来。可惜一直写不好,写了好些字都撕掉了。到现在为止,只在地方刊物上发了几篇关于拉萨的散文。其实,我在拉萨的时间不多,时间短,但心情好,好些事反而记下来了。

我在西藏边防哨卡站岗放哨的时间长,而且大部分时间都是在岗巴县境内一个叫"塔克逊"的地方。"塔克逊"是一个藏语名称,它在藏语里有一个具体的意思,我曾打听过,知道过,可惜现在怎么也想不起来了。藏语里的"塔克逊"是什么意思不知道了,不过,现在我想从另外的角度具体地说明一下"塔克逊"也并不难。闭上眼睛回忆一下,一切都清晰了。

"塔克逊"仿佛就是西藏的一片云。这片云彩越来越清晰。

喜马拉雅山下的"塔克逊"

在西藏，海拔能让我们悬浮在一个虚幻的数字里。"塔克逊"的海拔是5300米。5300，这个数字在我的心里设置迷宫，最后呈现的依然是具体的物像。然而现在要我解释5300米的海拔是个什么样的概念？我还是没有办法用准确的语言来说明它，具体的描述只会像这个数字一样枯燥。我想，只有自己的生命在这个高度上生存过以后，才能意会到这个海拔的高低、轻重和色彩。真的，我的理解是，海拔的高度，落实到最后，还是一种色彩。生命是有颜色的，没有颜色，万物就死了。

高高的海拔之上，"塔克逊"没有想象中的高山，只有起伏的丘陵。地上一概是淡淡的黄色，没遮没拦。放眼看到尽头，是蓝天和雪山。坝子太宽了，有的丘陵和河谷要走到面前才看得到轮廓，看到那里有游牧的牧民临时的羊圈，上面有堆积千年的牛羊的粪便为历史作证。

我们的营房，建在丘陵一样的山头下面，所有的房屋都坐落在一个小山坳里。一个连队的房子，都是新建的一层高的平房，顺着山坡一层一层呈梯级的格式。洁白的石灰墙，铁皮盖的屋顶，远远地就可以看到太阳的反光和石灰的洁白。我曾走进沙漠里去看过我们的营房，"塔克逊"除了营房上反射出来的阳光和山岭以外，什么也看不到。四周没有树木，没有屏障，距离制造的空间阻挡着视线。一眼望出去，一座叫"干城璋嘉峰"的雪山挡住了视线。雪山长年不化，它属于喜马拉雅山脉。我们经常要出去巡逻，巡逻的地点就在这座雪山脚下。

巡逻很艰苦，这没有什么可怕。在辽阔的"塔克逊"，让我感到苍茫和迷惑的是，这么宽的地域，却没有任何人家。在这里，你看到的除了当兵人，还是当兵人。如果要看外来人，只有沿着沙漠里升起的炊烟走去，去看游牧的藏民搭起的黑色小帐篷，帐篷旁边兀立的牧民和疯狂吠叫的藏犬。在沟溪边，也还有牦牛，都是黑色的，偶尔也有白色的。但我从来没有看到这些牦牛低下头来吃草，它们总是抬着头看着远方。

不少的日子，我经常穿着黄色的军装从"塔克逊"出入。棉衣棉裤毛皮鞋把我包裹起来，这里的当兵人，一年四季都是那样的臃肿。就是这样地装点自己，我站岗，我施工，我捡牛粪……我始终只能站在哨所的一个角落，看高原上的动与静、阴与晴。偶尔才看到有汽车走过。哨所前有一条公路，一条路一个月也就只有三五辆车走过，车过以后是长久的宁静。每当汽车轰鸣着马达在沙子路上行走的时候，我背着一支半自动步枪，看着汽车走过的灰烟一直消失在雪山的尽头，心里什么滋味都有。

其他的外来事物都没有，有时候就只看看营房外乱石岗上时起时落的乌鸦。很少听到那些乌鸦的叫声，它们漆黑的羽毛与沙漠形成强烈的反差。其他的颜色，就算是有了翅膀，飞翔在沙漠里，稍不留神就会被无边的颜色淹没掉，什么也看不见。

然而，我现在脑海里黑色的乌鸦群，还是"塔克逊"的记忆。它们默默地起落，偶尔的叫声，只是属于意境。

哨所的前面，有一条小河，那种水的清澈，我在其他地方从来没有看到过。哨所里吃水都到河里挑，冬天天气寒冷，小河也不太结冰。到了每年的七八月份，河边的草变成了绿色，像是别致柔情的彩带。这种难于看到的颜色，使我对小河的印象更深了。小河时宽时窄，河宽的地带，水浅浅的，摇摆着生命力极强的水草。河窄的地方，水满起来，河里没有水草和青苔，干净的石头都只有小碗大，鸡蛋大，在水里整齐地排列……回忆是这样的清晰，然而，我却回忆不出小河的流水声，这河流仿佛就是应该没有声音。也没有看到生命在河里游动，我想，5300米高度的河流里的生命，只会在暗处。

河边有个篮球场，篮球架做得十分简单，只是用两根木料支起了一块篮球板，一个篮圈。场地不平，是坑洼的沙子地，被风吹得很干净。很少有人去打篮球，只是早上出操或操练的时候，我们才在那里走步伐，口里吼着"一二三四"。球场边上，有一部手扶拖拉机，是我永远也忘记不了的风景。那是一部报废了的车子，有机体，有驾驶座，有把握方向的手柄。一切都有，但自我到了"塔克逊"，它就没有活动过，像是一个点缀，一个象征。点缀什么，象征什么，我说不清。后来我了解到，这部拖拉机到了"塔克逊"就发动不起来，不适应5300米的海拔，从来就没有起过作用。记忆中，手扶拖拉机的轮子还是新的，但已经瘪了，瘫痪在沙子里。

我站岗的时候，就在那部手扶拖拉机旁边走来走去。

因此想起"塔克逊"，我会莫名其妙地想起这部手扶拖拉机。我的耳朵旁边会呼呼响起刺骨的寒风。乌鸦熟悉的叫声也隐隐出现。

一座雪山是我心中永不消失的壁画。

一辈子能记住几个人

一辈子能记住几个人，这是最近出现在我脑海里的一句话。我回忆西藏，想起过去的日子，不能不想起曾经在一起生活过的人。年龄都过四十了，茫茫人海我已经经历过，但仔细想下来，在这些人当中，印象很深的却没有几个。人生要遇到那么多的人，记住的却没有几个，因此难免要发出感叹来。这样想着，就想起了"一辈子能记住几个人"这句话，并把它用来做一段文字的题目。只是觉得这个题目比较宽了，虽然有一些诗意和感悟涌上心头，但也容易下笔千言，离题万里。

还是从"塔克逊"开始吧。

在"塔克逊"这个边防连队里，那年去的云南兵有十来个。据我了解，在我们到这个连队以前，这里从来都没有云南人。这里的兵，一般都是四川、安徽、陕西、西藏一带的。我们是第一批到达"塔克逊"的云南人，而且都是丽江地区的。如果让我现在重新站在"塔克逊"的土地上，我会骄傲地说起，我是第一批站在"塔克逊"的云南人之一。这种"骄傲"是不是有点盲目呢？我不知道，反正是自己现在的心情。

而想不起来当年初到"塔克逊"的心情和模样，我只知道那时已经忘记了看远处的雪山，只是注意看了"塔克逊"小河边的那个连队，那些比我们先到的老兵。

初到"塔克逊"的时候，我觉得这个地方是多么地单调。天是蓝的，地是黄的，雪山是白的。在我的眼里，三种颜色一成不变。还有当兵人，衣服，皮肤，单一得让人心里顿时产生寂寞的情绪。看到的老兵们，皮肤与内地人大不一样，都是一个颜色：棕色。脸上也都可以看到被风沙侵蚀和冷风刮过的痕迹。在这里，我从他们的外表上已经看不出个性来。我没有想到要过多少时间，我会变得和他们一样，让人看到更加难于分辨的一致。

看得出来，"塔克逊"的老兵对云南也不了解，所以，我们到连队的时候，观看的人十分多。后来有些老兵对我说，云南兵的样子，才到西藏就像老西藏了，脸色是黝黑的，还带一点野性。我们用云南话和他们交谈，他们都不太听得懂，问我们说的是不是少数民族语言。其实，我们说的是汉语。所以，我们和他们说话要换一种方式，换成四川话来说。说话的时候，先要想说话的内容，再把想好的话翻译成另外的语音，我觉得说出来的话也就变了味了，同样的内容，没有用家乡话讲起来有韵味。所以，到了连队以后，我们这些云南兵开始的时候不喜欢和老兵打交道，在没有集体活动的时候，几个老乡就喜欢聚在一起吹牛。但这种"牛"却不能在班里吹，班里的内务是要经常保持整洁的，如果那么多人在一个班里，当然会影响到整洁。所以，我们聊天的地方一是在小山包上，二是在小河边，有时候出去捡牛粪，几个老乡就约好了一起去。

所以，我在"塔克逊"的时候，非常喜欢和老乡在一起的日子，有老乡在就能听到乡音，感觉到有家乡存在。老乡们在一起，就像回到了家乡一样。老乡们在一起，一般不说连队的事，大家讲的都是家乡的故事，回忆家乡的季节。所以，我也听到有人说我们云南兵是家乡包，家乡观念太重，干不了大事。刚开始的时候，我听了不服气，也感到畏惧，但我们也改不了那个脾气。后来的事实也的确如此，我们云南兵入党入团都在后面，"塔克逊"的云南兵，没有一个提了干。也可能没有多少人能记得起我们，但我们连队里的云南兵，现在都还互相记得，都知道我们在一个叫"塔克逊"的地方住过，知道那里的海拔是5300米，知道那里干菜的味道，更知道那里有一个特殊的云南兵。

这个云南兵很少和我们在一起，我还知道他肯定说不出我们任何一个战友的名字，但我们永远记得他的名字，叫子正祥，是一个傈僳族军人。子正祥是连队的饲养员，在连队里喂猪，还喂一匹军马和一只军犬。军马和军犬都是退了役的，没有用了的老马和老犬。它们都年纪大了，已经没有用处，但也没有了去处，就留在连队里。子正祥饲养的马和犬都步履蹒跚，只有那群猪活蹦乱跳。猪厩在小河边，冬天，小河里的冰漫延到厩里去。夏天，猪和老马、老军犬都走到小河边。它们知不知道喜马拉雅山的影子在水里漂？那时候，我看到的子正祥经常挑着一对铁桶，身上穿着棉衣棉裤毛皮鞋，显得有些笨拙，但他的脸上总是带着微笑。他走过的路上，洒着一些水，这些水马上就变成了冰，他的衣襟上，也可以看到一串串的冰溜子。我站岗的时候，从远远的一个角度看他，他嘴角冒出的白雾让我感觉到一个冬天的漫长。

子正祥没有文化，在云南的时候，连县城都没有到过。当兵入伍以后，他走得这么远，好像是到了天外。刚到新兵连队，子正祥就尝到了没有文化的苦头。新兵的时候，我们在四川隆昌军事训练。当时，子正祥看到新兵个个都在早上刷牙，领到津贴以后，就到街上去买牙膏和牙刷。到了街上，走到了百货商店，他不懂汉话，就指着样子像牙膏的鞋油说要买，付了钱就回连队了。到了第二天早上一刷牙，一嘴都是黑颜色。其他新兵看到他后，想了半天才知道是怎么回事，知道是子正祥把鞋油和牙膏搞错了。带兵的连长知道以后，才买一盒牙膏把他的鞋油换了，但故事却在整个新兵连队里传开了。这件事在整个新兵连里流传了很长时间，并作为一个云南人的故事，被带到了西藏的大部分地区。新兵要分配到西藏各地去，子正祥的名字也就传遍了西藏的许多地方。

  我不知道子正祥对牙膏和鞋油的事介不介意，因为他很少说话。任何事到了他的面前，得到的都是微笑。在我的印象里，除了我问他，子正祥从来没有主动和我说过话。所以，现在，我闲来无事总是想着这样的一个问题：子正祥在西藏的那些年里到底说过多少话？

  我离开西藏的时候，子正祥还在部队里服役，只是依然不太会说汉话。他很少参加连队的集体活动，部队在搞队列训练和战术训练的时候，他要忙着喂猪，好像只是打靶的时候让他去放几发子弹。连队干部也好像没有想到过要换他到正规班去的念头，部队里要把他留下来，也可能是因为找不到合适的人替他喂猪。

  我不知道我走了以后，子正祥学会了走正步没有。我在连队的时候子正祥是不会走正步的。他走正步的动作与众不同，总是出左脚的同时出左手，出右脚他出右手，看上去十分别扭。连队里曾专门让人教他，好长时间都没有教会，得到的只是他的微笑。我想，这些可能是导致他不喜欢说话，学不会汉话的原因……

现在想来，子正祥的事，和时间一起过去二十多年了。这些事和"塔克逊"这个名称一样，只属于梦中的事物了。而子正祥并没有在梦的外面，他依然像"塔克逊"小河里的倒影，在我的心里非常干净而且清晰。只不过，前些年，丽江地区当年入伍进西藏的战友搞了一个"西藏老战友协会"，我看了一下，竟没有子正祥的名字。"西藏老战友协会"是个民间组织，有没有子正祥的名字在上面都不会有人去追究责任。而我却偏偏越来越想子正祥这个战友，我了解到，他就在我们县的松坪乡，一个树木葱郁，海拔3000米左右，生长山茶、杜鹃和白猴的地方。他的简历是这样的：在"塔克逊"当兵七年，没有探过一次家。回到家乡，也没有安排正式工作，是村里的一个护林员。

牛粪与草的香气

一种我从来没有闻到过的香气在"塔克逊"的上空弥漫，抬起头来，看不到这种香气来自何方，但香气却随着高原的蓝天、阳光和河流进入记忆。因此，二十多年过去了，这种香气还留在心的深处，闭上眼睛定一定神，香气就会飘散出来，味道还是那样迷人。

是谁赐给我的香气，能让我清晰地遥想当年。

在云南和西藏的边缘

虽然当时也不容易看到产生这种香气的烟雾在哪里升起来，在"塔克逊"，我抬无数次头，只能看到天空的宽阔，雪山的纯洁，沙漠的沧桑。在这种香气中，我不能找到更好的形容和比喻。同时，"塔克逊"的香气不为形容和比喻存在，从来不会间断。这香气来自"塔克逊"部队的营房，来自那些牧民黑色的帐篷。一种作为燃料的香草，在西藏的日常生活中不断地燃烧起来，像是一种祈祷，一种献给神灵的紫烟。这时候的香气高高在上，现实中的人也由此变得高深莫测。

其实，这种香气是最为现实的，只要有高原人存在，这种香气就不会消失。并且，一种产生香气的野草或者说是荆棘，在西藏的土地上为人们生存，这是不可变更的事实。每当炊烟四起，香草燃烧，荆棘化为灰烬，香气也就发自内心，进入内心。

我在"塔克逊"的岁月里，没有把这种香气说出来。我带着这种香气离开西藏的时候，也没有把这种香气说出来。随着时间的推移，我才知道自从踏上西藏的土地，我就被这种香气感染。走进西藏的第一个兵站，我就闻到了这种香气，我同时注意到了一种野草。后来的进藏路上，我看到它们生长在青藏高原的沙漠里，好像不需要水，不需要肥料，只要有空气和阳光它们就能很好地生长。这种草没有别的颜色，从发芽到收割，都是黄色的，不需要光合作用。我不知道它们需要生长多少年才能供人们做燃料，这种香草我没有办法去考察，我只知道人们把它从沙漠里拔来，背到了家里，马上就可以烧了。不需要晒干的那个过程，它们的身上没有水分。但香气依然存在，只要点燃它，香气就显示了一种高原的味道，这种生命燃烧的时候产生的味道让人刻骨铭心。

在我们的"塔克逊",当然可以看到这种香草,它们生长在离我们的营房不远的沙漠里,我们要走近它们才能看得清楚它们的模样。而且,我们连队每年的燃料,基本上都是我们自己去采集。往往是在七八月份的时候,准备柴火的时间就到了,在这个季节里,把一年的柴火都准备够。没有军事训练,不出早操,不开会学习,一切都为柴火而制定相应的规矩。准备柴火的这几天,食堂不烧饭,当兵人自己做自己吃,叫作"分火"。这几天,可以一个班做饭,也可以几个人相约做饭。大米、油料、菜,都按人头分到了各排各班。而采集回来的柴火,一部分是交给连队,一部分是班里用来冬天烤火用。班里的柴火,自己放作一堆,用篷布盖了起来,冬天烤火和烧开水的时候用。

香气,"塔克逊"的上空每时每刻存在着的香气就是这样产生的。香草的来源,我已经说到过。只不过,我们在采集柴火的时候,采香草不多,只要找一些引火用的香草就行了。主要是去捡牛粪,牛粪才是我们的主要燃料,它比香草燃得久,火力旺。到过西藏的人都注意到,牛粪才是西藏生活燃料的精华,它和内地的炭、木柴是可以画等号的。在西藏,牛粪的作用里已经不只是内地"肥料"的含义。

我们捡牛粪要从"塔克逊"走出去,走到更加辽阔的沙漠里。"塔克逊"没有牧民来,到底是这里没有草还是怎么回事,我不知道。当然,后来我还是发现,游牧的牛羊喜欢到没有人烟的地方生活,好像他们的牛羊要在看不到人烟的地方才更有利于生存。在捡牛粪的日子里，我们也喜欢走得远些，好像是去沙漠里旅行，去看沙漠深处的野马和野兔。一路上，我们都是顺沙漠里的小河走，这样可以不迷路，还随时可以找到水喝。我们也知道，水是生命的源泉，有水就有草，有草就会有牛羊吃草和拉屎，这就是我们捡牛粪找到的一条规律。走出"塔克逊"的时候，干粮带好了，麻袋准备好了，绳子准备好了。衣服可以穿得旧一些，可以不戴帽徽领章。在沙漠里，可以不讲究军容风纪。我们几个人只带一支枪，只用来打猎。

　　一路上看到的最好风景，是牧民在沙漠里搭的帐篷。帐篷很小，是黑色的毛毡做的，在阳光下十分显眼。帐篷有个小门，门口总是站着一个藏民。藏民的头上绾着辫子，脸上擦着酥油，他远远地看着我们。帐篷和牧民在沙漠里的意境，让我享受到了西藏……除此之外，我还能说什么呢？对了，看到有人走近帐篷，狗从远处跑了过来。它的身后，脚下淡淡的沙灰扬起来。它发出一阵阵叫声。看上去，那狗叫喊得十分卖力，但声音却刚出口便被沙漠吞没了，有些苍白……

　　关于捡牛粪，还有下面的记事。

　　1. 捡牛粪常常会遇到大风天气。背着牛粪，迎着风走，风打在鼻上，会让人难以呼吸。但也只能慢慢地行走，困难程度可以想象。这天，一个叫唐之礼的老乡突然发现一个秘密。他惊叫着告诉我们：用背对着风，倒着身子行走，可以减轻呼吸的困难。所以，我们遇到大风就倒着身子走路。

　　2. 一些日子，我和几个老乡闹不和气，捡牛粪常和班长一起去。班长是山西人，瘦高个，不爱说话，捡牛粪也不喜欢约伴，我和他一起默默地走在沙漠里。那一阵，捡牛粪的当兵的人多，沙漠里的牛粪不多了。在小河边的草地上，我不停地行走，从早上到中午都没有捡满一袋。等和班长碰面时，看到他的麻袋却已经是满满的了。我心里一片茫然。班长说，捡牛粪也考验一个人的耐心和心境。

3. 一次，班里的老兵认识一个驾驶员，他找车把我们拉到沙漠里去捡牛粪，可以少走路。到了沙漠里，驾驶员把车停好，到丘陵上去打猎。这时候，我便坐进驾驶室，开了他的车。车在沙漠里飞奔，被驾驶员看见了。他非常生气，走到了车前，脸色铁青，一句话也不说，但回到连队后，便把我告到了指导员那里。车和驾驶员都是西藏日喀则军分区的，指导员有些维护我，没有怎么批评我。只在后来我站岗"走火"，他才提到了这件事。就因为如此，我一直想当驾驶员，结果如愿。一个念头，让我和汽车打了一辈子交道。至于那个驾驶员，我已经把他的模样忘记了。

2004 年

西藏部队八医院

我喜欢说到西藏日喀则这个地名，那个在蓝天下，有着像泥土一样的颜色的城市。道路、土地、山脉，等等，只要是我眼睛能涉及的事物，都可以用泥土这种颜色来表达。我在日喀则这个城市里，一个人孤独地走到街上，逛为数不多的商店，看街道上行走的为数不多的又是显得破旧的汽车。还有更为广阔的广场，四面都栽着榆树，但这种广场没有围栏，阳光照得地面白晃晃的，没有一个人影……这样空旷的地方，你不知道要到什么时候才会派上用场。

很多时候，我总是穿着草绿色的军装走过日喀则军分区所在地。有时候，也去八医院。所谓的八医院，是西藏军区的部队医院，在日喀则郊外，其规模在日喀则算是比较大的一家。我想，现在也可能如此。从日喀则市区到医院，有四五公里路。那时候，从市内到八医院去没有公共汽车（不知道现在有没有），我们到医院里去都是走路。如果穿小路，走小街小巷，便只有两三公里了。但这些小路，一般人都不熟悉，而且都是泥土路，又是很深的藏民的村道，很容易迷路的，走的人不多。

我们到医院里去，看病的时候少，当兵人，一般都没有什么病。我们去医院，主要是找一起入伍的老乡，在一起叙述家乡的有意义和没有意义的话题。离开家乡了，喜欢找到关于家乡的话语，寄托一份思念。有时候又是晚上看电影，看一些早已经看过的片子，也成了相聚的缘由。在日喀则，当兵人没有多少可以走动的地方，去医院快成一种时尚了。不过，喜欢去八医院真正的原因连我自己都不好说。八医院是一个特殊的地方，那里有许多的女兵，都生得十分漂亮。所以，到医院里去，看那些女兵，议论那些女兵会给当兵人带来一些生活的乐趣，给我们单调的部队生活带来一些生气。

有时候去八医院是周末，大家都休息。但是，在八医院当兵的老乡却不一定休息。老乡姓张，是炊事员，星期天照样上班。八医院的炊事班上班不太严格，我们去找他也不影响他上班。我们到医院里，老是看到小张在灶门口烧火，军装外面套一件白大褂，手握一根铁棍，嘴角叼一支香烟，现在回想起来，那样子蛮有意思。

这种时候，我们就可以在灶门口和小张聊天。我们都坐在几条长凳子上，在一个露天的角落，风和阳光都不回避。小张烧火的灶门外面有一条路，通往医生的住宿区。恰好是星期天，那些已经结婚的女医生都要回到丈夫的单位里去度周末。女医生们回家去，一些是坐医院里的"解放牌"货车（都坐在货厢上），一些是骑自行车。因为工作上的关系，那些医生都和小张熟悉，她们坐在货厢上路过，还对着我们笑，打招呼。骑自行车的女医生过来，小张就停下手中的铁棍，喊着某某医生某某医生。女医生们边作答边风风火火地蹬着自行车，好像很着急的样子。这种时候，小张往往会补上一句：啊，星期六，干部忙着找家属啊！医生们也不停下来，边骑边说：什么事都不懂的小兵，也会耍嘴皮子！一溜风走了，脸上露出兴奋的神色来。这种时候，我看着那些自行车轮后面冒起一些淡淡的灰烟，觉得生活很有意思。从此，八医院给我也留下了更深的印象。

更让我怀念的是，后来，我有机会在八医院里住了一段时间的院。这次住院有些偶然。那天，我在医院里化验了一次血液，没想到结果让医生很吃惊。我的红细胞达到了二十三克，医生说，在内地，一般人血液里的红细胞都是十一克左右，而我身上的红细胞，超出了正常人的一半。医生马上要求我住院，我却一点异常反应也没有。后来才听人说，在高海拔地区生活，红细胞一般都高，不值得大惊小怪。我也不想住院，我知道，作为一个当兵人，住医院那意味着什么。但朋友们都劝我，要听医生的话，我也就心虚了起来，便到连队请了假，住到了八医院里。

我住在一个大病室里，一共有十二个病友。我记得最清楚，我睡的是这间病室的37床，医生、护士、病友都不叫我的名字，都叫我37床。医生、护士都是年轻的女子，我了解过，大多数是部队首长的女儿，她们当兵不久就会提干。我很羡慕她们，同时也想到她们提干不久就会嫁给一个并不太出色的部队干部，心里会有说不出的滋味。

至于病房里的病友，他们都有一些不适的反应，头昏、胃疼、血压高等，只是我没有任何疼痛感，如果思想上没有压力，我觉得住院是很逍遥的事。但住在八医院里，我会觉得很伤感。当兵人住院看病，总是对自己的进步有着影响。所以，在病室里，我很少说话，经常独自一个人走到医院的院子里散步。八医院的院子范围很宽，四周都有围墙，都是白色的泥墙。围墙里面种有榆树，我在医院的时候，榆树叶片黄了，纷纷落了下来，看着让人更觉得孤独。孤独的时候，我想起了一些诗句，便偷偷地记在纸上，只可惜现在很难记得起来这些句子了。也觉得有些奇怪，当时也没有想到要发表什么诗歌，也不知道哪里有发表诗歌的地方，但还是在偷偷地记着那些诗句。

在病室里也看书，看曹雪芹的《红楼梦》、看周立波的《暴风骤雨》、看浩然的《艳阳天》，等等。这些书都是我在日喀则书店自己买的。护士长好像看出来我有些不同于别的病号，有意无意地和我说话，翻看我的书。有时候，我看到她的眼睛会闪烁出一线光亮，里面包含着一种难于言说的温情。后来，我才听人说这个护士长在写小说。只不过，她写的小说，也从来没有发表过。并且，她怕人家笑话她，只是偷偷地写，写好后，用心地誊写出来，订成一本一本的小册子。我知道这件事后，很想和护士长说说读书，说说文学，说说我偷偷记下的诗句，但怎么也开不了口。想等找个机会，但时间一晃就过去了，不久就出院，回到了边防线，次年退伍回了云南……

现在回忆起往事，有些像天方夜谭。

2004 年

在西藏唱歌和写作

生活在西藏的日子，我无法回避默默飞翔的乌鸦。我觉得它们是最孤独的，最能让我感动的。我常常看到它们沉重的翅膀和模糊不清的眼神。可能是我的错觉，我自己看天空中飞翔的乌鸦是模糊的，便认定它们的视线不太清晰。还有偶尔发出的鸣叫，划过茫茫的沙漠。在这种鸣叫中，我感觉到了从来没有体味过的空灵。

还有鱼群。关于西藏的鱼群，我永远不可能熟悉它们在水中浮动的姿态。我曾经望穿西藏所有的清澈的湖泊，从没有看到鱼的游动。然而，那些鱼群却是客观地存在着。在西藏，望着静静的水，蓝蓝的水，想象着鱼群的寂寞。西藏的鱼群善于隐藏自己。不让人看见游动的姿态的鱼群，形成它们的神秘之处。

说到我西藏的生活，为什么要说乌鸦和鱼群。因为，我比乌鸦和鱼群喜欢表达，我不会使用辽阔的寂寞和孤独。

在西藏，我曾经试图用一首歌战胜自己。我自己的歌，我在沙漠里自己唱出来的歌，曾经随着高原的风飘过。首先，我在站岗的时候躲在一条堑壕里唱歌。堑壕是我们自己修的,沿着哨所的后山上攀缘到小山包上。在那条凹凸不平的堑壕里,我背着一支半自动步枪,枪上的刺刀伸展着耀眼的光芒,但我可以没有敌情观念。

日久天长,宽阔的沙漠里,每一个角落都在我的视野里,我相信敌人不会像傻瓜一样出现在我的视野。所以,在站岗的时候,我有理由独自一个人唱歌,唱属于我一个人的歌。在沙漠里一个人唱歌,声音是放得很大的,怕自己听不见。

唱歌的时候风往往很大,我的歌声轻而易举地被沙漠的风淹没。我唱的歌曲,是当年很流行的京剧"样板戏",《沙家浜》里郭建光的《朝霞映在阳澄湖上》、《红灯记》中李玉和的《提篮小卖拾煤渣》等,那些铿锵的京剧片断让我感动,我至今都还能全部唱下来。

在沙漠里,我自己觉得嗓音非常好,但我从来没有在大庭广众之下唱过歌。在沙漠里唱歌,我是自己的听众,毫无疑问,我对自己的歌非常满意。

当然,我得说明,这种唱歌的方式是对一种愿望的表达。我去当兵的野心很大,一是要入党,二是要提干。那时候,出生在农村的年轻人到了部队提不了干,退伍后也是"哪里来到哪里去",没有当时所说的"前途"。所以,我在沙漠深处唱出来的歌,代表着一种抱负。

这种用歌声表达愿望的情绪可能是与生俱来。

在西藏,除了一个人寂寞地唱歌,还有孤独地写作。西藏写作,是我的一种幻想,我想通过它来改变我的命运。我根本对历史证明了的命运往往抛弃写作者幻想的事实视而不见。我不知道命运捉弄了多少写作的痴迷者。

然而，今天回忆起来，那是一种特殊的写作方式。一个人坐在沙地上，可以写不出一个字地坐着。也向前看，看到的是什么，是沙漠。沙漠上有一条模糊的车辙静静地躺着。更远处是什么，是雪山，一座叫"干城璋嘉峰"的雪山。在西藏，一种特殊的写作姿态和方式，让我懂得了生命的疼痛。

虽然，我也认定热爱写作来自我自身的本能，一种爱好。除此之外，我就没有更好的解释。哨所里每年都要出黑板报、墙报，需要战士投稿，我的投稿数量最多，近似出风头。但写其他的文学作品，就只能躲着写，不让战友们知道。让人知道我在写作，而又写不出来，我觉得是一件十分尴尬的事情。这只能说明我没有自信心。

在哨所里，我们每个班的战士都住在一间屋子里，在宿舍里写作是不实际的事。于是，我就跑到宿舍外面去写，写些什么呢，我现在大体记得的就是诗歌和小说。诗歌写了一些章节，但小说一篇也没有写完。我只是小学文化，基本功没有到家。在西藏，也没有多少书可看，没有人指点。

于是，在荒无人烟的哨所，太阳刚出来的时候，我就躲到沙滩上铺开了信笺纸，涂写一些莫名其妙的东西。如果太阳不出来，外面风大，我会偷偷地跑到碉堡里面，像做见不得人的事一样，记下我自以为是的文字。这就是我在西藏写作的整个过程。

这个过程多么简单，简单得像原始时候披着树叶、兽皮制作的衣服种地狩猎的野人。

但是，后来的结果显而易见，我什么也没有写出来，什么收获也没有。留下来的，就只是那些写作的过程。

我也不知道，回忆这些过程到底有什么意义。

2004 年

梦想拉萨

我去拉萨，还是 20 世纪 70 年代的事。70 年代，到眼下差不多是三十年了，想起来真的像梦一样。其实，在去拉萨前，我就在西藏岗巴县一个叫"塔克逊"的哨所当兵了。现在，我想先描述一下这个西藏边防哨所的情况，却感到有点不得要领了。苍茫高原，四面是看不到边的沙漠，淡黄色的草地。哨所周围，基本上没有人家，很少能见到外来人，处于与世隔绝的状态。在这个海拔 5300 米的高度上，经常看到的只是成群的野兔和野马，以及游牧的帐篷和牛羊……到现在想起这些来，我真的不知所云。只是有一点感觉不会改变，那时，觉得岗巴那种环境下，能去一趟拉萨，其高兴的程度无法找到合适的语言来形容。

那次我们去拉萨，是学习开装甲车，整个岗巴边防部队只去了五个人。

当时，哨所的交通很不方便，只是偶尔才有部队的车经过。我们去拉萨的时候，刚好营部有一辆"解放牌"汽车要到拉萨去大修，就顺便搭上走了。听说，这辆大修的汽车毛病比较多了，除了驾驶员外，还带了一个修理工。所以，我们五个人当中，只有一个能坐驾驶室，其他的都坐在车厢上。虽然快到5月了，高原上的气候还比较冷，风也特别大。我们坐在车厢上，穿上了皮大衣和毛皮鞋，戴上了棉帽。

从岗巴到拉萨有五百多公里路，一路上，我们经过了江孜和日喀则，经过了"浪卡子湖"等地方。后来我才知道，这些地方都是过去"南丝绸之路""茶马古道"从拉萨到印度的交通要道。我们所经过的公路，不算险要，来往的车也少。但公路大部分都经过沙滩峡谷，而且都是沙子或弹石路，高低不平坦，汽车颠簸比较大，灰尘也大。路两边的峡谷和沙漠上，走几天都看不到一棵树，只有淡黄色的草地和沙子。路边上也有小河，有时候可以看到河里洁净的流水和石头，有时候看到河里的冰川还没有融化。远处的山坳里，牧民黑色的帐篷和淡淡的炊烟依稀可见。路两边偶尔才有村庄和房子，这些房屋都相当矮，并且都是用泥土铺成的平顶，开着小窗，房子的顶上可以晾晒东西。

偶尔有车走过，感觉中是天外来客。

一路上，我喜欢站在车厢上。风吹来，头发扬起来。什么话也不说，望着洁白的雪山茫茫的沙漠和高山，望着草地上的牦牛和羊群，内心有说不出的苍茫感……当然，也看到一些藏民和小孩子向我们招手，嘴里呼喊着什么。这时候，便产生想写一首诗的感觉……

路上耽搁了三天，"五一"节那天才到了拉萨。汽车只出了两次毛病，一次是发电机不发电，还有一次是刹车管坏了。两次毛病修理工都自己解决了。

　　车到拉萨的时候，时间还早，好像才五点钟左右。拉萨市郊，还是沙子路。我们的车过后，扬起白色的灰带。这时候的拉萨坝子里，一望无际的冬小麦展现在眼前，绿油油的。坝子里村子也密了，房子也多了，人也多起来。他们都穿着藏装，走到公路边的地里或房子周围，看着我们的车开了过去。慢慢地，公路才变成了柏油路，平平展展的。路的两边，柳树都发绿了，柳絮随风飘着。坐在车上，觉得空气里也有了春天的味道，这是在岗巴的时候感受不到的。同时，到现在我没有忘记的是布达拉宫，当初看到布达拉宫时的情景。站在车厢上，抬起头来，看着这座宫殿似的建筑发呆。布达拉宫是依着一座山建筑的，高大而雄伟。当时，布达拉宫还没有对游人开放，也没有翻修。远远地可以看清石头砌的墙，白色的石灰，飘逸的经幡和房顶上的雕塑……我第一次看到她，她以神圣的姿态矗立在蔚蓝的天空。我情不自禁为之感叹。看到这座古朴而典雅的建筑，一种震撼人心的力量在心里产生，让人久久不能忘怀。我现在还想，艺术的力量，就应该有如此的魅力。

　　没有过多少时间，我们就进了市区。进市区，车要从布达拉宫下走过。布达拉宫前，是一座广场，广场很宽，上面长满了自然生长的小草，有的地方，还有一些石头和水洼。广场的东边是市政府，南边是劳动人民文化宫。那天正好是"五一"节，有一些穿藏装的游人在广场上唱歌跳舞。街道上，一些卡车拉着参加庆祝活动的人，他们在车上还载歌载舞……就这样简单，没有雕琢的痕迹,一幅古朴的风情画,至今都保存在我的记忆里了。

我们的车进了解放路。解放路是拉萨的一条主要街道,但街上车辆和行人都不多,街道也不复杂,没有红绿灯,只有一个交叉路口有交通警察在指挥。经过解放路,再过了人民大街,才十多分钟,我们的车就顺利地进了西藏军区第二招待所。下车后,我们赶快到值班室登记,但服务员说,已经没有床位了。我们都初到拉萨,不知道除了第二招待所,还有什么地方可以住宿。这时候,一个当兵的服务员告诉我们,可以去到第三招待所住。但是,三招还在南郊,路比较远。没有办法,驾驶员又拉上我们向南郊开去。路不熟,只要有交叉路口,驾驶员都得停下车来问路。车停下来,问路上的行人"三招"怎么走,一些藏民尽管汉语不熟,但他们都热情地告诉我们"三招"的具体方位,一定要我们听懂才走开。

我坐在车厢上,觉得自己没有问路的任务,仿佛也不怕找不到住宿的地方。到了拉萨,就有了一种归宿感,心里非常轻松。临风而立,一路看着风景,一路看着街道上的商店和房子。一路上,商店都不多,房子最高的,也只有两层楼高。街道两边,栽着一些法国梧桐和柳树。一路走着,我觉得路上最有特色的是路边的老柳树。老柳树长得有脸盆粗,颜色是黑色的,只有七八尺高。柳絮却十分茂盛,长势相当旺。这些在内地很不起眼的树木,在西藏却成了非常独特的风景,至今让我难以忘怀。

慢慢到了南郊,柳树也越来越多,所有的单位和藏民的房屋都掩映在柳树林里。我们要住宿的西藏军区第三招待所,和南郊的一些其他单位相隔不远，房子建在一片沙子地上，全部都是铁皮顶子的平房。走进"三招"的大门，马上看到院子里停满了车，所有的车都风尘仆仆，看上去就知道是从边防上下来的。我们忙下车到值班室里，一问，居然还有床位，便马上出示证件登记，并从车上取下背包住下了。走进宿舍里，房间虽然低矮，但一种安详温暖的感觉油然而生。几个人相视开心地笑了。

  第一次到拉萨，我们忘记了沿途的奔波，除了高兴，还是高兴。只是到现在都想不明白，三天艰难的行程，会一点也不觉得累。现在想起二十多年前到拉萨的事，我感觉到，人只要有一种精神支撑着，苦和累都是次要的。

2002 年

拉萨河边

关于拉萨河的作品，我看了一些。多年来，只要是有关西藏的作品，只要是有拉萨这个字眼的书籍，我都爱看。西藏和拉萨，已经注入我的血液里去了。但从我看过的关于拉萨河的作品来看，其中一些虚构的成分大。一些作者喜欢写拉萨河里有女孩子洗澡，一些作者喜欢写拉萨河里的羊皮筏……不知道为什么，我在拉萨河边住了三个多月，这些情景却从来没有看到过。我印象中的拉萨河是静静的，淡淡的，朴素的，没有一点修饰……

时间还是20世纪70年代中期，我曾从西藏边防部队到拉萨学习开装甲车。到了拉萨，去西藏军区军务科报了到，我们就住在了军区司令部的小院里。学习也暂时没有开始，我们就住在院子里等着。等到过了两天，我们才知道，当时，整个西藏军区只有四辆装甲车，而且是属于适应性试验。装甲班是新组建的单位，暂时由司令部车队管理。

司令部小院就在拉萨河边，里面住的，都是首长和要害部门。所以，开始的时候我们都不敢到处乱窜，怕出什么问题。只是后来老兵告诉我们，只要不违反纪律，院子周围也可以大胆地走走，我们才试探着每个院子里都去看一看。走过整个司令部院子，才知道虽说是小院，但地盘比较大，部门也比较多。每个部门，又都分成一个个小院落。每个院落里都栽着些适应西藏生长的树木，其中以柳树最多。在小院的路边上，偶尔可以看到几棵云南松，长得有十多米高，但分枝不多，主干显得修长。松树下长着灌木和杂草，地上是沙子，有少许落叶。灌木杂草，长在沙子上面，也只有到了5月后才开始发芽。

我们五个人，住在紧靠拉萨河的一幢楼上，这是小院里为数不多的两层楼房。因为房子比较紧张，五个人住在一间不到二十平方米的屋子里。楼上住的人不多，听说那些房间装了部队的一些器材。只是在楼下，住了一个军官。军官在家的时候不多，可能是上班或出差去了。军官的妻子，好像是在拉萨的哪个单位上班，也不常在家里。我们看到军官家里有个孩子，是一个小姑娘帮忙带的。开始的时候，我们不知道小姑娘是什么人，后来才知道是军官的妹妹，是到拉萨去帮嫂子带孩子的。小姑娘成天带着孩子在拉萨河边玩，和小孩子说笑，听口音，我们才知道她是四川人。

本来，军区小院靠拉萨河的一边是用围墙围了起来的，但不知为什么，有一段围墙塌了，也还没有修。我们就可以从院子里直接去拉萨河，而且只有五六十米的路。院子里有自来水，我们不喜欢用，洗脸洗衣服，都是到拉萨河里洗。白天不训练或中午休息时，基本上都是在拉萨河边度过。大多数时间，天气都很晴朗，白云悠悠，天空蓝得深邃而神秘，像看不到边的海。河岸上还是柳树，我一次次提到的柳树。老柳和新柳，交织在一起，成为拉萨河边绿色的屏障。河的对面，是高高的山。感觉中，每一道山脉都非常干净，草地和石头，都被风清洗过了，只留下了山的灵魂。

我常常看着河对岸的山峰发呆，看着一群乌鸦飞去，另一群乌鸦飞来。我知道，在山的一隅，是天葬的地方。天葬的地方，是冬小麦的尽头。西藏的冬小麦，产量居世界前列。不到西藏来，根本不敢相信在世界屋脊上，会有丰收的庄稼。过去，在我的内心里，只记住了西藏草地上的牛羊啊。

坐在拉萨河边，听流水"哗啦啦"轻轻地响。河水清澈透亮，随处都可以见到河底，可以看到自由自在的鱼。河水很清凉，不管太阳有多热，手伸到水里，都凉得沁人心脾，感觉到另一种天地的物质的存在，让人留下记忆。从水边上岸，独坐在老柳树下。偶尔才有人走过，大多是当兵人。有时候，会有一群年轻的女兵，脱了外衣，穿上部队发的白衬衣，腰带扎在外面，头发随风飘散……这是军人在街上所不允许的，她们到拉萨河边来，用笑、用挥舞的手势和话语，释放满腔的女性魅力……拉萨河，就是以这样的青春色彩，保持在我的记忆里，让我怀念她的青春魅力。

有时候，那个在小院里帮助嫂嫂带孩子的四川姑娘，也到拉萨河边来浣衣和玩耍。偶尔也和她交谈，便知道小姑娘初中都还没有毕业，才十四岁。我曾经问过小姑娘，为什么不在内地读书，找个工作。小姑娘说，在家乡读书，很难继续升学，更难参加工作。她的哥哥曾许诺，等她把孩子带大一些，就帮她在拉萨找一份工作。

我们只在拉萨学习了三个月时间，后来就回到边防部队去了。直到今天，拉萨都没有到过了。时间过去二十多年，拉萨河，那些从河边走过的女兵，那个带孩子的川妹子，都像是梦里的事物。

2003 年

回忆八角街

现在，我还能很清楚地记得八角街在拉萨的哪个位置。不过，那时候的八角街，肯定比现在要"土"，但更接近本意。虽然，我已经有二十多年没到过拉萨了，现在的拉萨，现在的八角街，只是在电视里看到。我在银屏上看到的拉萨、八角街，面貌比从前新得多。

二十多年前的拉萨，整个城市都是静静的。八角街更是如此。在我走过的所有省市级城市中，只有拉萨是那样的安静。我在街道上从来感觉不到喧哗，车辆少，行人很少坐车，都在不太宽的街道上缓缓地走路。在拉萨，人们很少有坐车的概念。人们喜欢在这个城市里行走。在这个城市里，泥土路、沙子路也随处可见，但这些泥土路非常干净，没有草屑，也很少看到垃圾。走在路上，风也不大，阳光照在路上，路两边老柳树上的叶片落下来，飘飘洒洒，是树的灵魂。这是一座干净的城市。

八角街与拉萨的一条大街——人民路连在一起。在拉萨的时候，我曾多次经过人民路，穿过八角街古老的街道和巷子。从

在云南和西藏的边缘

西藏军区司令部第二招待所到八角街去并不远,好像只有一里路,只要愿意,随时都可以到达这条古老街道。然而,到这条街道去的时候,基本上都只是我一个人。我不知道,我当时怎么会常常一个人到八角街去。只要有时间,气候又好,我就在那些像迷宫一样的街巷里游逛。走在街巷里,神情一定有些迷茫,很像是一个迷路的人,又不好意思向人问起前面的道路。只好在自己的感觉中摸索,在一种自己酿造的意境中寻找方向。当年在八角街上,就是这样一种心情。

当时,我由于一个被人误解的理由从条件比较优越的部队下放到艰苦边防。说实话,我不是怕苦,而是因为下放就意味着退伍,不长时间就得离开部队。我当然不喜欢就那样不光彩地离开部队,所以曾经向西藏一个地方政府提出申请,要求留在西藏当农民。一切都在默默中进行,没有任何人知道,像在做一件见不得人的亏心事。然而,申请寄出去以后,很长时间也没有音信……所以,在当时,我知道自己需要的是一个灵魂的出口,我的情绪低沉到了极点。所以,我每次走上拉萨的街头都没有真正的目的,走到八角街去也有一定的盲目性。

时间已经是9月了,拉萨每一条街道上的树都在落叶。落叶没有人扫,干净地铺在路上。树干开始伸展起来,阳光开始透彻。这种时候,我带着复杂的心情出门,走上了拉萨的道路。先是上了大街,然后就想起了八角街。去八角街,只要沿着人民路走,不转弯就到了。慢慢地走到了八角街口,就感觉到两条街道有着不同的味道。与人民路不同的是,八角街上的都是老房子,街道窄,路上好像还没有铺水泥。而且,在八角街上,藏民比较多，外地人少。在这里，我只能听到藏民像唱歌一样地说话，在不同的语言环境中，我没有太在意他们的说话内容，所有的意义都深藏在一种氛围之中。

在八角街上，商店也不多，比较大的好像只有两三家，是镇上的国营商店。这些商店都集中在街口上，一家挨着一家。商店虽然都是国营的，但房子很旧，门面也不起眼。店里的东西，和人民路上的差不多，都是很普通的日用百货，该用票证的，同样用票证。在商店门口，总是会飘浮出酥油和盐油糖茶味道。味道以酥油为主体，这种味道会环绕着一条街道经久不息，像街道上的行人一样久远，深不可测。随着这种特殊的味道，我同样会毫无目的地走进商店里去。但我很少买东西，只是看。当时，全国各地的物资都相当匮缺，以手表、自行车为名贵商品。八角街的商店里没有摆着自行车，只有几块手表，都是上海牌的。我知道，上海牌的手表有两种价格，一种是全钢的，一百二十块一只，一种是半钢的，一百块一只。后来我知道，这种上海表在内地的商店里缺货的时候很多，在八角街的商店里却轻易就能看到。如果有钱，当然也能买到。可惜我当时的津贴每月只是十一块钱，手表属于想象中的物件，只能看看。时间长了，到店里看多了，这种手表在商店里的哪个部位摆着，心里都明白。每次到了商店里，看到好几只手表长时间好像没被动过，乖乖地躺在玻璃柜里。我好像已经能感觉到它们的温度了，成了知己。但每次到了店里，还是要看。好像看一下这东西，也是一种享受。

出了商店，再到自由市场去看一看。当时的拉萨，我在其他地方从来没有看到过自由市场,只有八角街才有。自由市场就更是平民化,穿过窄窄的巷子,走到一个四四方方的场地,就可以看到在泥土地上交易的藏民。但这里的人也不多,卖的东西也不多。四周的房子,都是泥墙土顶,有小小的窗户。偶尔可以看到经幡,不像现在这样多,不是随处可见。经幡的颜色黄绿红都有,用一根绳子拉在屋檐下,经受日晒雨淋。在这个自由市场,我经常看到的,是一个老藏民摆的小摊,他的货物用一块塑料布摆在地上。所摆的货物,有雪莲,有藏刀,有手表,但都是旧的,像他的面容一样古老而沧桑。那时候,他摆在地上的刀我不喜欢,雪莲花,我们部队也能采到,喜欢的是旧手表。旧手表是国外产的,是一种叫"瓦士针"的,问了价格,也还是贵。一块"瓦士针",要一百多块钱。当兵人,哪里会有一百多块钱呢。也只是看了过过眼瘾而已,在他的摊前,徘徊不已……

以上都是对八角街最为真实的记忆,最直接的见闻。简单的记忆的同时,也有一些像诗一样的话语在心里涌动,只不过,那些话语的出现,也只是加深我叙述的平淡。同时,也出现与八角街风马牛不相及的事件。从八角街出来,我也会跳上拉萨的公共汽车,一直坐到尽头,走完没有目的的路程。那时候,整个拉萨只有两路公共汽车,一路车从军区司令部到军区总医院,一路跑环城。两路车我都坐,一角钱就可以打发自己剩余的时间。

透过车窗,看柳絮轻抚金黄色的冬小麦,看没有一根杂草的田埂。我看到布达拉宫是多么神圣而飘逸,我在拉萨的任何一个角度都能看到她,她的整个姿态包容了我的灵魂。我还忘不了拉萨四周肃穆的山冈,以及山冈上低飞的乌鸦。

我知道那是藏民天葬的地方。

2003 年

记忆中的岗巴

最近从西藏回来,写了几篇散文,都是走马观花式的,难以让人满意。关于西藏的文章,谁都不敢说写得好,写出来,心里没有底。所以,这次走西藏的过程,只好暂且停下来不写,想先写一些关于西藏的记忆。

记忆中出现一个多年前在西藏认识的小女子。但是,在说这个女子的故事以前,我先得说当年在西藏当兵的那个叫岗巴的小县城。

岗巴县城离边境线只有二十来里路,我们每个月到边境上的雪山下巡逻一次。我在这个县城当兵的时候,孔繁森正好第一次进藏,当县委副书记,一起住在那个像土堡一样的小城里。

现在回忆起来,岗巴县城像一个最为原始的村庄。土房子、土路、最为清澈的小河与慢慢地走过的藏民和牛羊……河边没有树,只有淡薄的小草,颜色黄黄的,终年都不绿。看到眼里的,基本上都是沙漠和雪山的景象,让人觉得苍凉。

当时,我的心情也很灰暗。从农村里出来的当兵人,眼看没有提干的希望,也没有参加工作的机会,感到前程一片茫然。所以,雪山、草地、沙漠,还有深邃的蓝天,西藏最为灿烂的阳光,等等的一切,都抹不去我心中的孤独。现在想来是最为简单的欲望,让我失去了对那些最为壮阔的景物的理解。所以,那个年月我在岗巴,不论走到哪里,都带着极大的盲目性。其实,我这种盲目追求,现在也没有改变多少。

心情不好,我喜欢一个人走在县城的泥土路上。整个县城都是泥土路,我没法不走。路的两边都是土坯房,土墙和泥土的房顶、泥土的窗户。我不止一次说过,我看到的其实是一座土城。所有的房子都矮矮的,房顶上摇晃着黑铁皮做的烟囱。走在路上,总是能闻到高原上的香气。那种香气随时都在小城里弥漫,那是城里人烧火做饭或取暖时发出的味道。在西藏,烧火做饭离不开牛粪和一种味道最为明显的野草。牛粪和野草燃烧后发出的混合味使整个县城产生神秘的气息,这种气息足以笼罩我的整个人生。

在小城最为浓郁的香气当中,我常常望着延排进沙漠里的电线杆。看到沙漠上电线杆越排越远,更加显得矮小,像跋涉的人,慢慢地远行,越走越远,最后消失在视线之外,让人增添许多想象和无奈。在路上,我很少碰到行人。我们驻扎的虽说是县城,但人不多,加上当兵的在内,总共只有几百人。住在县城里的老百姓也不多,居民大多数都是国家机关的干部职工和他们的家属(许多干部都带上了老婆和孩子)。一路上,除了营房以外,我只看得到两家低矮的商店、一家医院、非常简单的政府大门和办公室……还有一个邮电所,也非常小,有两间门面,一个小院子。邮电所只管收发地方上的信件,部队当兵人的信件,由部队的邮车发送。电话通信也是部队管理,地方的通信与部队共用。所以,部队的两个通信兵,也住在县邮电所的这个院子里。

说起来,邮电所也不特别,三个工作人员,做着卖邮票、收发电报和报刊的普通工作,很难引起人的注意。所里的工作人员,除了一对三十多岁的夫妻以外,还有一个年轻女子。我要说的是,这是在岗巴县城里工作的唯一一个汉族年轻女子。整个县城,就只有这么个年轻的汉族姑娘,很容易让小小的两间小房子出现一些是是非非。关于她的传说也很多,我也与她接触过,所以,我曾经以这个女子为题材,写下了一篇小说。小说写得很浪漫,写的是"我"在这个高原县城里与这个姑娘的爱情故事,写得离奇古怪(可惜没有发表出来)。

其实,小说是以这个女子为原型虚构的,事实可不是那样的。我当时听说过这个姑娘的一些传言,一是说她曾在日喀则地区邮电局工作,因为作风不好才"发配"到岗巴县里来了,二是她与县委机关的一个叫小李的男子谈恋爱,但一时好,一时又闹翻。后来,我鬼使神差地去邮电所与两个通信兵玩耍的时候,她就正与男朋友闹矛盾。所以,她也常去两个通信兵的宿舍烤火聊天。两个通信兵对她避而远之,说话做事都很讲究分寸,怕惹是非。当然,也免不了要在一起说话玩耍和做事。最经常做的事是打牌,四个人,刚好够数,离开谁也不行。

打牌的玩法常是"拱猪",是当时岗巴县城里最为流行的打牌方式。很多的时候,这个女子坐在我的上方,我在她的后面拿牌。我心情不好，不是很留意这个女子。只知道她是四川人，姓黄。我们叫她小黄。小黄个子矮小，留有两条短发辫，说话很轻很快。打牌的时候，也有机会与她说话，怎么也不敢问起她在日喀则的事。所以，不知道那些传言是虚是实。有时候，在她的后面拿牌，我的手会无意中碰到她的手背上，并产生一种异样的感觉。这种异样的感觉产生，也只是留在心里。这种心理感觉，我也如实地写进了小说里。

我们打牌，邮电所里的夫妻从来不参加。如果连队放假，我从邮电所回去得比较晚。但我出门的时候，总是能感觉到那家两口子在注意我。他们为什么会注意我，当时我也没有在意。时间没有过多久，我就被"下放"到了远离岗巴的边防连队。从此不能在岗巴县城里了，而是到了一个更为艰苦的边防连队。只到后来，我才知道是这对夫妻反映了我常到邮电所接触小黄的事，他们觉得小黄"作风不好"，怕因此而影响部队的荣誉。

离开了岗巴，这让我的心情更加灰暗，那段日子，我简直不知道是怎样度过的……然而，时间已经过去了二十多年，那些日子不管多艰难，现在仍然觉得是一笔财富。过去了的日子，由于艰难，由于磨难，所以让人记忆犹新，思维清晰。从西藏回来，再回忆西藏，觉得平淡的时光，才是真正的过眼云烟。我想，那个我所认识的小女子，现在也可能会感悟到这一点，然而，这种感悟，只怕是来得晚了一些。

2003 年

喜马拉雅山下的拖拉机

在我的心里，喜马拉雅山下的事物，已经只是属于回忆。自从西藏回来，我没有想到过要去西藏。到现在为止，我都不敢动进藏这个念头。我进西藏出西藏都是从青藏线去的，进出都用了差不多一个月的时间。现在，如果我选择其他的进藏方式，已经完全失去了进藏的意义。一种选择，是我对西藏那段生活，对西藏这个词语产生的理念。

这个事实让我感到世事的苍茫。

对于西藏，我还会冒出这样的想法：如果我现在有能力到达那个曾经站过岗放过哨的哨卡，我的出入绝不会有当年那样自由。我敢断言，那些威武的军人也不会相信我这个老兵。与普通人一样，我要进入当年的边防，需要一个特殊的边境通行证。我知道，让我手持边境通行证到达我当年的哨所我会受不了。所以，我现在不敢轻易地想我要去西藏。

当然，对于西藏，还有许多记忆的碎片。有时候，一些回忆让我自己也感到莫名其妙。

比如说，那辆雪山下的手扶拖拉机。那是一架起动不了的机器，它停在雪山脚下。雪山是那样高大，高耸进入蓝天。和雪山相比，拖拉机只像一粒沙子。它停在我们的球场边上，日晒雨淋，风吹雪打。它有机体，有驾驶座，有把握方向的手柄。一切都有，但自我到了喜马拉雅山下的那个哨所，它就没有活动过。因此，部队的战士谁也不会提到它。我自己觉得奇怪，我却毫无理由地牢牢地记住了它。在我们的营房前面，什么都没有，没有人家，没有炊烟，没有行人……可能就是如此，我才轻而易举地记住了这部手扶拖拉机。

那时候我应该还很年轻，应该充满许多幻想。而一部报废了的拖拉机，为什么会引起我的注意。谁也不可能相信，我自己都不敢相信。是不是那个时候我就知道，这部报废了的拖拉机，停留在雪域高原就是一个点缀，一个象征。点缀什么，象征什么，我同样至今说不清楚。

我站岗的时候，喜欢在这部拖拉机的周围游走。穿着棉衣棉裤，还穿着毛大衣。更多的时候是夜晚，月明星稀。霜花挂在枪刺上，形成一种意境。记忆中，手扶拖拉机的轮子还是新的，但已经瘪了气了，瘫痪在沙子里。后来，我只差没有和老兵去了解这辆拖拉机的历史，我怕老兵说我们云南人没有见过世面，怕他们笑我对一部报废拖拉机的关注……

时间已经无情地过去了多年。

现在，我回忆西藏的生活，拖拉机是最具有象征意义的物体。多少年来，它都静静地躺在雪山下，没有人想到它，没有人去过问它，也没有人去破坏它。

在云南和西藏的边缘

　　退伍了,我脱下了军装,摘下了心爱的领章和帽徽。我走了,和进西藏一样,坐上了一辆"解放牌"大卡车,默默地离开。我走了以后,这部拖拉机还留在西藏。在卡车上,我远远地回望着这辆手扶拖拉机,直到雪山挡住了我的视线。与喜马拉雅山相比,它真的只是一粒沙。

　　我敢相信,这部手扶拖拉机至今都还躺在我们的哨所前,像躺在天国一样。

2005 年

闷罐车里的天水

我去西藏当兵的时候,坐的是闷罐火车。闷罐火车这个词,一些人听起来不好懂,其实,所谓的闷罐车就是拉货物的火车厢。这种火车厢没有车窗,没有用餐设备,没有卫生间,没有座位,它的功能主要是堆、运货物。那时候用这种车厢拉人有两种情况,一是运送当兵的人,二是加班运送旅客。当然,加班运送旅客,只限于短途,如果是长途,吃喝拉撒诸多不便。

当兵人坐闷罐车,情况就比较特殊,是要坐长途的。我们去西藏,从四川隆昌新兵训练基地出发到西宁,漫长的路途,坐的就是这种车。坐在车里,看不到城市和村庄,看不到山峰和河流,也很难看到天空的飞鸟和地上形形色色的人群……所有的风景,都跨越视线之外,甚至是想象之外。所以,我们进藏的时候,穿越了西南和西北,但西南西北的概念,在脑海里基本上是空白。

只不过,也记下了一些城镇的名字,也看到了许多陌生的人群。那是中途下车吃饭的时候,一日三餐,都下车到兵站里吃。这些兵站设在火车站附近。这种时候,新兵们就下车来吃饭、喝水、解手、呼吸新鲜空气、看陌生的天和地……记下的地名,都与新兵的基本生活有关系，它与人的生存、生命联系在一起，却很难把它们在生命里沉淀，留下有感觉的东西。

只是有一个地名比较特殊，到现在为止，当年从四川到青海的过程中，留在脑海里的地名就是它：天水。

天水，这个地名是我在梦中认识的。那是个晚上，我们都在闷罐车里睡着了。也不知到什么时候了，也不知火车是什么时候停了下来。这时候，我只听到新兵连杨连长在车厢外叫道：熊排长，到天水了。听到杨连长的声音，熊排长醒了，我也醒了，大概整个闷罐车里的新兵都醒了，大家都默默地听着杨连长呼喊着"天水"这个陌生的地名。现在回忆起来，天水车站上除了杨连长的声音以外，还有火车驶过发出的汽笛声，铁轨咣当咣当的声音，有西北的风声……

熊排长睡在我身边，他大声回答着："杨连长，到天水了，你去吧！代我向你老婆问好啊！"

夜静了下来。车站上的灯光从一些缝隙里射进闷罐车来。杨连长再没有说话，可能是怕打扰人们的睡眠。不可能听到他的脚步声，但可以想象他静静地转身朝一个小城默默走去的身影。这时候，熊排长对我说，杨连长在西藏当兵，老婆在天水农村，已经有三年没有见面了，这次便利用接兵的时机探亲。听了熊排长的话，我便想象他已经迈步去和妻子见面了。

天水这个地名，也就很深刻地记了下来。

因为，关于这个地名，有一个从梦里醒来的过程。

因为，关于这个地名，有一个西藏的军人与妻子团聚的过程。

因为，天水，在我的理解里，它是天边之水的意思。

2004 年

高高的浪卡子

1976 年，我从日喀则去拉萨，途中经过了浪卡子，并在这里住了一夜。当时，住的是兵站，住宿不收费，吃饭每人收半斤粮票一元钱。记得到兵站的时候并不算晚，但到拉萨去前面已经没有兵站，我们乘坐的部队客车只好第二天又出发。

当时，我二十来岁，穿着草绿色的军装，戴让人心动的领章帽徽。入伍不久，我得承认自己踌躇满志。希望入团入党，然后提干，最坏也得留成志愿兵——20 世纪 70 年代从农村出去的青年，想跳出"农门"的动机十分明显，也应该得到原谅。由于心里面想的东西不同，我当时在浪卡子，对周围的湖泊、雪域、藏房、羊群等环境都理解不深，更没有心境去观察身边所有与"生存生计"无关的一切。

所以，现在回忆浪卡子，并想对浪卡子进行抒写的时候，自己心里觉得苍白。有时候，我回忆自己当年走过的西藏高原，脑海里会出现一片空白。只记得，当时的浪卡子兵站不大，几排铁皮盖成的矮房子，房间的门都面对着浪卡子湖和羊卓雍湖。

坐在门口,可以看绿色的湖水和它们的浪花,水边的鸟,牧人的羊群和狗。远方近处的山,没有雪,没有树木,覆盖在地上的草,没有颜色,这种时候,我会莫名其妙地想道:它们用什么表达自己的生命。

我当时就知道,浪卡子为县城所在地,但人烟十分稀少,基本上看不到有行人走过。公路就在兵站旁边,路上偶尔跑过一辆货车或吉普车,大多为部队的军车。汽车走过以后,会卷起许多的烟尘。住在兵站里,没有熟人,也没有什么事做,喜欢看着过往的车辆发呆。那时候,很不关心现在人们热心的人文地理,说实话,没有过多地去考虑面前的山水,没有在意秀美的羊卓雍湖。更不会去关注浪卡子的海拔。我当兵的部队驻在岗巴,海拔为5300米。浪卡子海拔为4500米,当然,不会产生什么"高原反应"。

不管怎么说,浪卡子属于交通要道,后来的日子里,我的生活一直与浪卡子产生一些联系。我去拉萨学开装甲车的时候,坐一辆解放牌货车,经过了浪卡子。从拉萨到江孜打演习,开着装甲车,走过了浪卡子。还吃过浪卡子湖里的鱼。驻扎在江孜的时候,经常吃到一种鲜嫩的鱼,听说就是从浪卡子湖里打来的。1978年,从部队退伍回乡,我们乘坐的汽车,又经过了浪卡子……这样一来,浪卡子在我的心目中,便不只是一个词,一个湖。慢慢地,在这个西藏高海拔县城里,一些简单、细小的经历,永远都难于从心里抹去……很遗憾记忆模糊不清。有时候,会觉得自己在西藏,在浪卡子的思维、行为,都有些天真可爱,又有些可笑和愚蠢。

2006年4月24日，三十年后又到了浪卡子。

由于自己觉得从前对浪卡子太不了解了，故地重游，汽车到达浪卡子山口的时候，一眼望着羊卓雍湖，不敢眨眼睛……天气很好，天很蓝，湖水如带，湖面湛蓝，这个我朦胧中的神圣之湖，蜿蜒在崇山峻岭之间……天地间，远方是雪，近处是浅黄的山峰，湖水如练，湖水如练啊……难怪被称为西藏三大圣湖之一。站在海拔5000米的浪卡子山口，与拉着藏獒的藏民照相留影，与牵着牦牛的藏族孩子照相……高原圣洁的风吹来，思绪如潮涌，历史的，现实的情感，都涌上心来。一言难尽。

上车往浪卡子县城出发。三十年了，过去的泥土路不见了，柏油公路沿湖而修，坐在车里，可以听得到浪花扑打沙滩的声音，可以看到我从来没有看到过的海鸟，从容地凫在水面。藏房修在公路边上，修在沙漠深处，羊群，牦牛，从草原上走过，无声无息。偶尔走过一辆越野车，拉着观光的游人，探险或想冒险的人。不知道为什么，自助到西藏旅游的人，喜欢选择我心里难以抹去的浪卡子。也许，三十年过去，我才需要用心去感觉浪卡子的美。只不过，到了浪卡子，我却感觉不出浪卡子今天与过去的不同到底在哪里，其中主要的原因，就是我过去没有深入地理解过浪卡子。今天也同样，我只属于浪卡子的一个过客，踏上这片土地，我更难于感觉到自己生命之中哪里是重，哪里是轻。坐在车里，与朋友们讨论关于浪卡子，关于羊卓雍。后来，也一直查浪卡子的一些资料。打开网页，喜欢输进"浪卡子"这个词。然后，很容易看到旅行者从浪卡子拍摄回来的照片，很容易知道浪卡子是西藏山南地区的一个县。我还知道，过去，浪卡子是拉萨至日喀则的必经之路，也是拉萨至印度加尔各答的交通要道，现在，拉萨至亚东、岗巴的公路依然从县城里经过……

仅此而已。对于浪卡子，我从来都不敢高谈阔论，只是因为我们考察团人多，那个四川人开的餐馆一时做不出中午饭的时候，我约马霁鸿先生与我一起逛了小小的浪卡子县城，谈谈想想我心目中的浪卡子。我们走上了一条丁字形的小街，没有树，土坯房，水泥房，商店，牦牛拴在了人行道上，4月天了，阳光十分灿烂，风很冷，行人十分稀少……由于高原缺氧，我们走得很慢，我们穿得很厚，不时喘着粗气。这个时候，我感慨很多，三十年，既是转眼一瞬间，又是世事变幻莫测。浪卡子，对于我来说不是一般意义上的旧地重游，它让我觉得时间太遥远了，生命是那样的短暂。因此，不敢轻易谈三十年来对于这块土地的认识……更多的时候，我只是沉默。

2006 年

4月23日的拉萨

　　4月23日的拉萨，四周的山上有些积雪。天气转晴了，阳光照在了我的脸上。这个时候，是我三十年后重返拉萨，一个人没有目的地来到了大街上。茫然地走过已经不是我熟悉的街道，来往的卡车，人力车，漫步者，我都好像视而不见⋯⋯内心翻着千言万语，在一个想象的角落里寻找三十年前的拉萨。

　　这个时候的西藏，是我内心的西藏。今天的拉萨，我一个人的天堂⋯⋯

　　多年过去了，我最想说出来的是，我内心有一个什么样的拉萨——年高而低矮的柳树；高大挺拔的白杨，叶子青了又黄了；劳动人民文化宫前的沼泽、野草、石头、自由散漫的行人，用海鸥牌黑白120照相机照相的工人或军人，偶尔会出现几个老外，他们不能走到拉萨的郊外⋯⋯解放牌汽车，三三两两从街道上走过。我就是乘坐在这种汽车的货厢上，第一次走过布达拉宫前的大道，走进了拉萨⋯⋯

　　一路走，一路寻找，时光变得多么遥远。

在云南和西藏的边缘

生命的一部分属于过西藏,一直都喜欢《拉萨酒吧》《青藏高原》《洗衣歌》……喜欢李娜,亚东,韩红,罗念一。然而,4月23日,身在拉萨,我是多么茫然,不知道往下再说什么好。眼前看到的,是磕长头的老妇人,眼睛看不见了、什么也看不见,我想她看得见自己的内心。我想,对于世界万物,她可能比谁都明白。今天,我不论走到哪里,眼前都会出现转经筒,翻飞着酥油的香气。这种香气弥漫拉萨的大街小巷,让我看到了许多藏民虔诚的脚步。经幡,风铃,朝圣者,林卡……拉萨,所有的一切,我不知道怎么描绘。

我不喜欢凭一种想象,告诉人们一个虚幻的拉萨——拉萨河里有洗澡的漂亮女子,乌鸦的眼睛,拉着一个老者去天葬的手扶拖拉机……曾经看过一篇拉萨的文章,他看到了在拉萨河里洗澡的漂亮女子的脊背,羊皮筏载走一个放牧人的家庭远行……当时,曾经想提出批评,原因是自认为对西藏熟悉,对拉萨熟悉。当时,我根本不知道、不理解,每个人的内心都可以拥有一个自己的拉萨。

不过,今天,我还是喜欢让遥远的拉萨走进梦里来。后来,一个人坐了一辆人力车到了"金珠路"——金珠路就是解放路。藏语中的金珠玛米,就是解放军的意思——在我当兵的军营外面,一直徘徊不前。这里,原来是一片沙滩。我曾经在沙滩上学开装甲车,学开汽车。从这里,我端一盆衣服走到拉萨河边,在杨柳下洗衣。夜里,我在沙滩草地上看连队组织的露天电影。《海霞》《决裂》《上甘岭》《红灯记》……认识了一个身材苗条的黑皮肤的女放映员。

第一辑　岗巴·日喀则·拉萨·川藏线

有一天，我从这里去西藏人民广播电台，是去见一个女学生，一个被学校开除了的女学生。我要去见她，是去帮一个战友取东西。她刚从内地回拉萨。我开始不知道她为什么被开除，但知道她在昆明一所中专读书。这个在云南读过书的女子，也被我们认作是老乡。身在西藏，云南情结却十分重，乡音乡情特别浓厚。现在，我依稀记得这个学生的面容，就是回忆不起当时见面的所有内容。只是，当我离开女学生，正要返回部队的时候，广播电台的门卫叫住了我。门卫同志把我叫进了值班室，神秘地告诉我说，以后不要轻易与这个被开除的女学生来往，她在学校里参加"造反派"站错了队，属于什么性质还没有定性……

站在金珠路上，轻而易举地就可以看得到布达拉宫。我的这篇短文，如果不写到布达拉，不知道我会犯下什么错误。然而，三十年前，我真的是没有进过布达拉宫。那时候，没有旅游，布达拉宫没有对外开放。实话实说，布达拉宫，对于我来说，像谜一样。还有大昭寺、八角街，我如何从历史、现实、宗教、艺术等角度来述说它们？在这之前，我曾经写过好几篇关于拉萨的文章，写到过布达拉宫、大昭寺和八角街。我写过，我当年在布达拉宫前的沼泽上站着照相，草绿色的军装、领章和帽徽。拉萨国营照相馆年轻漂亮的藏族女摄影师，藏味十足。我写过，八角街的胡同，供销社里的味道，摆地摊的藏民，专卖印度来的"瓦士针"手表，糊在墙壁上的牛粪……我是一介小卒，我只有自己内心的西藏和拉萨，平民的西藏和拉萨……

4月23日。下午。布达拉宫的门票拿到了手里，面值100

元人民币。人山人海，我顺着人流，踏着石阶缓缓走上玛布日山。听说，这天只开了红宫，白宫没有开。听说，来了一个我从未听说过国名的国家的总统，这个总统面容白净，穿着风衣。总统走过，多数游人一概不知，依然是香火，风，高山和雪域。我还看到远处的房屋，街道，麦田，菜地（我故乡永胜县的农民在这里用塑料大棚种菜），火车站……拉萨变了。有一个旅游团队从身边走过，导游低声讲解。我随着这个团队一起进入。听许多故事：松赞干布，文成公主，达赖，班禅大师，转世灵童，藏传佛教，3700米的海拔，999个房间，5座宫顶覆盖着镏金铜瓦……

4月23日，时光可以停滞。布达拉，我幻想一层层慢慢进入，我也知道这只是徒劳。13层，13万平方米，115米的高度，我今生今世可能抵达？我可能变成一节木头，一块石砖，一粒沙，匍匐在布达拉的脚下……

4月23日。2006年，我的拉萨。

2006年

到了八宿

电视连续剧《茶马古道》里有这样一句歌词：过了八宿，才能到雅安……歌词很简单的，但很容易就让我记住了西藏八宿这个地名，记住了这是个茶马古道上的交通枢纽。

所以，这天要到八宿，一路上都显得激动，心里念叨着这个名字。出发的时候，没有认真看地图，到了八宿，才知道八宿离怒江不算远，海拔不算高，3000米多一点，在西藏，算是低海拔。我们的车队进县城的时候，天快黑了，朦胧中我看到路边的四月的树叶，淡淡的绿色，晚风在峡谷里轻轻走过。这时候，表面上平静，心里却十分激动，一直想着《茶马古道》里的那首歌。走过八宿，一直在寻找另一种感觉，只是，八宿县城好像不太偏僻，一条街道从公路上延伸出去，视野很开阔。街道上房子非常新，灯光，车辆，散步的行人，经幡和转经筒，穿长袍的藏民，还有许多正准备修建的楼房，工地上码着砖，堆着水泥，站着忙碌的工人……我觉得，我眼中的八宿，是改变了的八宿和正在改变的八宿。

夜里，住在八宿。与马霁鸿君住在一个房间里，两个人都想在笔记本上留下点关于八宿的文字。灯光比较暗，我们点燃香烟，喝茶，对着笔记本发了一会儿愣。写下了八宿两个字以后，都说道，到了八宿，才知道八宿的魅力，在路上。这天，我们是从西藏芒康出发的，经过了澜沧江，翻越了海拔5000多米的东达山和业拉山，经过了九十九道拐，经过了天堑一样的怒江……这时候，我们想起八宿县委宣传部给我们的资料，饶有兴致地研究起八宿来。

八宿属于西藏昌都地区的一个县，八宿，藏语意为"勇士山脚下的村庄"。她东邻左贡、察雅县，南与察隅县接壤，西靠洛隆、波密县，北连昌都、类乌齐县。我们到达的八宿县城，叫白玛镇，县城东西最大距离有112千米，南北最大距离为150千米。据介绍，全县人口最多的乡白玛镇为5000多，其次，第二大镇然乌，人口不足4000。八宿瓦乡，人口只有700多人！然而，八宿的任何一个乡镇，土地面积却不小，超过内地的许多县或地区……读八宿的人口和土地数据，感觉八宿人站在茫茫高原上，世界辽阔，心胸宽广。数字在这里显示着无穷的魅力，让人感到人世的苍茫。

第二天早晨，天气晴朗。起床后，阳光普照八宿的大地。我与马霁鸿君逛八宿县城。街道沿川藏国道整齐排列，大多数都是新建的房屋，县委政府大楼，各部委办、局办的办公大楼，都在国道两边。旅馆、餐厅、超市、网吧、银器店、香火铺、汽车修理店、服装店里的女郎……都面对着这条与拉萨衔接的道路。整个县城街道上人少车少，虽然是成都、昌都、云南丽江至拉萨的交通要道，但车辆却不多。少数的外地车辆，除了自驾车探险旅游的越野车外，还有包租客车往拉萨朝圣的藏民，其他的，便是拉货往拉萨林芝一带的生意人，或者军用车辆……这些天来，我们每天大部分时间在车上，现在，我们脚踏实地，感受着异域里的西藏，现实中的八宿……

八宿成了我们进藏考察的一个重要环节，回到丽江，我与马霁鸿、赵晓梅到丽江电视台做了一次节目，讲西藏之行"大香格里拉"之行的感受。没有想到，刚开始做节目，赵晓梅便讲到了八宿。她说道，她的奶奶是爷爷赶马进藏的时候从八宿带回丽江的一个藏族女子。多年来，赵晓梅在梦里都想着八宿这个名字，想到爷爷和奶奶随着马帮的队伍，从八宿赶回丽江的情景——梦中都是马蹄声、马铃声和悠扬的情歌……特别让人感慨的是，马霁鸿一次一次说到八宿境内的怒江，说到我们经过九十九道拐，说到护路养路的公路武警第四中队，说到怒江天堑上一个武警部队的排部（霁鸿的文章，曾专门写了他对这个排部的感受）。我们经过业拉山口的时候，看到站在雪域里的武警战士，他们站在九十九道拐上，站在梦幻一样的地方，从海拔 5000 多米，一直守护到 3000 米。年轻的战士们，他们面前的路弯弯曲曲，悬崖峭壁，但他们一个个英姿飒爽，望着"一线天"的怒江，望着一座桥钻进了山肚子里……这里站岗守卫大桥的士兵，他们看得到怒江的流水，听不到一点点声响。在这里，八宿是那样的寂静。我们来去匆匆，时间不长就走了，这些战士却要日日夜夜守候着寂静的八宿……

所以，回到丽江，我们一直在抒写异域西藏，特别是写八宿的文字多，而公路武警战士，我们每篇文章都会自觉不自觉地写到。我们也在网络上查找相关资料，兴趣盎然地玩味着八宿境内"邦达""然乌""昌都""波密"等地名，寻找和我们一样对八宿有着共同语言的朋友。有时候，找一张有着"八宿"的地图，像读自己喜爱的文字。遇到朋友，说到川藏线、滇藏线，八宿更是不得不说的名字。三个抒写者，似乎在西藏，在八宿，找到了更多的灵感、自由和契机……

2006 年

轻轻走过日喀则

三十多年前在西藏日喀则当兵，开始写作以后，就喜欢写西藏，写日喀则。当兵的时候，我在日喀则待的时间多，有许多难于忘怀的往事，有几位一生也忘记不了的战友。但是，关于日喀则的文章，只写了两三篇。生活中的许多事，许多人，虽然很"生活"、很感人，甚至刻骨铭心，但却又是难于入文章的。不知道这到底是为什么。算起来，就写了一篇《妹在远方》，一篇《西藏部队八医院》。我的文友和网友，很看重我的《西藏部队八医院》。文章虽短，但写了我许多内心世界里的故事。其实，一篇散文，故事虽然重要，但更重要的是心情，或者说感情，感情在了，文字里流露出的情绪，便让人感到真挚、动人心魄。

最聪明的是读者，文章里虚假的东西，一眼就能看出来。所以，不敢多写关于西藏的文章。只是很想去一趟西藏，去一趟日喀则。年龄越来越大，这种心情越发增加。也不是说去一趟西藏有多难。云南与西藏相邻，从香格里拉坐飞机，到拉萨只需一个多小时。从拉萨到日喀则，也就二百多公里吧。但是，总觉得如此进藏，同样会留下遗憾。我们当年进藏，走的是青藏线，走青海湖、格尔木，翻越了唐古拉山，现在想来都惊心动魄。很显然，如果现在以平淡的方式进藏，表达不了自己多年来的心愿。

今年4月，终于有机会去西藏。这次是单位组织考察"大香格里拉"，拿了一张考察路线表，仔细看，上面没有日喀则。这让我十分遗憾。但是，进藏的路线却是我日夜向往的。我们这次进藏，走的是滇藏线和川藏线，一条充满魅力的茶马古道，让我充满了期待。"大香格里拉"果然名不虚传，我们走过原始，走过高山大河，越过雪域高原，感受到了什么叫雪域高原，什么叫原始森林，什么是大自然的大美……这些都好像是些大话，其他的，我真的不知道还要说些什么。

4月22日，考察团到了拉萨。说实话，与我多年的西藏生活相比，缺乏了生命的体验。什么是生命的体验，我自己说得明白，说出来，同样觉得是一句空洞的话。只不过，住在拉萨，走在拉萨的大街上，心里想着日喀则。日喀则与拉萨相隔不远了，马上就要往丽江回返，心生遗憾的同时，心想着今后还要走一次西藏，因为觉得这次进藏，我的目的还没有达到。到了拉萨，不能去日喀则，心里有些惆怅。没想到，25日，情况变了，考察团的领导根据大家的要求，决定绕道去日喀则！没有想到，我们一起进藏的同志，都把日喀则看得很重，都说，到了西藏，一定要去日喀则，才能不留遗憾。这好像是缘分——听到消息，我一时间没有别的话能说。

26日下午，车到江孜县城。在我的心目中，到了江孜，就等于到了日喀则了。日喀则与江孜同属一个大坝子，一条河流贯穿坝子中央。车由高而低驶向坝子，在车里，我一直远望日喀则的山。回到家乡的日子里，我对日喀则的土坯房子、柳树、冬小麦、河流都有着十分深刻的印象，却回忆不起日喀则的山来。韩红在歌里唱道：我的家乡在日喀则，那里牛羊满山坡……多年在日喀则生活，我为什么就找不出那种感觉来？这时候，我看到的远方是雪山，近处是电线杆，高高的水泥电线杆上，我看到乌鸦做的窝，我不知道乌鸦做窝的树枝和叶片是哪里衔来的，乌鸦的孩子们，如何在风中生活……

到了江孜，我要求刘师把车让给我开，让我自己开车进日喀则。一路上，柏油路很宽敞，我的车开得很慢，我没有寻找到一寸过去的泥土的或弹石公路，我没有看到印象中的低矮的土房子，那些我曾经赞美过的麦田、那里的麦子还没有抽穗，我过去的军营，更是找不到一块记忆中的瓦砾和砖块……车过军分区大门，威武的士兵，高耸的大门，我轻轻地鸣两声喇叭，表达着一个老兵的遥远的致敬！心里想着，我曾经在这个大院里当过兵，我有许多云南丽江的战友，都是这里的士兵。

看到军分区大院，我想起许多一起在这里当兵的战友。在日喀则军分区里，丽江籍的战友，做什么的都有。记忆很深的是一个叫汤朝明的，当时，是分区炮连的炊事员。那时候，我经常住在分区招待所里，便到他那里去混吃饭。说实话，我不在自己的连队里吃饭，是可以领到伙食费的，但在汤朝明这里吃饭，却不用交伙食费，往往能省下几元钱来。当时的炮连，都是土房子，泥墙，铁皮瓦，没有围墙。有许多的榆树和柳树，但在一年时间里，发绿的时间并不多，多数时间是光秃秃的。休息的时候，我在分区大院里散步，可以看到汤朝明和他们炊事班种的莲花白菜，看到他在炊事房里忙碌着的身影。炊事房没有四壁，我可以看到他的四周冒着炊烟和雾气……我住在分区的招待所里，灯光很暗。我在昏暗的灯光下读书，遐想，有时候，汤朝明利用工作上的方便，把饭打到我的宿舍里来，然后急匆匆地就走了。我们的话并不多，从门框里看着他快步离去，心里感慨十分多……

心里感叹着，车已经进日喀则市区了。整个日喀则市区完全变了，我跟在车队后面，过了许多陌生的红绿灯，转了许多条整齐的街道，终于走过了自己熟悉而陌生的城市。晚上，住在扎什伦布寺旁边的宾馆里。很快地，天就黑了。这时候，我想去看看昔日的日喀则大街，看看让我魂牵梦萦的西藏部队八医院。出门前，约上了文友马霁鸿和赵晓梅，他们都看过我写西藏的文章，知道日喀则有个八医院。三人走出了宾馆，走在日喀则大街上。街灯亮了，风也起了。街道真的变了，日喀则变成了一个崭新的城市，找不到记忆中的任何一条街道。只有高原的风如故，天空上星辰依旧灿烂。

走在街上，我只会沉默，怎么也找不到自己的从前。我从前的日喀则是什么样的情绪呢？我在文章里写到过："我喜欢说到西藏日喀则这个地名，那个在蓝天下，有着像泥土一样的颜色的城市。道路、土地、山脉等等，只要是我眼睛能涉及的事物，都可以用泥土这种颜色来表达。我在日喀则这个城市里，一个人孤独地走到街上，逛为数不多的商店，看街道上行走的为数不多的又是显得破旧的汽车。还有更为广阔的广场，四面都栽着榆树，但这种广场没有围栏，阳光在地上面白晃晃的，没有一个人影……这样空旷的地方，你不知道要到什么时候才会派上用场。"

这个晚上，一直与马霁鸿和赵晓梅漫无边际地走。他们问我，我文章中那个喜欢写小说的年轻护士，很有可能还生活在日喀则，那个我买《红楼梦》《艳阳天》《暴风骤雨》……的新华书店，还找不找得到痕迹？我支吾着，和两个文友走过新建的西藏部队八医院。这时候，多么期望日喀则能下一场大雪……

……依然要用到缘分这个词。夜里，日喀则下起了大雪。第二天清晨起来，万里雪飘，银装素裹，整个日喀则变成了银色的世界。考察团的成员顿时兴奋起来，一行人冒雪参观了扎什伦布寺，参观了日喀则市，然后，又冒雪往另一个目标——羊八井出发。坐在车里，个个都兴奋不已，只有我一言不发。对于日喀则，匆匆来去，我无话可说。我默默地在念诵我自己的文字，心里的文字：

  八医院的院子范围很宽，四周都有围墙，都是白色的泥墙。围墙里面种有榆树，我在医院的时候，榆树叶片黄了，纷纷落了下来，看着让人更觉得孤独。孤独的时候，我想起了一些诗句，便偷偷地记在纸上，只可惜现在很难记得起来这些句子了。也觉得有些奇怪，当时也没有想到要发表什么诗歌，也不知道哪里有发表诗歌的地方，但还是在偷偷地记着那些诗句。

  在病室里也看书，看周立波的《暴风骤雨》、看浩然的《艳阳天》，看《红楼梦》。这些书都是我在日喀则书店自己买的。护士长好像看出来我有些不同于别的病号，有意无意地和我说话，翻看我的书。有时候，我看到她的眼睛会闪烁出一线光亮，里面包含着一种温情。后来，我才听人说这个护士长在写小说。只不过，她写的小说，也从来没有发表过。并且，她怕人家笑话她，只是偷偷地写，写好后，用心地誊写出来，订成一本一本的小册子。我知道这件事后，很想和护士长说说读书，说说文学，说说我偷偷记下的诗句，但怎么也开不了口。想等找个机会，但时间一晃就过去了，不久就出院，回到了边防线，次年退伍回了云南……

  现在回忆起往事，有些像天方夜谭。

日喀则，我轻轻走过你……

2006 年

索县笔记

从前，我对索县一无所知。然而，行走西藏二十来天，记忆最深的，却有藏北高原的索县。

关于索县，我想先说说317国道。317国道从成都开始，经都江堰、汶川、理县、马尔康、甘孜、昌都、丁青、巴青、索县后一直延伸到西藏的那曲，全程2043公里。这条公路是新中国成立后修建的，公路的前身，是内地进入西藏最为神奇的茶马古道。

那天下午，我们从藏北那曲出发，经317国道去索县。虽说是国道，却没有一寸柏油路。道路坑洼不平，沙石遍地，随时会遇到没有桥梁的河流、沟壑。有时候，我们得下车搬石头，蹚水过河后再上车。道路经过藏北宽阔的草原，淡黄的草地、闲散的牛羊、炊烟袅袅的帐篷、一望无际的天空……快进5月了，天气还很凉，一些母牛和小牦牛，被疼爱它们的牧人穿上了厚实的衣服。偶尔才可以看到村庄，村子里有为数不多的矮房子，还有围墙、晾晒在墙上的牛粪、狂奔的藏獒。偶尔也可以看到村边的藏民,面对过往的车辆行人,他们习惯微笑和沉默不语。

从那曲去索县,我们经历了藏北高原的黄昏与黑夜。途中遇到一条大河,岸堤不高,河水温暖清澈地越过黄土地。后来查过资料,才知道是怒江的源头。这河水是要经过云南,到达湄公河的。是一条通向国际的河流。藏北高原,是孕育大江大河的母亲。

天很快就黑了下来,道路模糊很难分辨方向,好几次,我们和司机站在一个岔道口,不知去向。茫然地抬起头来,星星却清晰明亮。终于可以前行,但汽车不敢开快,性能最好的越野车,也被沟壑碰得底盘直响。

深夜,才到了索县。

考察团二十多辆车到达这个小县城的时候,城里静悄悄的。街灯不亮,出现在眼前的,只是一条街,一簇低矮的老房子。小镇和它的居民都入睡了,静静的街道上,一家四川人开的饭店,灯光明亮。原来,那曲地区有关领导与索县政府联系,为考察团准备好了食宿。在这个高原的夜里,我们心里温暖如春,同时,也有心情考察这个鲜为人知的藏区县份。据资料记载,索县位于西藏那曲地区东北部、怒江上游的索曲(河)流域。索,在藏语里为蒙古的意思。元朝时期,索县一带被称之为"索格",到了明代,又被称为"琐庄",一直到了明末清初,索县又归附于蒙古和项特部固始汗,至1732年,索县才划归清政府西藏地方政府管辖,1751年归由驻藏大臣直接管辖。西藏和平解放后,索县人民政府于1960年成立。

索县政府，自古以来一直在嘎切塘。嘎切塘只属于一个村庄，它的另一个名字叫赞丹雪村。这晚，住在这个更像村庄的县城，住在索县政府宾馆。索县县城海拔4010米。多日在西藏，我已经感觉不出海拔带来的不良反应。而一路同行的文友赵晓梅告诉我，她头很疼，像是感冒了。其实，她是高原反应。对于高原反应，我们都没有更好的办法。但是，我当时就深信这种不良反应会滋生赵晓梅许多关于西藏的美丽的文字。后来的事实果真如此，不少朋友在中财论坛上读到了她笔下的西藏。

这个晚上，我与马霁鸿先生住一间房。一天的颠簸，我随便洗了一下就睡了。马霁鸿先生却走出了房间，买了三瓶北京二锅头，慢慢地品起酒来。在我的印象里，二锅头一直陪伴着马霁鸿先生的西藏之行。还有一个印象就是，二锅头酒在西藏的价格，与内地相差不大，质量也是一样的，所以，我觉得销量也应该不错。在西藏，马霁鸿先生只喝二锅头。高海拔、高度酒以后，他翻了关于记载索县的许多资料，记了笔记，并且不断地与我说话。我迷迷糊糊地回答着他。这个晚上，我有远在天边的感觉。

第二天一早起床，准备一个人上街。看了一会地图，我好像清醒了，我知道已经到了一个内地人很不容易到达的地方。走下楼，我发现县政府宾馆的院子里，全为沙地，有一些不容易扳平的石头，高低起伏不平。接待客人的房间，是两所新修的房子。听说，县政府宾馆不对外开放，只接待预约好的旅客和上级安排的客人。走出大门，时间还早，街道很安静。街道的一角，简易的帐篷下，摆着许多的台球桌，看台球桌的数量，便知道到这里的人不会少。但这个时候,一个人也没有。我想,台球可能是索县的主要娱乐活动之一。

　　商店也没有开门。抬头可以看到的,还有县城两边的山,山下的索曲河。山不高,没有雪,没有树木,只有匍匐的小草,颜色浅浅的。这是我在西藏当兵的时候就熟悉的西藏的山,从来没有绿色、没有树木的山。我想说的还有,从拉曲到索县,我没有看到一棵树。县城不远,远远地可以望见一座规模宏大的寺庙,它屹立在县城附近的雅拉山上,这就是索县有名的寺庙——赞丹寺。这座寺院建于1668年五世达赖时,据了解是哲蚌寺的属寺,寺院也分为白宫和红宫,因形态酷似布达拉宫,因而又有"小布达拉宫"之称。难怪索县近年提出要发展旅游了。我想,除像赞丹寺这样的景点以外,索县旅游的亮点,还有我们到达这里的"探险性"和风土人情的"原创性"。所以,在索县,其实我还只是站在她的边缘说话,这个平均海拔3500多米、无霜期仅40天的县份,我难于想象她的鹿、豹、狗熊、猴、岩羊、黄羊、水獭及多种鸟类,我想亲手采撷一点虫草、贝母、知母、黄连、雪莲花、夜苓、党参等珍贵药草。当然,她还有青稞、春小麦、豌豆、油菜、元根和马铃薯,至于牦牛、犏牛、黄牛、马、绵羊、山羊等家畜,更是支撑着高原民族繁衍生息……

　　想不到,这个早晨,索县,给我带来这么多的想象。眼看时间还早,我从寺庙背后的山坡登上雅拉山头,县城所在地的索曲河谷尽收眼底。赞丹寺山下,有一片土顶房屋,那就是藏族村庄——雅拉乡。据说,雅拉乡还是格萨尔王一位心爱妃子(珠牡)的故乡……

  由于还要赶路,急忙下山。到了街上,昨天晚上我们就餐的那个四川饭店,早已开门了,他们在为我们准备早餐。餐厅里热气腾腾,四川厨师声音很高,那声音让人产生一种亲切感,让人从心里佩服这些非常能吃苦耐劳的四川人。在西藏,一路上都是四川人开的饭店,不论海拔多高,地域多偏僻,开饭店的,一定是四川人。他们就是这样,不管西藏的海拔有多高,条件多么艰苦,都会坚韧地把自己的事做下去,而且要做好……在这家饭店,感叹一种精神的同时,让我们觉得奇怪的是店里的一个漂亮的少妇。同行的朋友都说,在这个少妇的眼神里,能看出她的忧郁和不安。我们都猜想她可能是个逃婚者。我们都说,逃婚者来到索县,是绝对安全的,也是非常浪漫的啊。

2006 年

纳木错散记

几年前，一个偶然的机会，在电视上看到关于纳木错的纪录片。电视画面中，中央电视台一位漂亮的女主持乘一艘小木船在纳木错里介绍纳木错。正是西藏高原的春天，草地绿了，石头更加干净。好像有风，纳木错清波荡漾，鸥鸟飞翔。让我难忘的，还有湛蓝的天空和五色云彩，岸边上，藏民的香火、帐篷、经幡和玛尼堆……藏族老人、孩子摇着转经筒走过……

纳木错，似乎是一般人难于抵达的地方。

后来，有机会要去纳木错，便认真参考了一些关于纳木错的资料。在藏语里，"纳木错"意为天湖、灵湖或神湖，信徒们尊其为四大威猛湖之一，传为密宗本尊胜乐金刚的道场，是藏传佛教的著名圣地。

纳木错位于拉萨市的当雄县和拉曲地区的班戈县之间。

说到纳木错的地理位置，首先让我想起的是当雄。三十多年前到西藏当兵，进藏途中在当雄住了一个夜晚。当年的当雄，草原开阔，汽车驶过笔直的青藏公路，我除了看到公路两旁低矮的帐篷、残雪和土坯房以外，还看到公路边上立满了让人感动的电线杆……有风在电线上呼吸，呜呜着响。后来，李娜唱《青藏高原》的时候，背景里的公路、汽车、军人和电线杆等，我深信都是在当雄拍摄的。

这次去纳木错，又要住当雄。从拉萨出发，经羊八井，汽车进入海拔 4200 米的当雄。透过车窗，极目茫茫草原，青藏铁路与青藏公路平行静卧。4 月天，高原上的草渐渐肥了，到处是牛羊，随处可见帐篷里冒出炊烟。到了当雄县城，天色已经晚了。从当雄到纳木错，还要行六十多公里，只好住一个晚上。住在当雄，宾馆对面就是我二十年前住过的兵站，但那里再也找不到我住过的土房子，土坯围墙。当雄变了，房子高了，道路平坦了，人热闹了。当我听到兵站里军号响起的时候，军歌嘹亮的时候，这让我感慨地回想当年……

第二天清晨，我们向纳木错出发。

这个早晨，天气很晴朗。已经近 5 月了，风吹来特别地凉。路边的草地上，明显地有露水的潮湿。当雄的早晨，牛羊都还没有出栏，静静地待在一个个用土坯围起的圈子里，这样的圈子没有屋顶，高原的牛羊，它们的一生都得仰望着星星和月亮过夜。我们的车走过，路边的牛羊，都掉头朝我们张望……

我们的车走得急。但海拔也随之而增高，由于缺氧，汽车加速也开始困难。一个小时以后，我们才走进纳木错。下了一座山，太阳已经升起来了，视野开阔起来，一望无际，草原的尽头，丘陵、雪山，却看不到纳木错湖在哪里。在山脚下，首先看到一个小村庄，这是从当雄进入纳木错的第一个村子。这个村子很难看到一根木头,土坯做成栅栏,栅栏上长满杂草。矮房子,屋檐下经幡飘扬,墙壁上粘贴着牛粪,院子里停着农用车……却很少看到人,一块墙壁上,写着"纳木错"三个字,十分醒目,一个朴素的箭头,标示着一个让人放心从容的方向……都会有这样一种感觉:哦,往前走,那里就是纳木错。

再往前走,车路蜿蜒,干净。草原开始向远方铺展,再也看不到它的边缘。还是没有看到纳木错的湖水,这时候,纳木错的边缘是雪山和牛羊。在纳木错,我觉得雪山并不高,只是感觉得到它们的逶迤壮美,纳木错东南部是终年积雪的念青唐古拉山的主峰,终年积雪不化,海拔近6000米。这时候,太阳从东方升起,朝霞好像给至高无上的念青唐古拉山戴上明晃晃的金冠……坐在车上,会突发奇想,想起伟大、神圣、壮丽等词语,又觉得,什么也不必想,最好的办法,就是静静地感受眼前的一切……

纳木错。

记忆中,纳木错是在我们的汽车转了一个弯的时候突然出现的。原来,是广阔的草原围绕着纳木错。草原在纳木错湖的四周,纳木错,这天湖像一面巨大宝镜,镶嵌在藏北的草原上。汽车飞驶般进入纳木错。纳木错,湛蓝的天、碧蓝的湖、白雪、绿草、玛尼堆、牧民、牛毛帐篷……交相辉映,组成一幅大自然美丽、动人的画面……

让人产生一种虚幻,感觉到纳木错湖水高出了地平面,是快要溢出的酒浆。

从虚幻中走出,走进现实的纳木错。湖中的冰才开始融化,波浪荡漾着冰排。湖水湛蓝，清澈见底，见得到湖底光滑的石头。这天的天气非常好，太阳渐渐升高，云雾慢慢消散，周围群山若隐若现。有清风拂面，浩瀚无际的湖面荡起涟漪，这就是传说中慈祥美丽的仙女，手挥素巾注视着远方来客。

极目远望，这时的念青唐古拉山的主峰格外清晰，牧场一片浅绿，山体红黑间杂，峰顶白雪皑皑……

挥着转经筒的老人从湖边走过。背水的小女孩从湖边走过。赶着羊群的男孩从湖边走过。从远方来纳木错朝拜的香客，双手合十，匍匐在纳木错湖边……

站在纳木错湖边，感动之余，又不知所云。遥望远方，隐约可以看到湖中的小岛。湖中有五个岛屿，它们兀立于万顷碧波之中。佛教徒们深信，他们深信五个岛屿，便是五方佛的化身，凡到神湖朝佛的香客，都会虔诚顶礼膜拜。而我，只属于匆匆过客。纳木错，我只在你的身边停留了片刻。我是过客，到达纳木错，也不敢谈宗教意义。然而，早在公元 12 世纪末，藏传佛教达隆嘎举派创始人达隆塘巴扎西贝等高僧，曾到湖上修习密宗要法，并始创环绕纳木灵湖之举。据说，如虔诚前往纳木错朝拜、转湖念经一次，胜过其他念经十万次，其福无量……

纳木错，我向你祈祷，愿你保佑天下芸芸众生。

2006 年

波 密

波密好像只应该在梦境里出现。不但如此,当时我还想,波密还会把你的梦来颠覆。不到波密,谁都想象不出,西藏会有仙境般的"波密美"。

借用人们多年的比喻——波密:西藏的小瑞士。

瑞士是什么个样子?前年有幸到过瑞士,我看到那里湖光山色,绿树成荫,花团簇簇。瑞士是欧洲最美丽的国家之一,但我只到过苏黎世城,那个置身于青山绿水中的古老城市。恰好,这个城市又与丽江已结为友好城市。在这里,我流连忘返。

人们把波密与瑞士相提并论,当然让人向往。

从然乌往波密出发,我们开始进入318国道景色最漂亮的路段。往前走,雪山慢慢退远,气候慢慢变暖,植物更加丰富起来。先是云杉,雪杉,杜鹃林,灌木……村庄稀少,寺院,坐落在帕隆藏布江边。这里仍然经幡飘逸。西藏,森林里的村庄和寺院,绿荫深处的经幡。过去,我有过多年的西藏生活经历,在我的印象里,西藏有的是一眼望不到头的沙漠,雪山,蓝天和草滩。所以，当我走进波密，西藏这个词在我的脑海里，也变得比从前丰富，更加色彩斑斓。当经幡在绿色的原始森林的一角出现，我忘不了这里有藏民点亮在心里的酥油灯，那些身穿红衣的喇嘛，在绿色的天国里，他们吟唱颂歌，忘记了今生和来世……此时此刻，我会把自己放到一个更加宽阔的天地里，想象波密。没有到过波密，波密无法想象。到过波密，这里会让人充满遐想。

我们沿江而下，公路在帕隆藏布江边蜿蜒。透过车窗，看两岸山上树木，郁郁葱葱，姹紫嫣红。这可能就是原始森林的魅力，不管山有多高峻，树木却依然密集，挺拔，我看它们像是列队的士兵……由于山体陡峻，雨水又多，江河两岸塌方随时可见，但塌方之处，又长上了新绿，树木都自然生长起来。这时候，我又想借用人们常说波密的一句话：西藏的江南。但这句话并表达不了我对波密的认识。据了解，除了东北林区、西南林区以外，我国的原始森林，还集中在林芝、波密和雅鲁藏布江大拐弯一带。波密，与国家原始森林的保护有着千丝万缕的联系。所以，"江南"二字有些表达不了我眼前的波密了。

波密，她依然是雪域高原的重要组成部分。公路渐渐下行，海拔慢慢降低。两岸山峰时高时低，从一座座高挺的山峰中间，可以看到雪山出现和隐没。远方的雪山，在原始森林里时隐时现。公路转换一个角度，雪山便以另外一种姿势给我们带来美感。有时候，我觉得雪山远在天边，有时候，它们又好像近在眼前。

我知道了，这便是大自然的魅力，所谓的鬼斧神工，可能就是如此。

走进波密，我们几乎没有看到一寸荒芜的土地。岸上过去出现过泥石流，不久，这些泥土上又会被天然地绿化起来。所以，我们所到之处，流水十分清澈，十米多深的水流，依然可见到河底的石头、游鱼。有些河段，水流很急，常常与河中的石头发生撞击，发出巨大的响声。4月天，天气还凉。沿途不久前下过雨雪，有些潮湿。随车往前行，天地时而峡窄，时而开阔。开阔处，便有藏族人家。藏家人的房屋，都比较宽大，屋顶显得平坦。由于平地不多，藏民大多数住得集中。乡村里炊烟缭绕，村庄边上，在绿树丛中，藏区特有的白塔、寺院、经幡时隐时现，别具神秘色彩。

我觉得，这是一条通往美丽和神奇的道路。波密是过去重要的"茶马古道"。新中国成立后，川藏线318国道穿越波密。过去，这条茶马古道异常险峻，现在，318国道依然险象丛生。走过波密，一些危险路段依然像刚被重磅炸弹袭击过的现场，滑坡、泥石流剥蚀的地表挂在山崖间。如果不是公路武警长年累月辛勤劳动，并且使用现代化的修路工具，要到达波密，更会有"难于上青天"的感觉。

凭借着这种天堑，过去，波密曾经是西藏的"独立王国"。据介绍，波密，藏语里的意思是"祖先"。波密，古称博窝，现在藏文地名仍称博窝，因为1928年以前它世代以吐蕃王室始祖聂赤赞普部落雄居，成为藏东南高度自治、能够抵御外敌入侵的一道屏障，历代西藏政府对波密地区十分尊重，使波密土王——噶朗杰布世代相袭。直到1950年12月，中国人民解放军52师才和平解放波密地区。到了1951年，中央派苗丕一同志率中共波密地区工委、解放委员会第二办事处和警备司令部进驻波密，次年组织成立波密县人民政府。

县政府设在波密的扎木镇。波密位于西藏东南部，地处念青唐古拉山与喜马拉雅山交界处，由于受印度洋西南季风影响，形成了独特亚热带半湿润气候带。这里气候温和，雨量充沛，生物繁茂，冬无严寒、夏无酷暑，是典型的江南气候……"香巴拉"并不遥远，令人神往的西藏瑞士——波密。

我们是傍晚才到了波密县城扎木镇的。夜色降临，我看到这是一个群山环抱的小坝子。镇中间，帕隆藏布江穿流而过。河里长着树木，有的树木被水冲倒，有的树木，冲倒后时间长了，已经变腐朽了，停在河里。四周山上，有许多的桃树、核桃树、梨树和其他果树。县城里的房屋，大多为水泥房，都建在318国道两边。看起来，县城大多为广东、福建援建的，我们随处都可以看得出广东的影子：高大的路牌写着这样的字迹——广州大道、中山大道、福建广场……

这个晚上，波密有雨，雨打湿了四周的山冈。波密县城四周的山上的树很绿，城里下雨，山头上就落雪，雪落在山顶上，白皑皑一片。走在小镇街头，不免抬头望远，远处雪山或高耸，或透迤，非常神奇美丽。

低下头来，回到现实中的波密。依然是藏域风情，只是多了江南韵味。江水哗哗，桃红柳绿，远山近村，相映成趣。瑞雪布满了波密小城的山巅。我觉得，在波密，江南韵味的波密，又透彻地显露出雪域高原的风韵——这就是波密。

西藏的小瑞士。

2006 年

弦子芒康

芒康是从云南丽江进入西藏拉萨经过的第一个县。芒康最让人难以忘怀的是那里的民族文化，藏民的弦子歌舞。

芒康也是川藏公路和滇藏公路的交汇点。历史上，这里是茶马古道的重要驿站，云南的马帮、四川的马帮进藏、走印度和尼泊尔，都要经过芒康。不论过去和现在，芒康都是内地与西藏连接的纽带和桥梁，名副其实的交通大动脉。我不知道《茶马古道》的歌中有没有唱到过西藏芒康，但说到茶马古道，芒康都不能回避。

2006年4月18日，随丽江市"大香格里拉"考察团到了芒康。下午到县城，芒康县委宣传部的同志到离城十多公里的红拉山下迎接我们。我们接受了进藏后的第一条哈达，第一杯迎宾酒，听到第一声西藏同事问好和祝福声：扎西得勒……

由于是与云南相连的县份，又是与丽江相距最近的西藏县城，我对芒康充满着期待，对那里的弦子歌舞，更加向往。我们继续前行。这是个阴雨天，气候比较潮湿，四周的山峰，都在云雾之中。视野却十分开阔,我们可以看到宽阔的高原牧场、农田、藏房和经堂……随处可以看到让人感动的石头上的藏经文和房上树上的经幡。这时候,我们的汽车行驶在最后一段滇藏路上,公路的状况比较差,路不宽,没有柏油,没有行道树,我们开始感觉到一个比高原更高的高原。

很快就到了县城。县城只有一条街。矮房子,高房子。土坯房,水泥房。街道上的任何一种树木植物都没有发芽,风比较大,走路感觉呼吸困难。行人,不论男人女人都留着长发,梳着辫子。藏民们的脸上,黑里透红。在这里,我们感觉到了高原风貌,我久违了的西藏味道。我是个老西藏了,三十年前,在西藏待了五年,非常理解"高原风貌和西藏味道",即使闭上眼睛,闻到了那种香气,就知道是到了藏地。

下午,我们听取了由县委政府介绍芒康的会议。会议厅在四楼,上楼需要喘粗气。芒康是福建省定点帮扶对象,不少干部都是福建人。由于是相邻地区,地理文化都有着许多相通的地方,芒康给了我们最大的热情,让所有考察团的成员感动。

一叠关于芒康的资料发到了手里。

芒康县位于西藏的东南部,处于藏、川、滇三省交界处,东与四川的巴塘县隔江相望,南与云南省德钦县毗邻,北、西与西藏昌都地区的贡觉县、察雅县、左贡县相连。资料里介绍着芒康的弦子歌舞。芒康人是在生产劳动和对外交往过程中创造了独具特色的歌舞艺术。"弦子舞"和"锅庄"被称为"古道神韵",被称赞为"弦子的故乡"。

夜晚,芒康县领导特意安排我们看藏民的弦子舞。

在云南和西藏的边缘

街上的灯亮了，雨轻轻地下着，风不大，行人很少。一条街上都有音乐，高原的风，高原的雨，高原的音乐，把我们带进了一家音乐场所。舞台上，出现了最为典型的康巴汉子和藏族女郎。藏族男子魁梧高大，女子热情漂亮。灯光下，这些康巴人的服饰让人耳目一新，色彩亮丽，装饰复杂，浑身上下银光闪闪……他们就是为我们表演弦子舞的演员。一个漂亮的藏族女主持为我们介绍什么是弦子舞。没想到普通话十分标准。

据介绍，弦子舞是以弦子为乐器，伴随着音乐男女聚集翩翩歌舞。藏语称之为"蕃谐羌"。"蕃"，在藏语中为藏族，"谐"为歌舞，"羌"为跳。弦子被称为"白央"，也就是当地藏民自己发明的一种二胡，但比起其他地区的二胡短而粗，在史书中，也称为"胡琴"。跳弦子舞不受任何限制，不管人有多少，场地大小，或台上台下，均可以跳。但一般都围着篝火圆圈起舞，人多也可圈中套圈，男女分开，各占一半。跳舞的过程中，男子拉弦子站立排头，带领人群拂袖起舞，时而圆集，时而散开，时而绕行而舞，边唱边跳，唱词为"谐"体的民歌。但是，跳舞的过程中，歌词也可即兴创作，男女分班一唱一和，此起彼落，借以抒发内心的情感。跳弦子舞的节奏，都得以男子的弦子节奏为准，节奏一般都是先慢后快，在悠扬缓和的弦子中开始，流畅而欢快之中表现、升腾，在热烈中结束……

音乐响起，是西藏风格的音乐。男子汉每人一把弦子，女子们长袖飘飘。弦子的曲调是简单的，舞动也简洁，但最具魅力。我想，是歌舞者的表情、姿态，让我从他们的表情和姿态中看出一种生活态度，对生活的热爱和向往。整个晚会，台上台下互动的时候比较多，我们都走上台去，与康巴男子和女郎共舞、照相。面对着远方的朋友，歌舞中的年轻男女，歌舞中显示出热情奔放的表情。这让我内心充满感动，充满对生活的热爱。只不过，对于我向往已久的弦子舞，我怎么也说不出道理来，无法用语言表达这种简单的歌舞，时时让我陷入尴尬。但有一点，那就是这种歌舞一看就难以忘记，一听就情绪激发。我想，这就是地域特色文化艺术的魅力所在，这种魅力让一种群众性的爱好和娱乐，受世人所瞩目，成了藏民族文化艺术历史长河中的一个珍宝。难怪弦子舞这样有名，被誉为"茶马古道"上的"古道神韵"。

2006 年

感受然乌天池

凡是从川藏线、滇藏线去拉萨的人，常常为然乌的景色叫绝。不少到过然乌的人评价然乌，说然乌是"西藏的天池"。所以，没有到过然乌的人，说到然乌，觉得这里首先是一个湖。

我也是这样。

这几年，不知道自己在忙些什么，虽然喜欢滇藏线，对川藏线早已神往，但对这里的世界却知之甚少。今年终于有了西藏之行，有了对滇藏线和川藏线的第一体验。当然，我知道对于这次进藏的机会，我应该感谢谁。有些感谢，可以说出来，有些感谢，只有装在心里。

这天，雪后初晴，我们的车队从西藏八宿县城出发。沿途到处是雪，只有川藏线上的柏油，在阳光下发着亮光。开始出城，道路宽敞平坦，加上车辆不多，透过车窗，看到的是蓝色的天空，白茫茫逶迤的群山……这么蓝的天！这么多的雪！世界被两个简单的色调淡化，简单的色调能淡化出神奇的色彩，让人震撼，这就是神来之笔。基本上找不到表达自己内心的语言来说话，只有默默地，把自己融进这天上的蓝，这地上的白……

公路越伸越高，坐在车上，让人产生一种幻觉，它的尽头连接着蓝天。我们车行五十来公里，才开始下坡，进了然乌峡谷。这是一条深邃的峡谷，坐在车里，很难看得到山巅。路上的绝壁，像刀削一样。随时有石块从山上掉下来，所以，一些路段，便建有铁丝网挡石头。过去，公路武警在路上方用木头搭建挡架，挡石头保障车辆安全，现在又改建成水泥架，形成了人造屏障。尽管如此，冰冻路面滑，石块不断往里掉，行车依然十分困难。然乌峡谷，依然是进入然乌的天堑。我知道了，如果不是武警战士增修安全屏障，这段路简直可以称作"生死通道"。怪不得一些网友说到进藏，说到川藏线，都要说到这些"最可爱的人"。

经过一个多小时的险路，天地开始宽阔。四面的山峰，渐渐耸立起来。一个狭长的小坝子展现在前方，一个小镇出现在雪山脚下。雪山脚下有一个狭长的湖。湖水蓝，是天的蓝。我想，这水，这池，就是一杯酒，献给天神的酒……

车到峡谷尽头，我们走进了坐落在川藏线边上的小镇。下车来，感觉世界完全变了，这里不只是有雪山，雪山的怀抱中，长满了高低不同的树木。一座座雪山坐落在湖水里。站在湖边，水面不宽，没有波浪。近距离接触然乌湖，湖水是想象不出的蓝。我说她是梦中的蓝。这种蓝，只有梦中才能出现，我想，就算是再好的画家，也画不出来。在这湖水边上，让我感觉雪山并不高，在湖边，掬一捧水，仿佛能抚摸到雪山之巅，触摸到天上的蓝。心情开阔起来，这时候，开始重新认识西藏。过去，觉得西藏是苍茫的，是草原和沙漠等词语的代名词。到了然乌，让我们看到了西藏的另一面。

川藏公路沿湖而修。还有一条公路，通向西藏另一个神秘的地方：察隅县。小镇在湖边上。村庄在湖边上。我随同行一起走在湖边，看湖中的小岛，看岛上只有风能触及的树木花草，以及枯朽了的木头。草地上放羊的藏族孩子，村口小卖店门口的酒味，梳着长辫子的藏族男人，背着篮子准备上山的藏族女人……湖边的村庄，简单而且快乐。那些最为原始的平房，低矮的栅栏，凶猛的狗，温顺的猪，打鸣的鸡，都像来自天国。

走到湖边的每一个村庄，都会遇到原始的桥梁，清澈的河流，木楞房搭建的水磨房，磨盘停止了转动。4月天了，田地里还没有庄稼。几只秃鹫，静静地走在黑土地上，太阳照着它们。

我们摄影，站在湖边照相，做优美的姿势。然后，回到小镇上。这是一个路边小镇，和西藏大多数城镇一样，都在公路边上。房子不多，但比较新。开店的，大多是外地人。饭店，客栈，百货商店，大多是四川人或云南人在做生意。过往的，不外是部队的车队，去西藏的民间货运汽车，探险的旅客，香客，生意人，旅游者……

这时候，我觉得应该了解更多的关于然乌的资料。面上的然乌，谈论起来，语言文字都让我内心空虚。好在，不久我就知道了，然乌湖位于八宿县城往拉萨方向90公里的川藏公路旁，是雅鲁藏布江支流——帕隆藏布江的主要源头。然乌湖湖面海拔3807米，长约26公里，面积22平方公里，平均宽度在1公里至5公里之间。然乌湖由两部分组成，东面的然乌湖和西北面的安目错，两处之间，又是沼泽或季节性水流通道……

然乌还有著名的高原冰川湖，有着美丽原始的村落来古村，有著名的来古冰川。据说，在来古村，可以同时看到美西冰川、雅隆冰川、若骄冰川、东嘎冰川、雄加冰川和牛马冰川。所有这些冰川都围绕着来古村，所以它们被人们统称为来古冰川。其中生成于岗日嘎布山东端长达 12 公里的雅隆冰川最为雄壮，它从海拔 6000 多米的主峰，一直延伸到海拔 4000 米左右的来古村边，黑白相间的"中碛"又为它在宏伟之中再添上几分美丽，在其他的冰川很难看得到……

我们是在饭店吃中餐的时候详细了解然乌的细节。下午，我们要向拉萨方向出发，到波密去。上车出发，天气更加晴朗，天空湛蓝，湖水晶莹，微风习习。坐在车上，心情多爽朗。车出然乌镇不远，有一个湖中小岛，没有人家，没有船，也没有人上岛上去，远远可以看到树木和花木。继续往前走，公路十分干净，到处可以见到原始森林。雪山隐藏到了远方。后来才知道，我们已经驶入川藏公路最美的一段路。沿途林木葱葱，百花争艳，百鸟争鸣，水流潺潺，雪山、湖泊、农田、村寨浑然一体，让人陶醉……

万物缥缈……

2006 年

话说江孜

从西藏浪卡子县城到江孜，这条路，三十年前在那里当兵的时候，我走了四五次。没有想到的是，三十年了，这条路大部分都还保持着原样。沙子、弹石、雪山冰川和灰尘，都没有超出多年颠簸的记忆。这真是超出了我的想象。

路难行，虽然只 68 公里，但走了三个小时。

路在高山间，除了蓝天白云，远山近水以外，没有树木，5 月天了，葡匋的草还没有发芽。车过高原，想象着头上的蓝天，可还是当年的蓝天；想象轻轻飘过的白云，可还是当年的白云……路不长，却让我走过多年的记忆，进藏以来最为深情的怀旧，从这里开始。有风雨兼程的感觉。

一路走来，最大的变化，就是路边建好了一座电站。路边引水的大坝，让高峡出平湖，湛蓝的湖边，有高耸的水泥电杆，一直向远方延伸。快到江孜了，我看到水泥电杆上做窝的乌鸦。没有树木，人行道上偶尔有树，是柳树。然后是一马平川，望得到天的尽头。然后是平整的田野。我看到有藏民在田野里耕作,有人用牦牛耙地,有人用马匹拉犁。黑色的土壤翻犁开来,松散而肥沃……

对于江孜,我曾经书写过她。我说过,三十年前,我随部队在这里进行军事演习。当时,我们在江孜演习完以后,就要开到一个叫岗巴的边防县城里去。不知道为什么,我当时比较伤感。江孜,多数时间是晴朗的天气,但我的心情有些灰色。于是,在很多时间里,我会一个人走进江孜的麦田。8月,正是西藏的冬小麦成熟的季节。我们营房旁边的土地里,麦浪滚滚,看不到尽头。麦子还没有黄定,墨绿色的,有一种饱满的沉重,像雍容华贵的成熟女郎,也像是庄重典雅的孕妇。走在麦田埂上,上面却没有多少草,不像内地的田埂,有一种软绵绵的细草在田埂上面。也没有鸟在飞,没有牲畜,没有人。庄稼地里安静极了……我会一个人漫无目的地行走……

我不知道,对于江孜,这样的书写有没有意义。因为,我知道,江孜的意义,远远大于一个人的抒情。

江孜古城,集历史名城和英雄之城于一身。她至今已有700多年的历史,由于地处萨迦、日喀则、亚东关口,是通往拉萨的必经之地,并且地沃物丰,所以很早就成为佛教徒、商贾游人会集之处,在西藏享有盛名。江孜还堪称"英雄之城",100年前,这里曾发生过一场西藏人民抗击英国侵略的战争。1904年,英帝国主义侵略军600人占领岗巴宗,同时从亚东向北入侵江孜,在宗山受到江孜军民的拼死抵抗。江孜人民在宗山上筑起炮台,用土炮、土枪、"古朵"、刀剑、梭镖和弓箭与入侵之敌展开了英勇的血战,战斗持续了8个月之久。最后所有勇士宁死不屈跳崖殉国，写下了光辉而悲壮的篇章。风靡一时的电影《红河谷》就取材于这段史实……是国务院批准的历史文化名城。

我们的车队进江孜了。整齐的街道，水泥房，石头房，停放在路边的马车，悠悠走过的藏民……下车来，我站在江孜街头，说实话，根本找不到当年江孜的一点踪影了。这时候，我同样想不出当年在江孜的半点故事来。当年在江孜的日子，全是平平淡淡的，像头顶蓝天上的云一样，原野上的羊群一样，缓慢而抒情。没有故事，都是当兵人在一起，不打仗，和平年代，制造不出起伏来。对于我来说，江孜给我留下的，是最为平淡的人和事，同时，最多的就是青春期的心情和感慨。

……站在江孜街头，这个群山环抱的江孜镇，感觉非常难于叙述她。关于历史与现实，关于自己的人生经历，我不知道什么是轻，什么是重。现在，我行走在4040米的高度，面对四五平方公里的小镇，一万人口的小镇，内心透出无以名状的沉重感。随着同行们，走进一座寺院——白居寺。白居寺是江孜标志性建筑，有"十万佛塔"的美誉。据了解，白居寺是在西藏各教派分庭抗礼、势均力敌的时期建立的，所以它的特点就是各教派和平共存于一寺。我们走过每个教派在寺内拥有的六七个殿堂。我们在白居寺旁，还参观了蜚声国内外的白色佛塔。白塔的藏名叫"贝考曲登"，塔高约32米，共分九层，有77间佛殿、神龛和经堂，108个门。殿堂之内藏有大量佛像，据说多达10万尊。

在寺院内，抬起头来，还可以看到俯瞰全城的宗山，山上至今还保留着当年抗英的炮台。山下，是西藏江孜宗山抗英遗址，江孜宗山英雄纪念碑就坐落在这里。纪念碑的三面分别用汉语、藏语、英语书写碑名。我们站在纪念碑前，这时候，夕阳洒着金辉，纪念碑高高耸立。我们回顾历史，瞻仰烈士，照相留念，然后，向日喀则出发。

这段路由我驾驶汽车，我用自己最为浅薄的深情踏过这片温情的土地。沿坝子中间的楚河而下，就是韩红歌唱日喀则的那条河——清清河水泛金波。河边生长最具象征意义的榆柳、柳树。我为什么会喜欢韩红的《我的家乡在日喀则》，因为我知道那种色调和氛围，她唱出了我的感受和心情。江孜到日喀则的公路平坦宽阔，坝子两边的山很高，所有的山都没有树木。夕阳下，透过车窗，我看到淡淡的草，没有颜色的沙子和石头。牛和羊也在一些山坳里，小溪边。但你只能看到羊走路，看到牛抬头看着蓝天。

我同样看到了当年住过的营房，我走过的麦田。我在营房里读了好几遍《红楼梦》《暴风骤雨》。我现在也无法说，那时候，我一个人走在麦田埂上想些什么。记得当时我们部队有三个女兵，都是做通讯的。几千人只有三个女兵，所以，她们在我们男兵的面前，抬着头走路，像是高傲的公主，眼睛不会对着我们看一下。一些士兵，在三个女兵走过以后，相约在一起放开喉咙用一个声音喊着：高大年——高大年——，随着这种喊声，四周的大山上起了回声：高大年——高大年——，男兵们知道，这种回声往往会引起三个女兵的回望。因为大家都知道，高大年是电影《决裂》中的一个人物，因为读书考试不及格，跑出了学校，学校的党委书记带着人去追，叫着高大年的名字，大山留下了回声。

"高大年"，这回声装载着我们的无赖。

因此，到了现在，我对江孜还有一个最好的记忆，就是关于"高大年"的回声，那三个女兵的回望……

2006 年

巴塘、巴塘

巴塘是四川甘孜州的一个藏地县，距离西藏昌都地区的芒康县城105公里，距离成都800公里，距离云南省迪庆州200多公里。看里程不算远，但山高坡陡，有时候，每天汽车就行二三百里吧。

其实，关于巴塘的文章，早已是汗牛充栋。写这些文章的人，专业作家不多，作者主要是游客、探险者、旅游资源搜集人等。文章的内容，可谓五花八门，写作手法十分随意，看到什么写什么，走到哪里写到哪里，主要记录他们在巴塘的"过程"。他们仅仅是想说明，他们到过巴塘了。说实话，要到一次巴塘，还真是不容易的。到一次巴塘，真值得炫耀。

三年前，我也到巴塘了。可是，巴塘的文字，一点也没有写，只留下巴塘县有关部门送的一些资料，不外是县情、风土人情、景点介绍。当然，还有一些记忆。记忆里的那个高原小城，那一片水土和草原。感觉中，巴塘的天很蓝，白云朵朵，清风阵阵，视野很辽阔……真不知怎么写巴塘了。但是，从我所写的藏地文章来看，写，其实是一次重温的过程，更是一次学习的过程。任何一次旅游，时间都不会很从容，特别是像我们去西藏的时候，队伍大，时间紧，所到之处，不可能全面了解、深入接触。我觉得，那次西藏之行，我们是真正意义上的走马观花。所以，我写藏区之行，最大的收获是重新认识我们走过的这条道路。

巴塘被称为四川通往西藏的桥头堡，这里地理位置比较特殊。第一，她是四川至西藏的交通主干线，川藏线318国道，贯穿于整个巴塘。第二，巴塘被称为为鸡鸣三省，她既是四川通往西藏的门户，又与云南香格里拉一衣带水。第三，巴塘的民族文化丰富多彩，单是巴塘的"弦子舞"，便在全国有名。我曾经写过散文《洗衣歌》，讲的就是用巴塘弦子为基调的藏族歌曲。反映藏区军民团结的歌曲，用巴塘的弦子舞曲为旋律，这足以让人感到巴塘歌舞的美妙了吧。解放西藏，进军西藏的时候，许多文艺工作者都到过巴塘。《洗衣歌》的作者罗念一和李俊琛，就最有代表性。

我是听着《洗衣歌》成长的，去西藏当兵的时候，也是唱着《洗衣歌》进藏的。因此，我对《洗衣歌》有着独特的情感。资料记载，《洗衣歌》创作于20世纪60年代，舞蹈创作为新中国首批进藏的女文艺兵李俊琛。李俊琛13岁开始从事舞蹈专业，15岁参加解放军后徒步走进西藏。28岁时，创作了成名舞蹈《洗衣歌》。1963年，在第三届全军文艺会演上，舞蹈《洗衣歌》一夜间风靡全国，掀开了藏族舞蹈发展的新篇章。说实话，至今为止，《洗衣歌》仍被人们津津乐道。我也是从西藏当兵回来，现在，回首《洗衣歌》，听《洗衣歌》，唱《洗衣歌》，我感慨万分！

而《洗衣歌》歌曲作者罗念一，也是最早进藏的部队文艺工作者，他一直称西藏为第二故乡。罗念一的《洗衣歌》《美丽的西藏》《姑娘达瓦卓玛》影响深远。半个世纪的西藏生涯，罗念一多年深入西藏，共谱写了六七百部作品，千余首歌曲，收集整理出几近湮灭的上千首西藏民歌和小调……中国音乐界有"北有王洛宾，南有罗念一"之说。据介绍，罗念一就是进军西藏时，在巴塘学习了巴塘弦子，以巴塘弦子为基调，创作了著名的《洗衣歌》。我希望朋友们能和我一起重温《洗衣歌》美妙的旋律，观赏《洗衣歌》独具魅力的藏族歌舞。

2008年，巴塘人带着《洗衣歌》上了中央电视台的《魅力12》。一个边陲小县，凭一个歌舞，一把弦子，便能引起全国人民的普遍关注……

……是的，巴塘的地理位置是特殊的，巴塘的弦子韵律是动人的。但是，如果不查阅历史资料，不了解巴塘历史文化，大家都不知道，多少年来，一部火红的历史，赋予了巴塘独特的传奇性，赋予巴塘"高原红藏区"美称。

我在写《红色甘孜》的时候，曾查得巴塘的资料。所介绍，1935年4月25日，贺龙、关向应带领红军在云南丽江渡过金沙江以后，经乡城、得荣、巴塘、白玉，到甘孜与四方面军会合。贺龙带领的红军，在巴塘停留38天，在这里留下了许多可歌可泣的感人故事。在贺龙领导下，中国藏区第一个共产主义组织——巴塘地下党及其外围组织东藏民青在这里诞生，由这个地下党组织引发了藏区革命风暴，意义深远。

在云南和西藏的边缘

红军走过巴塘,我仿佛还可以看到他们留在藏区村落的脚印。红军的故事,并没有随风飘散。红军走过的地方,总是会留下红色的种子。在巴塘,我们就了解到,红二军团长征时过巴塘,沿途掉队的伤病员被巴塘藏族群众抢救和收留,并一直生活在巴塘,在那里安家生活,一直到去世。1986年,中共巴塘县委收集整理《红军长征过巴塘》一文记载,该县民政优抚对象普查登记中,巴塘县共有流落红军十多人。这些红军,在后来巴塘的地方革命中,一直配合中国共产党地方组织,为藏区的解放贡献力量。直至1988年,滞留巴塘的红军战士只剩下云南广通县人李富强,且于1988年去世。

走在巴塘,我曾想起的是这样一句话:吃水不忘挖井人。这可能不只是我一个人这样想,我知道,半个多世纪过去了,巴塘人民没有忘记红军。现在,巴塘的中咱,仍保留有贺龙军长住地遗址以及他在仁德村八珠桑批家居住的房屋。红军长征过巴塘时,曾在党巴乡哈萨通村的巴曲河上利用河中墩石搭桥过河,现在此桥被人们称为"共产桥"。广大藏族群众把红军筹粮走过的央格山路叫作"共产路",把红军走过的县城附近的东隆山改为"红军山"。

为纪念红军长征,巴塘县1946年在县城西南2公里的龙王塘建立抗战建国纪念塔,这是全国藏区唯一的抗日战争胜利纪念塔。

了解历史,我们还可以看到红军精神一直在巴塘得到发扬光大。解放西藏时期,解放军进军西藏条件更为艰苦。巴塘,作为和平解放西藏的桥头堡,积极支援十八军进军西藏,解放初期的巴塘大营官保卫战，巴塘人民浴血奋战，成了藏区平叛斗争的重要组成部分……西藏解放了，川藏公路经过巴塘，巴塘人又一直在为这条"天路"的通畅做着贡献。巴塘啊，我不能不感慨这块革命老区独特的魅力……

现在，我似乎更明白了，三年前，我站在那个高原漂亮的小县城，面对巴塘的辽阔的蓝天和雄伟的山峰，面对的，其实是一部厚重的历史。是的，我曾在西藏当兵，完成了我一生中最值得骄傲的历程，但与巴塘人相比，与长征中的前辈相比，与从川藏线上进军西藏的战士相比，我能算得上什么呢？

2006 年

红色甘孜

2006年4月,我参加"大香格里拉"考察团,途经甘孜。从四川德格县城出发,经著名的"雀儿山",下午到甘孜县城。甘孜历史沿革记载,1955年,甘孜由西康省藏族自治州划归四川省,改称甘孜藏族自治州,州人民委员会驻甘孜县。甘孜藏族自治州是四川省三个民族自治州之一,也是四川最大的藏区。现在,甘孜州府设在康定。

此次考察,甘孜一行非常值得。原因是,甘孜是红军二万五千里长征的重要经过地,共和国开国十六大元帅将军,除陈毅外都到过甘孜,可谓罕见。红军长征中,在甘孜停留15个月,在甘孜藏区的泸定、康定、稻城等16个县经过和停驻。红军长征在甘孜藏区的活动时间之长,地域之广,在整个红军长征过程中都是少有的。

共和国的诞生,与甘孜有着密不可分的联系。甘孜,红色甘孜。

所以,我们去甘孜,除了风景旅游,欣赏雪山高原,藏域风情以外，最重要的，是感悟历史，感悟革命前辈浴血奋战的历程，深知新中国来之不易，增添对共和国的热爱之情。到了甘孜，我们参观了红军长征过甘孜纪念馆。我们从纪念馆的展览资料里知道，红军长征中的几次战役都与甘孜有关。

红军飞夺泸定桥，是我们上小学时就读过的课文，红军的22勇士从13根铁索上奋勇爬过，粉碎了蒋介石让朱毛"成为第二个石达开"的梦想。红军飞夺泸定桥的目的，主要是要到达甘孜，进行北上抗日。贺龙元帅带领红二、六军团进云南，到达丽江石鼓后，在丽江人民的支持下，渡过金沙江，经中甸藏区，目的也是要到达甘孜，与红军会师北上。

红军驻甘孜一年多，甘孜人民支援红军粮食120万石、牦牛200余头、马数十匹，红军北上时有十多名藏族青年参加了红军。红军北上以后，留在甘孜的红军有60多人，这些汉族战士一直在甘孜藏区坚持到新中国成立，留下可歌可泣的感人故事。1950年，老一辈革命家邓小平同志作出了"甘孜藏区人民对保存红军尽了最大的责任"的评价。

红色的甘孜属于高原藏区，她是康藏地区连接内地的交通要道，同时是重要的战略要地。现在，317国道贯通全县，从这里可达四川成都，青海玉树，可通云南丽江。甘孜，她是香格里拉旅游环线的重要交通枢纽，在大香格里拉旅游环线中处于中心位置。

藏语里的每一个地名，都会出现传说和故事。在这里，我了解到，甘孜，在藏语为"洁白美丽"的意思。据说，在清康熙元年（1662），五世达赖派弟子霍·曲吉·昂翁彭错到霍尔地区建十三座黄教寺庙，修建的第一座寺庙——甘孜寺，是建在有白色石头的地基上，所以得名。这天下午，我们参观了甘孜寺。

在寺院里，甘孜县史学专家为我们介绍，甘孜寺全称为甘孜扎西罗卜楞寺，意为洁白美丽吉祥珍珠洲，取洁白美丽寺之意。这座神圣的寺院实在值得瞻仰。我们看到甘孜寺依山而健，气势宏伟庄严，大殿为一底四楼的土木结构，其高处是宫殿式主亭，四角飞檐，有琉璃瓦、铜宝瓶、铜如意等覆于其上，气像非凡。主要建筑有1个大经堂和10个小经堂、1座弥勒殿、55座僧人"扎仓"围绕各殿均匀分布，结构布局十分严谨，大小寺院错落有致。内设阿巴、泽尼、郎吉3个扎仓。我们走进经堂，里面金碧辉煌，房檐雕梁画栋。四周的壁画，都色彩艳丽，壁画上的人物，个个栩栩如生。

甘孜寺的大殿边，还有新修的大堂，里面供奉着很多各种各样的佛像。佛像从下而上，高有十几米高，你须仰视才能看到全貌。佛像众多，站在殿堂内，好像被神灵们包围，你不由得会感觉平静，这可能是用虔诚的心求得的内心平静。出得殿堂，路上随时遇到一些小喇嘛，他们告诉我们，我们参观的新修大堂叫"菩萨多多"，不知道是否真的如此，只是觉得是非常有意思的名字。一路想着这个天真烂漫的名字，感觉佛的世界和我们的世界本身并不遥远，只要有心，佛很容易在你的心里找到一个合适的位置。

同时，也会想到那些小喇嘛纯净的眼睛，在这里，我仿佛感受到了佛的快乐。

在甘孜寺，还可以欣赏甘孜的全貌。从甘孜寺往下看，甘孜城表达着特有的高原古城风貌。城虽不大，但条条街巷交错如织，城的四周，是大片或绿或黄的农田，星星点点还有些许藏式的农舍，散发着淡淡的炊烟。快到 5 月了，远处层叠的山峦堆着洁白的雪，雪山高耸，映衬着蓝天，整个甘孜坝子，如诗如画……

在甘孜，值得我们浏览的地方还很多，著名的格鲁派寺庙"霍尔十三寺"在甘孜县境内就有六座，众多的寺庙主要分布在交通沿线和区、乡、镇上，对当时的政治、经济、文化等方面起了举足轻重的作用。扎曲河的景物更是美不胜收。然而，我们还是先在甘孜镇里住下，我们也沿街游逛。317 国道从镇中心穿越而过，镇里有藏区的风貌，也有现代的建筑和生活方式，我们看到的大多是水泥房子、柏油路、宾馆、客栈、饭店，菜市场里可以听到内地人的叫卖声。在甘孜做生意的，全国各地的人都有，但四川声音较多。街道车来人往，非常热闹，让人感觉到祥和与宁静。在街道上，随时可以看到到甘孜旅游、体验红色甘孜的人们。甘孜，让人感觉到的不只是古老和沧桑，我们在甘孜的任何一个地方，任何一个角落，都能体味到发展与进步，现代与文明……

斗转星移，山重水复，红军长征至今，已有 70 多年的历史。甘孜的发展，藏区人民的繁荣与幸福，完全可以告慰九泉之下的英烈！

2006 年

昌 都

昌都这个文章，几年来写好多次都没有写成。

有的散文随意性比较大，表达的是瞬间情绪，或者说内心最为微妙的感受，写起来可以自由空灵，仿佛是自言自语，类似痴人说梦。有时候，我也写日子里的一些过程、事物流逝，记录生命中的点滴……其实，作为一个写作者，细微的事物中，可能承载着他的生命之痛。作者写下的散文，有时候他们自己翻看一番，往往感慨良多，而对文章的局外人，则无以言说。现在的散文，更是日新月异，"新散文""现场散文""文化散文""原散文"，等等，等等。所以，作为写作者，难免会对散文产生畏惧，有时候会产生这样一种感觉：把一篇散文写完后，有可能要夹着尾巴做人一阵子。

当然，散文并不是一味能随意的，有的散文，会让你觉得它的分量比较重。2006年，我考察西藏回到丽江，一直没有找到昌都切入点。那天，我们从类务齐县到达昌都，感觉中，自己是从天上掉到昌都的，从云彩的中心滑落到昌都的。昌都四面都是雪域高山，要到昌都，你必须经历一种滑落感。

　　类务齐到昌都，经过的是 317 国道。317 国道从四川成都起，终点是西藏那曲，全长 2034 公里，其中，有一半多都还是沙子路，泥石流常常发生。我们经过这条路的时候，公路大多在改造当中，一天时间里，没有柏油路面，都是翻山越岭，时时险象环生。其实，经过昌都的，还有 214 国道。214 国道从西宁起，至云南景洪止，全长 3256 公里。从两条国道可以看出，昌都是云南、四川进入西藏的交通要道，也是与丽江联系最为紧密的地区之一，所以，我写西藏，昌都是一个怎么也回避不了的地区。

　　到了昌都，我站到了一条江的边上。查资料才知道，这里是著名的澜沧江的源头，在昌都以上，汇聚成澜沧江的是扎曲、昂曲两条大河，这两条大河正好在昌都汇合在一起，才被人们叫作澜沧江。我面前的昌都城，就是修筑在这两条河交汇处的洲头上。所以，面前的昌都，它三面环水，一面背山。

　　重要的地理位置，使昌都具有悠久的历史和丰富的民族文化。昌都是西藏的东大门，以昌都镇为中心，她与四川、青海与云南接壤，又与缅甸毗邻，在西藏自治区，她与林芝、那曲相连，处在商贸往来的枢纽地位。特殊的地理位置，使昌都成为康区的中心，是康巴文化的发祥地，这里的藏族常以"康巴人""康巴汉子"称谓。由于居住地域和社会交往的因素，昌都康巴人较早就接受了来自青海、甘肃等地的黄河文化，来自四川、重庆的巴蜀文化、长江文化和来自云南白族、彝族、纳西族、傈僳族等多民族文化中的精华部分，并将其融入自有文化之中。这种多元文化相融汇,逐渐形成了既有多方位、多民族文化复合,又有康区独特个性和凝重宗教色彩,具有丰富内涵和底蕴的康巴文化,并在语言、服饰、宗教、民俗、民居建筑、民间文化等各个方面,都有其明显区别于其他藏区地域文化的特殊表现。

近年来,几部电视剧都反映着昌都。《我在天堂等你》《茶马古道》等,都与昌都有关。我国解放战争中最后一次战役——昌都战役,在历史上影响深远。成都战役以后,1950年10月6日,进藏部队向昌都地区开进,至10月24日胜利结束的昌都战役,战役中的海拔最高,条件极其复杂,气候特别恶劣,中国人民解放军西南军区部队一部在西北军区骑兵部队配合下,经过大小二十余次战斗,一举攻占昌都,共歼藏军6个代本全部、3个代本大部,争取1个代本起义,共歼灭藏军5700余人,打通了进军西藏的门户。

昌都从奴隶社会,一步跨越为社会主义社会。

然而,由于特殊的地理位置,人们要进入昌都、了解昌都,依然不是那么容易。从昌都到成都,到云南,到拉萨,都有上千公里。昌都地区高山河流密布,外地人无论从哪里去昌都要在崎岖山路上颠簸几天几夜。许多驴友,把去昌都当作探险,跨越极限,挑战自我。从昌都旅行归来,谁都会感叹那里的山水,感叹那里的雪域草甸。我的感觉是,去了昌都的一些地区,也许这辈子都不会遗憾没有看到雪、没有看到真正的草原和湖泊了。

昌都的雪是立体的。昌都的湖泊是圣洁的。昌都的草原是用牛羊、帐篷来点缀的。昌都的路是用鲜花和马帮歌声来铺就的……

难怪昌都被称为格萨尔王的故乡了。昌都，我们到处可以听到关于格萨尔王的遗迹和传说。江达县波罗吉荣峡谷中，有格萨尔王与王妃珠姆下棋的四方形巨石骰子；在丁青县，有格萨尔王射穿山峰的两个大窟窿；在贡觉县，有格萨尔手下巴拉大将的宫堡遗址；在芒康县，有江岭之战的城堡遗迹；在类乌齐县，又有被传为格萨尔的铁制雕龙马鞍等。据统计，西藏发现39名《格萨尔王》说唱艺人，19人在昌都。被称为"国宝"级说唱艺人的扎巴，其祖籍就在昌都边坝！

那一天，我站在昌都，第一次感觉到，要了解西藏，不能不了解昌都。当然，我依然只可能是一个昌都的过客。站在昌都，我只能感叹自己的渺小。30多年前，我曾经在藏西南当过几年兵，后来，我一直认为，我对西藏可以从容地说话，其实，我错了。西藏是一个非常大的概念，她的胸怀是宽阔的，既简单又深邃，你越深入她，才越发现自己的幼稚可笑。

基于这种观念，我才知道昌都还有卡若遗址。这是中国澜沧江上游地区的新石器时代遗址，位于昌都卡若村。这里曾出土远古房屋遗迹20多座，还有许多古人类所使用过的石制生产工具以及谷物、兽骨等，对研究西藏早期历史有重要价值，一般把该遗存命名为卡若文化。这里有石围圈3座，灰坑4处，出土各类石器7968件、骨器366件、陶器2万余片、装饰物50余件，此外还有部分粟米、动物骨殖等，这些遗址的发掘，对研究西藏早期历史和汉藏关系史显然有重要价值。因此，卡若遗址已正式列入全国重点文物保护单位……

……以上，我说了印象中的昌都，当然只可能是表象上的昌都。关于昌都，以后我还会作一些细致的了解，很有可能，我会第二次抵达，去感受那个山与水、天与地、人与神生息相关的昌都。

那时候，我心里的昌都可能与散文无关，与传统的叙述无关，她会颠覆我的想象与思维。现在也如此，谁也想象不到，我的文章的结局会出现一个机场。世界上海拔最高的机场之一——邦达机场，便建在昌都。机场到最近的昌都镇有136公里，是国内离中心城市最远的民用机场。机场于1995年建成，当年4月首航成功。这里海拔4300多米，飞行难度极大。邦达机场气候恶劣，冬天风速常达到每秒30米以上，冬春季气温常在零下30多摄氏度。这些气候条件，远远超过美国波音飞机的设计要求，因此，中美两国曾组成了联合试飞组，试飞后对波音飞机有关数据进行修正，然后再用计算机模拟飞行，得出最大承载量，创下了人类民用航空飞行史上的奇迹。

2006年

西藏东达山

走了西藏,我会不知疲倦地写路。

从内地去西藏,我不知道有多少人在走马观花。西藏的文章,也大概可以分为两种,一种是走马观花式的,一种是灵魂深处的生命体验。在西藏当兵四年,二十多年以后,我才写了四五千字的《远望西藏的云》。二十年后再去西藏,可笑自己渴望写一本书,书名叫《丽江到拉萨》。

走马观花,重点在路上。西藏的路很容易成为书写的对象,许多关于西藏的文章都是从路开始,再以路结束。关于西藏的路,我不知道我会制造出什么样的新意来。但是,我写《丽江到拉萨》,基本上出于一种责任,意义在于介绍今天的旅客如何从丽江到拉萨去。所以,这里面所有的文章,关键也在写好路。

丽江是内地进入西藏的大本营,"大香格里拉"集散地的格局正在形成,写这样一本书,文本的格调在于介绍。写作这种文章,过程是轻松愉快的,一切都在路上,重温在滇藏线如何"衣食住行",如何走马观花。所以,真正要到西藏做生命体验的人,请不要看我的这本书。

我以一个"老西藏"的名誉说话。

开始构思这本书,我便想到了写"东达山"。这是我们进入藏区的第一座超出 5000 米的雪山,公路悬在一个超出想象的高度上。我曾经说过,"在西藏,海拔能让我们悬浮在一个虚幻的数字里……我想,只有自己的生命在这个高度上生存过以后,才能意会到这个海拔的高低、轻重和色彩。真的,我的理解是,海拔的高度,落实到最后,还是一种色彩。生命是有颜色的,没有颜色,万物就死了"。

正好下了一场大雪,公路两边白茫茫一片,雪的下面是冰层。我们的汽车在冰上摇摇摆摆地前进。坐在车内,看雪山耸立在蓝天之下,其实,在这里看不出雪山和蓝天哪个更高。天路,西藏的路,谁想出这样的语言,我十分钦佩。风很大,听得到它的呼啸声,地上的雪翩翩起舞,但同样不会污染空气,太阳照样很亮,与太阳的距离如此之近,在这里却触摸不到阳光的温度……

站在东达山公路丫口,有人想写诗。

因为这里已经有经幡,有玛尼堆,朝拜的藏民,虔诚地读玛尼堆上的经文……进藏以后,我已经知道这样一个秘密,凡是有经幡和玛尼堆的地方,总是会有许多的故事,总是一座山海拔最高的路段。下车一看,果真如此。路边上的一块钢铁做成的牌子,写着这样的字:"不怕艰难险阻,不怕流血牺牲,保通川藏天堑,锻造交通铁军。"落款是"武警交通第四支队"。

原来,经幡就是以这块牌子为依托悬挂的,玛尼堆也堆在牌子的周围。因此，进藏的内地人经过这里，都要在这里照相，做走进西藏的象征。多少电视镜头，也把这块牌子当作西藏的一道风景。

这道风景的背后，站着多少被称作"铁军"的人。

我们发现，从芒康县开始，沿途的护路人，大多是年轻的士兵。十里一道班，我们可以算一算，西藏的公路上劳作生活着多少年轻的士兵。不要说青藏线上的兵站了，单是川藏线的4000公里，开推土机的是军人，铺沙抬土的是军人，草绿色的军装，苹果一样的脸，灿烂的笑容，让我们这些乘车的旅客不断地向他们招手致意。然而，也就在这种情况下，你会得到一个个年轻军人姿势最为潇洒的敬礼！

这时候，我会想到，他们的家乡在哪里。

东达山，士兵们的家，就在离山口不远的地方。风雪中，在一个让人心速加快的高度，我的内心除了装有诗情、雪域和蓝天以外，我还不得不面对东达山下那个土坯墙围起来的公路养护站，那个炊烟袅袅，冰雪覆盖而寸草不生的兵营。这个兵营远离村庄，远离人群，一排简陋的房屋，将铸造高原铁兵灵魂的永恒。

我们怀着十分崇敬的心情来到了东达山公路养护站的门外。门口的旗杆上，飘舞着一面五星红旗。站里走出两个年轻的军人，高挑的个子，脸色虽然可以看出缺氧的症状，但看上去身体十分结实，显得很有力量。据他们介绍，一个是河南人，一个是四川人。一个是高中毕业，一个是初中毕业，他们今天在家里值班。所谓值班，就是为出去护路的同志做好中晚餐。两个军人都说，他们已经到东达山一年多了，因为冬天雪封山，夏天公路容易塌方，从来没有回过一次家，也没有赶过一次集……海拔5000多米的十多公里路，都在他们的养护范围内……

东达山，站在5008（海拔）这个以生命的名誉书写的数字上，我不能再用一些华丽的词语来描绘你。我将用心记住一座高峰，记住站在这座高峰上的那群朴实无华的士兵。

2006年

西藏盐井

盐井是我们从云南进入西藏的第一个乡。

盐井乡的下面是澜沧江，上面是梅里雪山山脉，所以，它给我的印象是立体的。到了盐井，我知道了，云南到达西藏到底有多远。

到盐井的时候，是下午五点左右。已经是4月中旬了，盐井的田地里，小麦还没有黄。因为地处澜沧江边，盐井土地不多，而且都是梯田。街道短，两边都是藏式矮房子。比较大的现代建筑是"盐田宾馆"，也只是三层楼房。街道上都是泥土路，4月的风让这里弥漫着风沙。有藏民从街上走过，有做生意的四川人在不停地吆喝。有个菜市场，卖菜的门面，只有三十平方米左右，菜的品种不多，且不太新鲜了。听声音，菜老板却是云南人。盐井的物价：百货与云南差不多，蔬菜贵得多。

盐井是因盐而得名的。

旧社会，盐是非常珍贵的东西。特别是西藏，由于交通不便，外地盐难于运输到西藏去，所以，盐井成了西藏重要的食盐供应地。盐井出产的盐，远销到西藏的昌都、林芝、察隅地区，云南的迪庆、丽江，四川的巴塘、理塘和木里等地方，也都食用盐井的盐。盐井在滇、川、藏地区的知名度，除了这里是茶马古道的交通枢纽以外，与盐的名气关系极大。

盐井与丽江的关系比较复杂，但归根到底，还是要说到盐。盐井与丽江距离较近，而且，丽江同样需要盐井的盐。早年，丽江木土司认为盐井不但是云南通往西藏的交通枢纽，而且可以通过盐的出产和运输控制西藏的部分地区，所以，便派大批纳西人进驻盐井，一方面保护丽江马帮顺利通过西藏地区，一方面在那里开采食盐，控制盐业生产和销售。

至今，盐井的产盐者，大多数是纳西人。

我们一起到西藏考察的同志，有一部分是纳西族，他们着重了解纳西人在盐井的生产生活情况。考察得知，盐井的纳西人，都学会了藏语，适应了藏区的日常生活。现在，盐井除了四十岁以上的纳西人能说纳西话以外，年轻的纳西人，都不会说纳西话了。但是，这里的纳西人，都知道自己是丽江木土司的后人，都知道自己的根在丽江。

这一天，时间虽然比较晚了，但盐井乡政府还是为我们开了一个座谈会，介绍了盐井纳西人的情况。盐井乡的乡长是纳西人，书记是藏族，副乡长是外地干部。在介绍乡里的情况的时候，乡长书记都推荐副乡长介绍情况，后来感觉出来，原因是外地干部汉语说得好。副乡长操四川口音，他说，盐井分上盐井和下盐井，上盐井藏族多，就算是纳西人，也信奉藏传佛教；下盐井纳西人多，信奉的是东巴教。从整个盐井的情况来看，这个近一万人口的乡镇，纳西人占了百分之八十左右。

第二天，不忙向西藏拉萨方向赶，先看盐井怎么产盐。

盐井在澜沧江边，得走一条便道。这条便道只有三米左右宽，单辆小汽车或农用车可以通行，只是会车比较麻烦。且路下悬崖峭壁，稍不注意，便有可能坠入滔滔的江水。好在路不远，半小时就到了，到了江边，远远便可见盐田。所谓盐田，只是用木杆在陡峭的山坡上搭成上平下空的架子，再在上面铺上灌木，垫上土，铺上细砂，形成一小块一小块的沙地。纳西人再把盐水放进这些盐田里，任其渗水，盐水渗干，便是盐了。

盐井不多，只看见四五口，有的三四米深，有的深达五六米。那些盐井里热气腾腾，汩汩冒着温热的盐水。盐井都在江边上，与盐田相距几百米。盐井里的水，过去都是靠人背到山坡上的盐田里的。背盐水的路不好走，盐田旁边，都是险峻的栈道，盐田之间便用这种栈道连通。背水的纳西妇女，要从江边的盐井里把盐水背到盐田里来，栈道两旁，到处可见背盐水女人们穿坏了的胶鞋，背盐水用的绳子、水桶，都放在盐田架的下面。

据介绍，两年前，盐井人都装了抽水机，再不用纳西妇女背水爬山。只是偶尔看到两个女人在背盐井水，一问，都稍能懂汉语，她们都说自己是纳西妇女。再与她们说起丽江，两位纳西妇女都觉得"丽江"遥远而生疏。不只是这两位纳西妇女，对于这里的所有纳西人来说，祖籍地成了一个陌生的词。他们只是从老人的回忆里记住了有一个地方叫丽江，但他们最终没有继承住纳西语言、纳西服饰、纳西建筑……盐井的纳西人，多种生活方式都与藏族人接轨,在盐井,历史造就了纳西和藏族水乳交融的特殊的民族文化……

继续与这两个纳西妇女交谈,她们说,这几天井里盐水少,用抽水机划不来,便用人工背。这时候,她们已经背干了盐水,便坐在井边休息,等盐水再冒出来,她们又开始背。这两个纳西妇女说,在盐井,制盐的事都是女人来干。男人们的任务,是把盐巴装袋,然后用骡马驮运到盐井小镇的盐市上出售,再由盐贩子把盐巴卖到邻近的藏区……

从前到过盐井的同志觉得有些可惜,现在这里的盐水,不用人背,而是采用抽水机。现代机器使劳力节省了,我们却看不到从前的生产情景。在盐井,恰恰是纳西妇女大规模的背水队伍,让到达盐井的外地人感动不已。是的,一种古老的生产文化,随时都可能会因机械化的发展而消失。一块让人神往的土地,一种让世人觉得有些悲壮的原始的劳动场景,不用装饰的原始的劳动文明,将离我们远去。这和盐井的纳西人之于祖籍地一样,他们从老人们的回忆里记住了一个地方叫丽江,但他们最终没有继承下纳西语言,也没有返回丽江的理由。历史的,地理的因素,使这些木土司的后裔们,与这里的藏族同胞水乳相融,造就了一种让世人瞩目的民族文化。

这便可能是机械文明和社会变革给世界带来的进步与尴尬。

2006 年

第二辑
大香格里拉

翻越白马雪山

坐在电脑前,写关于"马帮"的文字。恰好有朋友打来电话,问我"马帮"这个词应该如何定义。我写过一书,叫《丽江马帮》,然而,对"马帮"一词的定义,却是不敢轻易说的。一个词语的定义,应该是专家学者们的事。所以,我只是大略告诉朋友,所谓"马帮",就是过去滇、川、藏地区的民众,应用马匹作交通工具运送物质的一种团体。这种团体组织是群众性的、自发性的,以长途运输的方式互通有无,并以经济利益为目的。

后面还有些话我没有说。那就是"马帮"造就了"茶马古道",造就了南方丝绸之路。如今,"茶马古道"这个词,在祖国西南地区被认为是一个文化名词,一种人文精神的潜台词。这个词后面的意义,需要更多的人去理解和剖析,"茶马古道"留下的精神意义,实在是太丰富了。有时候,我这个写过《丽江马帮》的作者,说起"茶马古道"来却不知所云。

要说的是今年4月,丽江市组织"重走茶马古道",进行"大香格里拉生态旅游"文化考察,考察团一行三十多人,加上

在云南和西藏的边缘

自发加入旅游观光的三十多人,人员规模之大,前所未有。考察团历经十九天,途经西藏拉萨、林芝、日喀则、那曲、昌都等八个地州市,三十多个县,路线之长,也是空前的。

我有幸成为考察团成员之一,从西藏回来,产生这样一种感觉,觉得丽江"大香格里拉文化旅游考察团"的西藏之旅,应该是从白马雪山开始的。考察茶马古道,第一天翻越白马雪山,感受一座雪山在茶马古道上的意义,我们一行人都显得格外兴奋。

那是云南通往西藏茶马古道的第一座高峰,雪山最高峰海拔5640米,而它的山脚却只有2260米。雪山雨雪季节长,据了解,过去的马帮,只能是选择雪山解冻的季节通过。通过雪山的路不算太长,如果是正常道路,只需要一天左右的时间。然而,过去的马帮通过白马雪山,遇到下雪封山,有的行人被冻坏手脚,马匹只能啃树皮。冻死在雪山的马匹行人,难于用数字来说明。据了解,过去的马帮翻越这座雪山,至少需要三五天时间,如果天气变化,便要在雪山下滞留半个月甚至更长的时间。现在,白马雪山也是214国道上最美丽的一座山峰,位于青藏高原东南横断山脉中段,被藏民称为神山。我曾经走过这座雪山,那是2002年的9月。当时,我们的车停在了路边,停在了雪山的旁边。我们在路边和白马雪山对视。我们的身边,是密密的杜鹃和挺拔的松柏。站在这里,看到树枝、叶片、草地一尘不染,大地一尘不染。在这里,风是干净的,阳光也是干净的。白马雪山留给我的印象是干净而美丽,圣洁而飘逸。

然而,我们考察团在4月16日下午到达白马雪山的时候,天公却不作美，时间已经是下午五点左右了，雪山上下起了大雪，漫无边际的雪花，纷纷扬扬，飘飘洒洒。我们车队的十多辆车，一辆紧接着一辆，中间还夹杂着一些大汽车，大小客车，这些车里坐满了旅客，车身全部被大雪笼罩着，像是小孩子堆起来的雪球。路上能见度很低，行车十分困难。这时候，我们的车已经走了一天时间，早晨从丽江出发，经香格里拉，经奔子栏，这时候的目标，就是要直奔德钦县城。不巧公路上的几辆大汽车被雪陷住，阻挡了道路，我们的车队无法通过。这些大车是从德钦过来的，开车的都是藏族司机，开的都是加长货车，像一个个庞然大物。开车的藏族司机都个子高大，一脸毛胡子，显得剽悍英俊。他们的车虽然陷入困境，但他们都好像是久经沙场，从容不迫。这很容易让我们想起过去的马帮，产生一些联想。雪山上道路难行，又出现堵车，有的小汽车，已经往后退了，准备绕道而行。我们可是不能后退，经过考察团随行的交警与司机们商量，我们准备走靠路山边的路面。考察团的同志都下了车，都站在了雪地上，感受这场出其不意的大雪。我站在公路上，雪花落在我的头发上、脸上……可能是山太高了，风又小，雪片显得比我从前看到的要大一些，飘浮得也轻盈一些，我想，这才是真正的鹅毛大雪，雪大，却不动声色，从容不迫……这种雪让我感到天地的大气，世界的辽阔……

路边雪很深，不知道道路的情况，司机同志就用铁棍试探，摸清情况然后再一辆一辆通过，确保万无一失。尽管如此，还是有车陷了下去，使用前加力都不能爬上来，于是，车上的人员都下来，冒雪推车，大家都弄了一身一脸的泥浆，一身的雪花。由于大家的努力，陷下的汽车终于被推了上来，所有的考察队员都十分开心，因为所有的车都安全通过雪山，如果再不能通过，雪越下越大，我们就得从维西绕行，那得多走两天路。

车队通过了雪山，天也慢慢放晴，我们看到高耸的山峰白雪皑皑，连绵逶迤。偶尔有一线阳光出现，照在雪山之上，雪山在云雾中露出一点脸来。我们驶车顺雪山而下，沿途都是深邃的峡谷，峡谷里雪山圣水缓缓流下来，远远望去，晶莹明亮。白马雪山的雨露养育了这条高深莫测的峡谷，使这条峡谷成了高原上的动植物王国，再加上地处立体气候，形成了丰富多彩的植物种类。据介绍，云南八大名花，白马雪山占了三种：兰花（布袋兰）、全缘叶绿绒蒿（黄芙蓉）、报春花。这里还有雪莲花、杜鹃花、冬虫夏草、黄牡丹等国家级保护珍稀植物。昆明世博园的吉祥物、国家级一类保护动物滇金丝猴就生长在这里。经常经过白马雪山的"无手车王"何跃林介绍说，白马雪山四季变化极大，冬天，这里是雪的世界，千里冰封，万里雪飘。夏天，这里万紫千红，各色各样的花争奇斗艳。那时候，行驶在214国道上，可以看到路旁全是杜鹃花的海洋，花的香气让人倾倒……

汽车继续往德钦县城前行，坐在车里，透过车窗，眼看一排排树木如挂水晶，晶莹剔透，让人赏心悦目。大山高耸，一条蜿蜒的道路，在我们的前面铺展开来——这便是前往西藏的道路，这条道路充满希望，充满幻想。这就是茶马古道，我们前辈的梦幻，还在更加遥远的前方。

2006 年

在梅里雪山下

到德钦,最大的愿望就是能看到梅里雪山。都说,看到梅里雪山,任何人都会感受到强烈的震撼,这种震撼来自心灵深处。

梅里雪山是藏传八大神山之一,而且排在八大神山之首。她是藏族精神世界中最为神圣的雪山,朝拜梅里雪山,是他们一生中最虔诚、最神圣的大事。据说,藏历羊年是梅里雪山的本命年。这一年,云南、西藏、四川和甘肃等地的许多藏族,都不远千里来到梅里雪山,进行转山朝拜仪式。对梅里雪山的转山朝拜是一个虔诚而复杂的过程。转山朝拜分内转经和外转经。内转经时间不长,但也得四五天。外转经就得从朝拜者的住地出发,再绕梅里雪山转一圈,时间得半个月到一个月。

梅里雪山是一座高海拔处女峰,也是云南最美丽的雪山,到这里来看雪山的人常年不断。它圣洁而美丽,至今还没有被人登临过。那一年,日本登山队员曾试图征服它,但还没有到主峰,就被雪崩所埋葬。现在,在德钦飞来寺旁边,还有这些登山队员的纪念碑。

遗憾的是，到德钦来的人，十有八九看不到梅里雪山，许多人只能抱憾而归。

我们到德钦时值雨季，随时都有雨和雾。我们一行人都对看梅里雪山充满信心，我们也怀着虔诚的心情，一定要看到雪山才回去。看梅里雪山需要圣洁的心境、清幽的环境，因此，大家都喜欢把看雪山的时机选在早上。头天晚上，我们约好时间，准备早上六点出发，到飞来寺去看梅里雪山。这天早上，我们5点钟就起来了。起床后，在街上吃了早点，由德钦县志办的李老师带路，开车向飞来寺出发。出发时，天还没有亮，我们抬起头，看见天空中有云在飞。但在梅里雪山一侧，天空晴朗，星星时隐时现。李老师说，估计今天大家有福气，会看到梅里雪山。

汽车开着灯前行，转了一道弯，又转了一道弯。走了近五公里路，李老师说，快看，前面就是梅里雪山。我们透过车窗，看到一座巨大的雪山耸立在天空。雪山太高了，太宽大了，像从天上降下的天幕，厚重而典雅。雪山上的每一道皱褶里都铺满了雪，雪山上有淡淡的月色，雪山轮廓清晰，雪呈乳白色，白得神圣而纯洁。梅里雪山啊，真是鬼斧神工来造就！看到雪山，车里的人都说不出一句话来。不是说假话，我们是被惊得说不出话来了。过了好几分钟，才有人叫道："天哪，上帝啊！"

李老师说，我们现在看到的，是"缅茨姆峰"。缅茨姆为梅里雪山的美女峰，是最漂亮的雪峰，它窈窕、婀娜、美轮美奂。它给人一种无以言说的美感，一种震撼心扉的灵气。想象由此而生。但天边有雾飘过来。梅里雪山的气候变幻莫测，我们还没有看到梅里雪山的卡瓦格博主峰，云雾就来了。这时，车也已经开到了飞来寺西侧。停下车，见路边已经有好多看梅里雪山的人了。所有的人都已经看到了梅里雪山的美女峰缅茨姆，但还没有看到雪山的全貌。当地藏民叫我们耐心等待，说只要心诚，雪山迟早会出来。也有人说，向雪山敬香，云就会散开，雪山就会露出脸来。还听说，当年班禅大师到德钦的时候，也有云雾遮着雪山，但当大师的香火点燃，圣水一洒，雾云就慢慢散开，雪山就慢慢现出来了。于是，我们都争着敬香。不知是我们的香火感动了雪山神峰，还是我们的心意太诚，时间过了不上十分钟，雾云就慢慢散开，整座雪山都露出了脸庞。卡瓦格博，缅茨姆，五冠神峰……所有的雪峰都全露出了面容。

壮观的雪峰一揽眼底。

雪峰高低起伏，自南向北整齐排列，雄伟俊俏，气势磅礴。梅里雪山号称太子十三峰，但各座雪峰有各座雪峰的品格，各座雪山有各座雪山的风姿，可谓多姿多彩，气象万千。没过多久，太阳照到了雪山上。雪山顶上白雪变了颜色，原来的乳白色，现在变成了橘红色，淡红色，整座雪山更添神秘色彩。

就是再没有拍摄技术的人，都拿起照相机，按下了快门。

梅里雪山，在我们心中留下了永久的记忆。

2007 年

明永冰川的声音

梅里雪山下有一座最有名的冰川，叫"明永冰川"。明永冰川被称为现代冰川，以其独特的魅力，吸引着梅里雪山的崇拜者。我们在飞来寺观赏梅里雪山时，就可以看到明永冰川了，冰川在梅里雪山主峰卡瓦格博峰下。它是卡瓦格博雪山的一条神经，一条从海拔5500米伸到海拔2700米的特殊的冰川，是天与地相联系的神经。明永冰川也是目前世界上稀有的低海拔、低纬度、高温度冰川。

抵达明永冰川，去触摸一下梅里雪山神峰上延伸下来的雪，是一件十分有意义的事。但要到达明就冰川，却是一件不容易的事。

在飞来寺观看梅里雪山时，我们听说，为了方便旅客，当地政府已经把通往明永村的公路修通了。但也有人说，雨季来了路又不通了。有些热心人告诉我们说，前不久正在抢修公路，说不定已经通车。于是，我们怀着对明永冰川极大的兴致，开车向澜沧江出发。我们都想，即使到不了明永冰川，也要去看一看澜沧江。车在澜沧江畔的山崖上行驶，一路上风尘仆仆。通往明永冰川的公路，是214国道的分支，是为了发展旅游业而兴修的，路窄坡大，当地群众就有"汽车经常被澜沧江吃掉"的说法，因此，我们的车在路上缓缓地行驶着。到了半路，我们突然看到有明永村的客车驶来，停下车来一问，明永村通车了！我们的心里不用说有多高兴！

到了澜沧江边，江水呈棕红色。江面十分狭窄，两岸石壁峭立。澜沧江桥也窄，一辆汽车刚好可以单向通过。过江后，路更窄，新垮下的塌方，是刚用推土机推出的，随时有落石的危险。但我们的车还是安全地到了明永村。这是一个地处江边峡谷的村落，全为藏民。村里出产丰富，这几年旅游业发展，藏民在经济上和思想意识方面都得到了长足的发展。这里已经有人家开了小食馆、小旅社。村里人还喂了许多好马，专供旅客骑着上冰川。就着德钦飞来寺的大哥大铁塔，这里还有手机信号，这里和世界并不遥远。

紧跟着我们，又来了一辆大巴，车里坐的都是外国人。上明永冰川的时候，我们骑马，他们走路。这些外国人男女老少都有，但他们谁也不骑马，他们每个人身上还背了许多东西。我们望着他们爬山的劲头，望着他们自信乐观的态度十分羡慕。

上明永冰川有一条新修的人马驿道，山虽陡，但路还算平整，可供走路和骑马。出发后，才走不远，就是原始森林，满山古树参天，山花烂漫，随时可见野兔野鸡出没，随时可听见清脆的鸟叫声。走了两个多小时，路上又休息了一次，最后才到了冰川上。冰川旁有一寺院，寺内数百盏酥油灯永不熄灭。

喇嘛们在冰川旁静坐。有的慢慢地摇着转经筒。寺院内外都有烧香的藏民和外地汉族人，香烟袅袅升到冰川之上。我们下得马来，看见冰川前人来人往，像赶集一样。而且，这里虽是冰川地带，但气候很热，树木长得十分茂盛。在显得炎热的气候中，冰川的冰舌伸入森林中。据介绍，冰舌冰壁高达八十米，冰舌下还有冰溶洞，河水破冰而出。我们站在冰川之上，听到冰川下轰隆轰隆的流水声。这是来自上天的声音。听说，有人死后把骨灰撒在冰川旁边的草地上，就是为了听这种声音。

明永冰川，虽是冰川却有炎热的夏季。但这里不长庄稼，这里只生长经幡和玛尼堆。

玛尼堆，看上去也只是一般的石头。这些石堆是朝圣者自觉堆起来的，行人只要经过，就自觉地放上一块石，这样反复，使玛尼堆形成小山似的。在信徒们心中，玛尼堆是人世与天地神祇的分界线，也是其交汇点和连接点，是一种原始神灵山神、战神的崇拜表达，是人与神进行对话的所在。

经幡，红红绿绿的经幡升到了天际。这也是朝圣者自觉地悬挂在神山上的，它们是朝圣者心灵的旗帜。经幡，是天人交流的独有语言。经幡是藏民与万物之间交流的独有语言和天人之间的唯一桥梁。

2004 年

德钦小镇的细节

我还是要说到小镇郊外的那个油库，那个像农家院落一样的加油站。这里有木门，有瓦房，有锈迹斑斑的加油机，有一个从不熄灭的瓦数不大的灯泡，灯泡上有一些蜘蛛网。油库大门外有一块铁牌，上面用红油漆写着"进入特殊路段，请检查您的燃油"。牌子上的这几个字，显然写得不规范，看上去歪歪扭扭。据我所知，差不多所有的过往车辆都要到这里加油，然而，这个加油站却不因此而趾高气扬，很像山里乡村一个不善经营的生意人。这让我想到德钦这个特殊的县份，这个云南的边缘县城。她处于滇川藏结合部，城小，不足一万人，街道不长，你走任何一条街道，都不会超出十分钟。这县城却更像一个村庄，像一个山寨。德钦县城的海拔却在云南数第一，3480 米，是云南省最高的县城。

油库不远处，有一排警示标桩。雨雪太大，便有人把标桩摆在公路中间，不让车辆前行，前行便是冒险。等到天晴，了解到白马雪山通车了以后，又有人搬开标桩，车辆才一路上山。

据了解，在德钦，这里的标桩一年使用四五个月。我们到达德钦的时候，这些标桩都摆在路中间，大小车辆停了一大串。

第一天到德钦，有点缺氧的感觉。4月份的天空，细雨还在下个不停，让人觉得高原之城有些神秘，于是，这个晚上，我便独自在县城的街道上散步。这时候，我却能抬头看到蓝天和星星，在峡谷里，天不宽，星星可数，月色依稀……我不知道雨是哪里来的。

于是，再细看城四周的山脉，山很高，山上铺满了白雪。也可以听到山上的风声，听到风声，我知道这雨是风刮起雪花落到城里来的，并不是真的在下雨。同时，我也知道德钦县城是坐落在一个山窝里的，一条山谷把小镇分到了河谷两边。都是一些现代的砖瓦房，或者是旧时的木楞房，都是小门小户小院。

走在街道上，时间并不晚，但店铺都关门了。有几个帐篷，里面烧着火，有藏民在哼歌，在弹弦子，在喝酥油茶，在说话……据说，这些藏民是来朝拜梅里雪山的，他们不住旅店，自带行李食品，走到哪里都可以随心所欲。街道上只是有一个餐厅里灯火通明，里面有些老外，有些德钦以外口音的人在祝酒，在大声喧哗，忍不住与服务员打听是些什么人，服务员小姐说，是云南普洱的马帮队伍，是要驮茶进西藏的，他们今天胜利翻越了白马雪山，到达了德钦这个茶马古道的重要驿站，明天就要跨进西藏的地界，所以在喝酒庆贺。是的，普洱茶在全国都有名，并一直为西藏人民所喜爱，只是，让我想不明白的是，这种民间的马帮队伍，为什么还掺和进来几个老外，这些老外为什么也那么兴高采烈？

于是，回忆起我在这之前翻阅过的关于德钦的资料。从前，德钦县城又叫升平镇，过去又被称为"阿墩子"，旧社会便是马帮和生意人云集的地方，是茶马古道上的一个重镇。过去的马帮，都会聚集在这里经销百货和药材，滇川藏地区的任何一种货物，都会在这里交易，在这里买到。新中国成立后，德钦小镇是214国道的咽喉，使这小小一个边地之城，战略地位显得非常重要。

由于地理上的原因，受外来文化、宗教的影响十分大。这里曾经远离文明、人烟稀少。但远在19世纪，便有两个法国传教士到德钦来传教，建立澜沧江边的茨中教堂。那时候交通十分落后，两个传教士是骑着毛驴去的，他们把德钦看成最为理想的圣地。只不过，后来发生的"教案"，也发生在德钦，19世纪末和20世纪，全国出现了排教运动，德钦也未能幸免，当年由义和团点燃的排教之火，直接扑向外国传教士、外交使团、中国教民和几乎所有的洋人。1905年7月，德钦境内的三个喇嘛寺的喇嘛和当地民众一万多人，一举烧毁了德钦、茨中的外国人主持的教堂，杀死一个法国传教士，并活捉一人，事态扩大，影响到了全国，惊动了清朝政府。正因为如此，小城人历尽沧桑，吸收了多种民族文化的，丰富了自我，完善了自我，各种宗教在这里得到了完美的体现。这里有天主教，有藏传佛教，有基督教，有伊斯兰教。现在，县城内还有天主庙、飞来寺这些宗教古迹。在德钦的茨中村，外国人19世纪修的茨中教堂依然保持如旧。法国技术配制的葡萄酒，味道十分甘美，让人体味一种古老的异域文化……

关于德钦还要说到梅里雪山，那座被藏族同胞称为神山的山峰。有一年，日本登山队要登这座处女峰，那些日子，有数以万计的藏族同胞对着雪峰转着经筒，拉着经幡，烧着清香，并默默地祈祷……后来，日本登山队没有如愿以偿，有十多人被埋葬在雪山下。现在，雪山的远方，有一个小小的纪念碑，铭刻着那一段历史，记载着那些人的名字……

最后，我还得说我身边的小镇，升平镇或是"阿墩子"。踏着夜色，我继续往前走，依然是一个人，我在小镇的街道上散步。一个人的情绪，散落在高原。这里我碰不到我认识的人，但我在这里却好像找到了知音。同样，像我一样在小镇上散步的人却也可以找得到，这些人大多数是外地人，他们到德钦来，一些人有目的，一些人相当盲目，像一个流浪儿一样。和我一样，这些人都已经注意起4月的雨，细雨蒙蒙，在有月色和星星的夜晚飘落，让我们深刻地记住了德钦，这个我们非常愿意书写的边远小镇。

2007 年

澜沧江边滇藏路

云南是立体的。高低起伏,纵横交错,阴晴冷暖,变幻莫测……好些时候,我们很难清楚地说明一座山,一条河。所以,旅游、度假、探险,人们总是会想到云南,因为这里总是会给人带来最大程度的刺激和感悟。

多年来,我曾驾车走过云南的许多山水。很多时候,我一天经历四季,半天翻越三江,多种民族,不同的风情,都会在同一天里出现,让人惊喜感叹。我在云南驾车往前走,每次翻过了一座大山,前面便可能是一条大河,或者是一条大江。大江的背后,又会是一座高耸的山峰,可谓高山仰止,情绪油然而生。云南有充满想象的道路,我说过,唯有在这种道路上行走,才能让我精神振奋,意气风发。

我想,这就是云南的山水给人带来的魅力。

这次的茶马古道之旅,我们从丽江到拉萨,又是一条神奇的道路。澜沧江边的滇藏路,更是必经之道。而且,云南与西藏的分水岭,也会在这里出现。据我所知,从丽江到云南与西藏的分界线，只有400来公里。滇藏公路已经修通差不多50年了，然而，丽江人从这条线去西藏的，却是少之又少。原因之一，就是滇藏线道路危险，特别是澜沧江边的这段生死道路让人生畏。

查了有关资料。澜沧江畔的滇藏线，有着复杂的地形地貌，是整个滇藏线上最为特殊的地段，人文景观十分丰富，一直为旅游、探险、文化考察者所称道。历史上的茶马古道，现在的滇藏路，都与澜沧江分不开。多年来，它一直是连接云南和西藏的纽带。

我们要从这条古老神秘的道路进入西藏。4月17日，车队从德钦县城出发。出德钦县城不远，就让我们感觉到江的味道了。在云南，我觉得江的味道是通过山和水用一种气氛烘托出来的。这时候的澜沧江，峡谷幽深，偶尔才可以看到一湾棕色的流水露面。澜沧江隐藏得很深，滇藏路却是被高高地悬挂起来了。停下车来，站在滇藏公路边，抬头往上看，雪山，蓝天；公路下面，除了云雾以外，我看到的，依然还是山的高耸的脊梁。由于特殊的地质结构，或者有着其他特殊的原因，这里的澜沧江畔，植被十分差。山体滑坡，雨水冲刷，泥石流十分严重。公路下荒漠的山梁，找不到一棵树木，甚至看不到一株草。在这里，阳光、风、雨、雪，都没有任何掩饰。任何事物都是裸露的，坦诚的，一眼便可把一条江望到心里……

继续往前走，都是沙子路，路很窄，坡很陡，弯很大，风吹着沙石往下掉……难怪有人说，这里的滇藏路，是探险的代名词。同行的一位朋友，早年在德钦澜沧江边当兵。望着前面的澜沧江，前面的滇藏路，他说，他所知道的滇藏路，三十年来没有多大变化。所以大发感慨：三十年前的村庄依然，炊烟依然……公路边的一块石头，三十年前他曾经抚摸过。

公路上的石子是尖锐的，开道车的轮胎被那些小石子划破了。车队停止前进。我下车站在路边，往公路下探头。我们身下更远的地方才是澜沧江，浑浊的江水，颜色像血液……

……滇藏路开始向澜沧江靠近，我们离澜沧江越来越近。气温渐渐热起来。江水越来越清晰。只是一路上看不到行人，偶尔有村庄在澜沧江边，绿树、平房、电线，像麻线一样的小路。那些山峰上的小路上，我没有看到过行人。那些路，只是一条痕迹，人烟这样稀少，要多少年才使这些小路显得这样的清晰。我不知。江那边偶尔会出现一台手扶拖拉机，冒着烟，像蚂蚁一样行走。这时候，我只是想象它"突突突"的发动机声音，想象那个驾驶拖拉机的汉子寂寞的表情。

到了澜沧江边，我们走在滇藏路上。滇藏路还是在澜沧江边高悬、弯曲。有隧道，有江上的吊桥。这里没有一寸柏油路，只有雨季留下的塌方，旱季随风吹下的是落石。车不多，偶尔来往的，是大货车，有藏民开的，也有山西、湖南牌照的。他们拉了什么进去，我不知，他们空着车回来。神色匆忙。

这让我想起历史上的马帮，从丽江到西藏的马帮，从西藏到丽江的马帮，他们就是从这里运送内地和西藏必需的物质。这里曾经是历史上的茶马古道。多年来，茶马古道有哪些变化，哪些还没有改变？我不知。只是，茶马古道上留下来的精神，留在了这条滇藏路上。现在，丽江和西藏的人民，仍然不知疲

在云南和西藏的边缘

倦地在这条道路上创业。在滇藏路上，有不少丽江人在开饭店，开汽车修理店，种植蔬菜，西藏人从这里运送货物。这条路还是外国人经常想得起来的地方。旧社会，法国、英国传教士到过，他们在澜沧江边建了教堂，传教的过程中，与藏民教徒发生冲突，发生过惨烈的教案。美籍奥地利人洛克，曾在澜沧江畔考察茶马古道。

所以，今天我们到澜沧江畔来，依然可以喝到法国技术酿造的红葡萄酒，可以看到传教士坟头的经幡。这天，也看到一个外国人骑着自行车，面对我们的车队，他目不斜视。

历史记载着澜沧江边的滇藏路，茶马古道。20世纪30年代，美籍奥地利人洛克曾经随丽江的马帮到过澜沧江边，在云南德钦一个叫溜洞江的地方拍摄了一张照片。这张照片清晰地记载着那些马匹从一条绳子上过江。那时候，丽江的马帮进西藏，必须越过澜沧江，然而，江上没有桥，有的只是溜索。江上拉起一根铁索，马匹就拴在滑轮上，然后溜过江去。后来终于有了桥，这座桥，又是丽江纳西人修建的。澜沧江与丽江有着紧密的联系。资料记载，明正德四年（1509年）始，德钦为云南省丽江土知府纳西族木定占领，时称阿德酋。1950年5月20日，德钦和平解放，隶属丽江地区专员公署。到了1957年9月，成立迪庆藏族自治州，德钦县才由丽江地区划归迪庆藏族自治州。

现在，澜沧江畔，还居住着奉木土司之命迁到那里的纳西子民。我们沿滇藏路到了盐井，参观西藏纳西人的盐井。江水在下，盐井架支撑起的盐田挺立在绝壁之上，观之让人感叹，振奋。澜沧江畔，原来有一个供应滇、川、藏三省用盐的盐田，难怪过去丽江的木土司如此重视澜沧江，重视滇藏路了……

　　澜沧江，滇藏路。丽江与西藏，丽江与香格里拉……我曾经写过短文《滇藏线》，诉说着我心里的滇藏路，我心里的澜沧江。细想下来，澜沧江边的滇藏路，只有100来公里。100公里，像是一道门槛。那一天，我站在澜沧江，阳光很好。站在我心中的滇藏路上，我为一群牦牛、一座高耸的山峰拍照片。然后，我回望澜沧江。后来，进入了西藏芒康境内，滇藏路汇入了川藏线，我们的车队翻山越岭，经过了澜沧江大桥。马上就要离开澜沧江了，我在澜沧江边留个影，在我身后，留下了一条恢宏的澜沧江，两座高耸的山峰，除此之外，还留下了一个江边小镇的名字：

　　如美镇……

2007 年

滇藏线

内地进西藏的路线，除了空中走廊以外，还有四条：青藏线、川藏线、新藏线、滇藏线。

滇藏线从前在人们心目中的位置不是很重。现在就不同了，只要打开有关的网站一看，滇藏线的话题是非常热闹的，那些背包客，从滇藏线上走一趟回来，照片、风光风情、奇遇、日记等，都会拿出来炫耀一番，像是做了一件人生大事。

云南至西藏公路线很长，滇藏线这个概念曾经让我感觉模糊，所以，我从网上查了一下资料。习惯上，人们把云南大理至西藏芒康这段路称为"滇藏线"。开始觉得不怎么客观，但细想下来，也有它的道理。如果把云南到拉萨的路都叫滇藏线，但其中又有川藏线在里面交织在一起。所以，分开来说，比较方便。其实，在云南，滇藏线又被分成好几个路段来称谓：丽大公路（丽江至大理）、丽中公路（丽江至中甸）、德盐公路（德钦至盐井）、德芒公路（德钦至芒康）等，这些称谓都有自己的意义。滇藏线便是这些公路段的总和。

滇藏线近千公里，其主要路段在云南迪庆藏族自治州。香格里拉县到芒康县的路线最长，也最险。云南海拔最高的公路也在这里，通过白马雪山这段路，海拔是4300米。

修这条公路，是在新中国成立初期。修建这条公路的目的，一是为了解放西藏，二是为了解决云南藏区的交通问题。可见，这条公路的修筑政治色彩十分浓厚。修公路的时候，迪庆州与丽江同属一个专区，叫丽江专区，所以这条公路的修建，滇西的许多乡村都有参加者。路段相对安全的地方，是由地方民工修建的，危险地段，由解放军修建。据云南公路历史资料记载，修筑这条公路的时候，解放军都是边打仗、边修公路，条件十分艰苦。死伤人数达千余人。

我的父亲就修过"丽中公路"，我踏上滇藏线的时候，总是想起父亲给我们讲过的许多修滇藏线的故事。坐在车里，我爱说：我父亲修过这条公路。车里的人，或者沉默、或者无动于衷。这让我内心深处有着尴尬。但想想也是，父亲之于滇藏线来说，工程浩大，死伤的人，数以千计，他挖的那几方土，他撬过的那几块石头，不值得一谈。

同时，滇藏线也发生着变化。大理至丽江，现在已经成了"准二级路"。丽江至中甸，也如此。中甸至德钦，也全是柏油路面了。父辈们开挖的盘山泥土道，被雨水和岁月冲走，但留下了个基本的公路模样，然后被改造。其实，那个"公路的模样"，是父辈们半个世纪的灵魂。

公路的质量在发生变化，人们对滇藏线的理解，也正在变化着。这种变化，不是政府行为，是理念上的改变，观点的不同，视角的翻新,是一些崇尚民族文化,热衷于地理生态的人们,对滇藏线新的理解和定位——他们把德钦至盐井的这 103 公里称为滇藏线!

觉得奇怪吧!上千公里的滇藏线,被那些前卫的旅游者浓缩到一百公里的德盐公路来了。所以,到了德钦,便对德钦县城至盐井的这段路充满着神秘的向往。

出发,向着盐井,心里便装着许多的期待和向往。往前走,希望看到神奇、梦幻,让诗意出现在内心深处。然而,除了大山还是大山。大山之高,让人不由得抬起头来。前面有条江,是澜沧江。江水棕红。在地图上,澜沧江是绿色的,我眼前的澜沧江,变了颜色。公路就在江边上蜿蜒。我喜欢看江湾深处的藏族村庄。我喜欢看路上走过的牦牛,到处是石头和沙子,树木消失尽了,我想象这些牦牛到哪里去,它们到底吃什么。

电站。溜筒江。到滇藏线的人,好像再也没有什么可说的了,他们选择了一个小电站和溜筒江。一个美籍奥地利人,叫洛克,20 世纪 20 年代也在滇藏线的溜筒江边拍摄下了老照片,让不少中国人感慨万千。这个外国人真是怪,百年前就到这里来考察茶马古道,留下让人震撼的照片和文字。还有两个法国人,也曾经走到这里来,他们宣传自己的宗教还不算,还在这里栽种葡萄,酿制法国式的葡萄酒。

澜沧江边,留下世人注目的天主教堂。

这天,我们的车往盐井出发,走的是真正意义上的滇藏线。途中,看到公路上方,没有森林植被,岩层直接裸露。公路上堆积着垮塌的泥沙,路面起伏不平,石子随处可见。开道的警车，出发才十来公里，便被尖锐的一个石片划破了轮胎。几位半路上加入到我们行列中来的东北朋友，开的是一辆桑塔纳越野车，他们开始担心轮胎不过关，决定到盐井重新更换了加厚车胎，才敢再随我们进藏。这也难怪，我们已经走到了典型的横断山脉地形地貌，只要一下雨，山石垮塌，泥沙横流。一年四季，公路上方会有石头不断往下掉。特别是距盐井三四十公里的地段，属于不稳定的页岩地区，雨季往往会塌方十里八里，交通随时阻塞……

继续在德盐公路上行驶，我还想告诉大家的是，公路上有一个隧洞，隧洞比较长，完全是穿山凿石修建而成，三面都是原生的石壁，没用任何支撑加固。至于那个叫溜筒江的村庄，是澜沧江艰险的古渡口，是茶马古道的必经之地，过去的马帮，主要在这里过渡。现在，我们站在这里，江水呼啸，村子里却出奇地安静。村子下的江面上，还有一条铁索，过去的马帮，人马都得从铁索上渡过。有一张 20 世纪洛克的照片作证。照片的画面是：几个马帮，用一根绳子拉悬在铁索上的马匹过江。马匹空悬，离江面十米来高，它的下面，江水滔滔……这幅照片一直反复出现在各种报纸杂志，几乎一说到茶马古道，都离不开以这张照片佐证。

这些外国人真是有些奇怪的。无独有偶，这天，在滇藏线又遇到一个外国人，骑辆自行车在我们的身后驰行。这个外国人身材高大，一看就知是欧洲人，他骑车神情专注，基本上是目不斜视，表现着一种态度。我在思考着，这个欧洲人，一定有他自己的目的地，有自己心里的滇藏线。我到过欧洲，体验过欧洲发达的交通。欧洲是高速公路的世界，公路两边是鲜花和森林，每隔一两百公里便有漂亮的休息站。休息站里，有咖啡、牛奶、果汁、茶座等，小屋里香气袭人。在休息站里，取一杯牛奶或者咖啡，站在一张小圆桌边。欧洲人一般不在公众场合坐或躺，他们习惯站。他们站着，边聊天边喝饮料，表达着欧洲人的意志和烂漫。

然而，这一天，滇藏线上的这个外国人，他到这里来又是为了什么？我不得而知。

2006 年

从中甸到奔子栏

从踏上迪庆的土地那一天起,就想留下一句话到德钦去说。

在迪庆高原,我们唱着李娜的歌走路。"走进西藏,那里可能是天堂。走进西藏,那里可能会发现理想……"西藏是天堂,德钦是天堂的边界。德钦有天堂的灵光拂照,在天堂的边缘,我们可以和理想直接对话。

也有人把从内地到西藏去的路称为"天路"。

天路有三条。一条是青藏线,一条是川藏线,一条是滇藏线。滇藏线就是214国道。到西藏去的人,走青藏线和川藏线的比较多,而滇藏线却很少有人走。我到西藏去当兵,走的就是青藏线。坐火车,坐汽车,差不多走了一个月。一个云南人,到相邻的省份去,却绕了差不多半个中国。

214国道从迪庆高原经过。应该说,它是云南通往西藏的"天路"。它让我们从一个高原到达另一个高原。214国道的前身是过去茶马古道,自古就是云南通往西藏和印度的交通大动脉。对于云南人来说,它似乎并不陌生。我看过许多关于茶马古道

在云南和西藏的边缘

和马帮的书籍,所有讲述茶马古道的人,都提到这条路。这是一条无法回避的路。也有人把走这条路称为探险。俄国人顾彼得曾撰文描述这条茶马古道:"西藏的雨季很可怕,在边界上,所有的马帮和香客来往交通通常停止一段时间。山路变成泥潭沼泽,江河暴涨,大山为云雾所笼罩,冰雪崩落和滑坡与其说是意外,不如说是常规。许多旅行者被永远埋在几十吨重的岩石下或葬身于急流中。"

在茶马古道繁盛时期,过往的马帮每年成群结队,用来运输的牦牛上万头。特别是抗日战争时期,西南地区的交通被中断,内地到达西藏,国际上从印度运往内地的物质都得经过这条茶马古道。直到214国道修通以后,这条赫赫有名的茶马古道才结束了它的历史使命。214国道是新中国成立后修的,但人们对这条路的认识,有着悠久的历史。差不多所有了解这条公路的人都知道,这条路每年都有一段时间大雪封山,只有气温上升的季节才能通车。而在雨水季节公路上也是重重险阻。因此,多少想从这条路到西藏去的人,都对它怀有畏惧心理。因此,这条路更让人感到藏区的高深莫测。

我们就是怀着一种探险的心情踏上214国道的,虽然我们不是去探险。9月28日,云南人民出版社的编辑刘存沛带着作家海男和李森,拍摄师杨松文,我们一行五人,沿214国道从中甸向德钦出发,去感受这条到达西藏的"通天大道"。正是雨季,接连下了半个来月的雨了,但出发这天,天公作美,天放晴了。车过中甸坝,过纳帕海,原来的柏油路,现在全成了沙子路面。纳帕海一过,山势越来越险峻,路越来越窄,七拐八弯,随时出现惊险地段。公路两边，树木成荫，藏家房舍若隐若现，炊烟和经幡虚无缥缈。但总的说来，公路并不算太难走。我作为云南的驾驶员，走过的路比这路难的还多。路虽窄，但路上坑洼很少，公路上的里程碑、路标都十分醒目，不失国道的风韵。车由驾驶技术熟练的"杨师"开。越往前走，车和路融在了一起，人和车融在一起。我们觉得这埋在绿树丛中的路像是一条黄色的彩带，在空中飘浮着。我们像是走在一条音乐的彩带上，变为这彩带上的音符。

　　从中甸往德钦出发，公路全是下坡，顺一条峡谷而下，直到金沙江边。车往峡谷走，气候也随之变化，田地里的庄稼也随之变化。早上我们看到的是青稞，像曲谱架一样高大的青稞架，到了谷底，我们看到了成熟的玉米、小麦。气候变了，田地里的庄稼也变了模样，但还是藏区味道，藏房，藏民，酥油味，飘浮着经幡……下完坡，临到谷底，一条大江横在面前。刘老师说，金沙江到了。真让人不敢相信，这就是金沙江吗？我们从金沙江畔来，又来到了金沙江畔。眼前的金沙江让我感到格外亲切。但这里的江边，全是不同的风景，是藏区景色，和我们家乡的江面完全不一样。据介绍，我们所到的金沙江边，是德钦奔子栏的地界。奔子栏，中甸到德钦的第一个小镇，她和四川的德荣县接壤。我们的车，一会儿走在云南境内，一会儿又走到四川的地界里去。过去，茶马古道走过奔子栏时，就有同四川借道而行的说法。

　　车过了金沙江上的伏龙桥。过桥不远，前面就有一个村庄。杨师傅和刘老师都到过德钦，刘老师说，那就是茶马古道上的

在云南和西藏的边缘

重镇"奔子栏"。我们沿江而上,江两岸,是黄色的沙子,没有多少树木。正值夏天,江水涨了起来,也是浑浊的。而小镇奔子栏,却是绿树成荫,像是江边的一个点缀。她纯净,安详,宗教气息十分浓厚。从小镇上看江边的山顶上,又是一线白雪,整个金沙江畔,黄白绿相间,三种颜色交相辉映。我们的车走在江西岸,江东也有一条路,通四川德荣县。再往前走,就达四川的西昌和成都。

过桥后,车往前走了十公里,就到了奔子栏镇。这是进入德钦的第一个镇,这个地处金沙江的藏族小镇,整个都洋溢着现代化的气息,她让人感觉到现代气息的无孔不入。街上差不多看不到藏族的建筑了,都是水泥房,卷帘门,玻璃窗户。整条街上,一切现代设备俱全。有饭店,有旅馆,有歌舞厅,有大哥大铁塔。奔子栏,现在也还没有失去交通动脉的风韵。她仍然是一个四通八达的旱地大码头。如果沿214国道走,可达拉萨、印度、尼泊尔。从德荣县走,可到西昌成都。奔子栏名来以久。很早的时候,汉地进入西藏的物质都得从这个镇上经过。据介绍,云南运到西藏的日用品,如红糖,茶叶,西藏的藏民都只知道是从奔子栏来的。西藏人,知道奔子栏的人多,知道"云南"的人少。一个小镇,差不多成了整个云南的代名词。镇上马帮特别多,藏民的经济意识十分强。奔子栏生产的木碗,是一种既实用又"艺术"的工艺品,远销西藏和东南亚地区。奔子栏的歌舞也很有特色,文化活动十分丰富。每年,这里的民间歌舞都要到州里去会演,节目十分有特点,多次获奖。

我们到奔子栏,已是中午,就停车在街上吃饭。路边上饭店很多，一家比一家有特色。我们进的一家卖江鱼的饭店，店主是个藏族女老板，人生得精明能干，对人态度十分和气。店里还有喇嘛在吃饭，我们进店，喇嘛们都向我们点头，算是打招呼。

2004 年

天边的东竹林寺

从中甸到金沙江畔的奔子栏，滇藏公路是下行。到了奔子栏以后，又开始向上攀缘。一条路让人觉得充满了哲理，走过一段下坡，肯定就会有上坡在等待着你。人生本来就是一个起伏的过程，一个螺旋式的过程。车向上行驶，路越来越陡，公路的弯也越来越大。公路更具有了"飘带"色彩。这飘带是有形的，也是无形的。有色的，也是无色的。

车往上行，随之就在来灵山上蜿蜒。来灵山，是奔子栏有名的神山。在这座神山上，每天都差不多有人来烧香祈祷，祈求得到神灵的保护。来烧香祈祷的不只是藏民，像四川昆明这些远道的汉族商人，也千里迢迢到来灵山烧香求得平安。我们是过客，没有烧香祈祷的时间。从来灵山上走过，我们对这被世人崇拜的来灵山同样充满了敬意。车在山上行驶着，我们静静地坐在车内，看到有客车从德钦来，车里坐着一车人，车和人都风尘仆仆。车从我们身边驶过，车内的旅客都向我们招手，我们也向他们招手，嘴里喊着："扎西得勒。"在来灵山上，人们都充满了人情味。人们都自己把自己抛在野外。在来灵山上，我们没有了现实的家，只有心灵的家园。

很快就来到半山腰。车外的山，和其他藏区的山没有太大的区别。神山，是人们意志力的产物。在车里，我们透过车窗，可以清楚地看到山下的金沙江。于是，我们在公路上停下车来。我们之所以要在这里看金沙江，是想看一看这个两省交界地。金沙江十分壮观，江水汹涌，江随山势而转，在不长的距离里，江水呈一个巨大的弧形。这个大转弯是一个半圆形，云南通往四川的公路，就在这个圆形里。我们在这里照相，听到有马达的声音，悠远而缥缈。仔细看，才看到公路上一辆车在前行。那车看上去只和一只蚂蚁一样。江边上，只要山上有一点水流下来，有一点平地，就会出现一片绿色的庄稼，就会出现藏房，就会有一两户人家。山下是绿色的庄稼，山头上是白色的雪山。有的房子，修在山顶上，就像在天边。这些人家，到江边来要走一天路。他们不寂寞吗？

继续前行，山越来越高，越来越绿，山也越来越险。但再险的山峰，都会出现藏家，那种诗意的藏房。在大山上，看到每一条小路都会让人感叹，因为它是经过多少代人才踏出来的。再往前走，我们在车路上看到了一些集中而具规模的房子，刘老师说，那就是东竹林寺。东竹林寺是我们要拜会的一所寺院，我们早就听到了她的盛名。离东竹林寺不远了，看到寺周围树木多了起来，山也好看了起来，远处的雪山也神奇起来。公路边上，也有了喇嘛在走动。快要到东竹林寺，我们看见路边的崖上坐着一个喇嘛。他穿着红色的袈裟，光着头，粗而短的黑头发，头皮发青。他坐在一块石头上，一脸的从容不迫，一脸的坦然。

我们在寺前停下了车，走近东竹林寺。寺的房子全是依坡地而建，上下前后错落有致。都是白墙，红瓦，土木结构。整个寺院在四周绿色的衬托下，显得十分有灵气。和其他寺院不同的是，这里的寺院除了正殿以外，还有一些小藏房，像是藏家的小院落。据介绍，这些是喇嘛的住房。这里的喇嘛，有的住集体的房子，但也可以自己建房子住。所以，房子有大家一起住的，叫公住。私人的房子，叫私住。所以，东竹林寺的风味，有点像一个村庄。把寺院建得像村庄一样，这和我们的想象不太一样。

我们走进寺内。走进正殿，讲经念经的时间已经过了，殿内没有多少喇嘛，只有上香和添酥油的喇嘛在不声不响地走动。我们在寺里烧了香，和寺内的喇嘛闲聊了一会。他们说，这个寺的上面五六公里，才是东竹林寺的旧址。现在，那里是尼姑庵，里面有六十多个尼姑。听说东竹林还有尼姑，这让我们增添了兴趣，我们从寺内出来，就去东竹林寺旧址参观。根据喇嘛的指点，我们从东竹林寺出发，走了五六公里，就停车前去尼姑庵。从公路上走，一开始就是上坡，一开始就走进了村庄。这里山清水秀，这里的人家看起来经济条件也还算可以，有人家还安了卫星接收器。地里的庄稼，全是玉米，也长得比较好。

走了不到半小时，就听到了十分动听的经声。仔细一听，声音是从这里一座古老的四合大院传来的。房子古色古香，但没有多余的建筑。到了大院门口，没有人阻挡，我们就上楼走到了殿里。原来，大部分尼姑都在念经。到了尼姑庵，这里和喇嘛寺不同的，是殿里干净整洁，地板上，都磨得光光滑滑的。殿里地板干净，磕长头的地板上，有被腿脚磨下去的深坑，可以看出尼姑们的认真和虔诚。殿里的尼姑有老的，但大多数是小姑娘。她们脸色红红的，一脸的稚气，一脸的天真，一脸的虔诚。我们对这些尼姑的日常生活十分感兴趣，就去和那几个做饭的尼姑说话。有几个尼姑在做饭，她们在捞米，在烧火。我们问她们一些日常生活，她们能听得懂汉语的，都和蔼地和我们交谈。然后就去看她们的住房。她们的房门都开着，都是集体宿舍。房里没有女红，没有化妆品，没有镜子。

殿内尼姑们的经还没有完，我们就离开了尼姑庵。我们在她们悠扬的经声里缓缓地下山。

2004 年

第三辑
丽江古镇

四方街小记

西河的水清澈、明亮，但照不上人的影子，河面上有一层细小的水波。河内有些水草，水草的颜色墨绿，看上去纤细、绵长，在水底摇晃。已经是 11 月下旬了，河水还没有半点退却的意思，满满的，差点漫到低矮的河堤上来。河堤上长起了青苔。

我走到四方街上，常常见一个纳西族老人坐在河边的花坛上，手里拿着一个铜制的水烟壶吸烟。淡淡的青烟从他的头上慢慢地飘起，他不时自言自语地在说话，他说些什么，我一点也不知道，但我知道，他说的是纳西话。在老人的旁边不远处，就有好几家茶座，茶座的门面上，都写着一排一排的英文字母，挂着一些对我们来说是很不起眼的旧草帽、破水瓢、收获不久的玉米和辣椒。茶座里面的客人大多是外国人，我的印象里，是一家面临西河的茶座里人最多。他们都是蓝眼睛、高鼻子，端着一杯也不知是什么品牌的茶水，面对着西河水发愣。他们在小茶座里营造一种高雅的气氛，好像是什么也不想，也好像是在表示他们什么都有了。

西河的水，有两股从街的两侧流了下去，四方街就有了轻轻的流水声。这水声不大，响声时缓时急，注意听，声音就有，不注意听，什么也听不见。街道上的五花石，像是洗过的样子，石上的花色，清楚地看得出来。石头的花，也不怎么好看，就只丽江的四面山上就有，太普通、太一般。整条街上的每一块石头却是十分地干净，一点杂质也没有，像是刚洗过一样。据说，丽江有洗街的习惯，我现在真的相信了，如果不用人洗，不会有这样的干净。街头上走着的人，大都默默地走，四方街上很少听见有人在高声喧哗。可以在一位纳西女人后面仔细认真地观看她们的七星披肩，也可以慢慢地跟着一位纳西老人，体会他们走路时优雅的神情和庄重的姿势。我在街上常常看见个挂着拐的老人家，头发全白了，眼神也好像不太清晰，他安详地从古城的石板路上走过。他走过每一段石板路都好像是在回忆一段美好的往事。我还常见在一些栗木桥边和石头桥上有三三两两的纳西族老奶奶哼着远古的歌谣，那歌声婉转、含蓄，有历史的也有现代的韵味，听着久久不愿离开。因此，我最深的印象，古城里历史的氛围最深厚、最浓烈。古城的一切，都能在四方街得到细致的体现，我走在四方街上，便体味到她的幽静而典雅的气氛。

一些小摊点摆在四方街的两侧。摊点都只是用木板木棒搭的架子，木头都旧了，多年的日晒雨淋使颜色暗黑，斑驳不堪。摊点上摆的东西，大多是一些古董、民间工艺品。比较显眼的是鹤庆方向来的铜器，铜盆、铜罐、铜铃，摆了半条四方街。这些鹤庆人与丽江相隔不远，在丽江做生意的时间也长，但是大都不会讲纳西话，所以在不断地用汉话和纳西人谈生意，两者都好像有点不习惯，显得生硬，因此常常用手指比画着自己的观点和看法。在摊点上买古董的，大多数是外国人。但我同时也发觉，外国人在古董摊面前，多数时间都犹豫不决，往往是看的时候多，买的时候少。他们在古董摊前一站就是几个小时，临到走了最多象征性地买一两样。我看到一对外国夫妻在一个银首饰摊前徘徊了老半天，最后只买了一个银夹发卡，他们买好了那个发卡的时候，我亲眼见摆摊的纳西女人把那个发卡夹在了外国女人的头上。

在四方街，生意最好的要数卖凉粉的和卖丽江粑粑的。这个摊在四方街的东头，也是露天摆摊。卖凉粉的都是妇女，系着围裙，戴着解放帽（我记得，纳西人习惯把那种有帽檐的布帽叫作解放帽），显得干净、麻利。我曾听见她们在用普通话和外来客人说话，她们说："云南十八怪，凉粉炒来卖。"她们还能讲几句外语，大意是"您好，欢迎您再来"。我也经不住诱惑在小摊上吃了一碗凉粉，一个丽江粑粑。凉粉细腻，佐料酸又辣，吃了可口可心。在吃丽江粑粑的时候，我张大了口。在我吃得正香的时候，一个外国人在远处照了相，照了小吃摊和我。我知道我当时的形象一定不雅观，但我觉得这也没什么。在我吃完小吃离开小摊的时候，我还记住了一个人。那个在小吃摊旁边做生意的男子汉。男子汉是卖一些民族服饰的，他摊上大多是一些不起眼的东西，他的生意一点也不好。在我坐在小摊边的小凳子上吃东西的时候，我见这个男子汉常常提醒卖凉粉的妇女把漏放的佐料放齐，并帮忙她招揽顾客，夸小摊上的东西好吃。他完全忘记了自己的生意不好，也表现不出一丁点忌妒的意思。

2000 年

丽江的阳光

这个早晨,我曾站在丽江最为亮丽的阳光下,为大自然赐予我的温暖而心动。

也就是这个早晨,我却不知道我自己在丽江干什么。我在丽江干什么?我自己没有办法向自己解释清楚。我的单位在与丽江有一江之隔的永胜县,而我的住房却在丽江。我在丽江有一所像模像样的房子,但坦率地说,在丽江我还没有家的感觉。虽然,在有一天我会把家安在丽江古城这个地方来。这个早晨,家这个概念在我的心里是这样复杂。

然而,我还是站在丽江北郊,我的家门口,太阳照到了我的身上。地上没有风,草地上有些枯黄的静静的落叶。抬起头来,我可以看得到远处薄雾中的老房子,黑龙潭旁边落尽了叶子的树,伸展着的枝条。天上没有云彩,一望无涯的蓝色深不可测。我不知身在何方,内心空无一物,世间万物开始缥缈。

点燃一支香烟。点燃香烟,点燃新鲜空气。这是我最喜欢的一句诗。

烟雾中，所有关于丽江的记忆都开始活跃起来。阳光更明亮。关于丽江，除了阳光，我不知还能说些什么。

我在二十多年前就与丽江的阳光发生了最为密切的联系，在丽江的阳光下穿行在古城的石板巷子和长满野草的弯曲的田埂。还是1978年，我便在丽江农校读书。丽江农校也是在丽江北郊，校园里全是矮瓦房，整个校区都是起伏的山岭。学校的大院里有高大的松树，松树下落满了金黄色的松针。有线条透迤的矮柳，记忆中，清晨的矮柳下常常会坐着一个手捧书本的女孩。阳光勾勒出女孩清晰的曲线。

学校里还有许多菜地，我们利用课余时间选择最当阳的菜地种菜、浇水、施肥，看着新鲜的植物一天天成长。班上有个年龄最小的纳西姑娘，17岁的年龄吧，不喜欢劳动，可能是在家里娇气惯了。班里的同学却喜欢她的娇惯，喜欢看她闻到粪臭便用一条干净的手帕蒙上鼻子的样子……

学校下面是清溪水库。水库上方有许多喷吐清泉的泉眼，泉水从山的最深处冒出来，翻着浪花。读书的时候，我在清溪水库里洗澡，在水库岸边读书、拉小提琴、恋爱……

现在，水库里的水，也从我家新房的门前淌过。小河淌水，水面上波光粼粼。阳光下，感觉往事如烟。

所以，我今天还是要开着我的夏利车回到永胜去。夏利车的颜色像血一样红，在阳光下闪着明亮的光。今天，和这辆车前行的，也只是我一个人。但车里有我的全部。白色的手套，"心心相印"的盒装纸巾，电动剃须刀，音乐磁带，香水……书籍，我喜欢在车里放上我喜爱的书。《普希金诗选》《卡夫卡中短篇小说选》，村上春树的《挪威的森林》、刘震云的《手机》、海男的《私生活》，《读者》杂志、《大家》杂志、《花城》杂志……驾驶着汽车，我往永胜出发。行驶中，我扳下挡风玻璃上的遮阳板，我正对着东方，阳光射着我的眼睛。驾驶着汽车，我会想着许多的事情。对于我来说，开车与散步没有什么区别。所以，在车上，我可以想海男在《私生活》后面的日记中提到我的一句话，她说，她在写作的过程中曾想起了永胜的作家木祥。海男是从永胜走出去的作家，她的作品里始终洋溢着我所熟悉的气息。我还想起了自由作家陈川在《花城》杂志上关于动物的描写，豺、虎、豹等，它们的日常生活和本能行为，细致地表达在陈川的文字世界里。我知道，过去陈川在乡村散文中独树一帜，现在，他的笔触准确地进入到了动物世界。

他们都是我最好的作家朋友……

在这个清晨的路上，我在回想文学、回想我的作家朋友的过程中愉快地前进。丽江的阳光，也因此而灿烂。

阳光下，所有的霜都已经融化，淡薄的雾覆盖所有的村庄和道路。通往永胜的柏油路平整、漆黑，路上有片片落叶。公路两边的草叶黄了，高大的榆树，光秃秃的，像是不善语言的乡人。庄稼地里仍然是为明年生长的庄稼，蚕豆、小麦。蚕豆和小麦都还矮小，它们匍匐在整齐的地畦里，它们都挂着露水。它们被田埂上的野草包围着。田埂是蜿蜒的，原生态的，农民允许野草在田埂上生存，让野草成为田埂的另一种姿势。

田埂也被村人踏成自己的路。我看到这些路在阳光下是大地清晰的曲线，自然古朴的笔画，不可忽略的风光。一个男人，拄着拐杖，跛着脚，从容地在田埂上前行。一个妇女，背着比她还高大的一堆松针，松针的颜色金光灿灿……在丽江的阳光下，我才知道这一切都是风景。

装上这样的风景，这样的阳光，我就要回到永胜。

2003 年

艺术的束河

束河是丽江一个深藏不露的边缘小镇。束河离丽江古城近在咫尺,但她不喜欢显山露水,静静地待在丽江坝子的西北角上。

所以,这个时候,束河在我的眼里显得很冷清。旅客还不多,来往的车辆里,拉着一些衣服很前卫,但是又喜欢沉默的人,他们的车在沙子路上行走,速度比较慢。车后冒着烟。地上是什么灰,烟就是什么颜色。也有骑自行车的背包客,往往是两个人结对而行,大多数是一男一女,可能是夫妻或情人吧。

这些人都趁着阳光,以自己喜欢的姿势一直往前走。在丽江,一个日子,目的地最好选择一个,才不至于让自己成为匆匆的过客。今天的目的地,当然是束河。继续往前走,进了村子,依然是丽江司空见惯的老房子,窄窄的街道。在丽江,不能回避的就是村庄里沉静的老房子,狭窄的巷子,巷子里过去就铺好了的石头路。老房子也全是黑色的瓦,棕色的门,雕刻纯朴的木窗……它们与蓝天、干净的流水、绿色的树木形成强烈的反差,成为引发我们思绪的最为简单的色彩。所以,在束河的巷子里,我抬起头来,我看到巷子有多宽,天就有多宽,山就有多高多远,不能改变的,是以一种姿态存在的雪。这时候,心思也不知道到哪里去了……

慢慢地往前走,巷子越来越深,束河街上的商店,更体现着原始和古老。一条街望过去,许多的木门上都写上了"供销社""日用百货""医务室"等一些字。这些字显得歪扭,也不归体,不好说它们是楷书还是草体,写这些字的人,肯定是本地人,或者就是开店的主人家,我想,他们的文化程度大致是小学或者初中。还有隐藏在村子中间的食馆,情况也大致如此。

当地的百姓,有一些是喜欢坐在一堵墙下集中的,他们对着太阳聊天,望着过往的行人发一会呆,然后喃喃自语,抽一支烟。我看着这些悠闲的人,也看房上不动声色的炊烟。什么人都会这样想:这些人生活在束河,看样子是从来不愿求荣华富贵,喜欢的只是为灵魂寻找栖息的地方……

所有的一切,都在尽可能完美地展示一个艺术的束河。而这种艺术是以"保留"或者说是保护为基础的,所以,我们还可以看到束河边的四方街,大石桥,河里和街道边上清澈的流水。茶座和咖啡也可以看见,但是,你绝对不会想到,那个咖啡屋设在一所破败不堪的农家院里,通过倒塌的墙壁,你可以看到一块布上写着的英文,几张旧桌椅,一张百年前的木柜被当作服务台,引领你走上布满蜘蛛网的楼梯。

束河以西。

一条河,在束河之上。河水从龙泉寺下方流出,洗干净一个村庄。站在河上就不想离开,看一些讲普通话的人坐在河边,他们在那里不想说话。河边的旧房里，多少年的墙壁，都保持了原样，只有幽兰的花香才是新鲜的。不少的场院里，又摆了一些古董，老百姓晾玉米的快要腐朽了的木杆，稻草人，发动不起来的摩托、吉普车……这些多少可以代表束河的"行为艺术"，一种原样表达的欲望。让古老的更古老，让崇高的更崇高。古罗马城里残留下的废墟，布拉格街上的手工作坊，瑞士一个没有机场的首都……还有博尔赫斯的眼睛和卡夫卡的思想，等等，都可以在这个貌不惊人的小镇进入想象的头脑。当然，也可以引用宗教、圣经、名人典故来阐述、论证、说明今天的束河，来表达茶马古道的繁荣与消失。然而，对于真正到达束河的人来说，这一切又显得有些多余。

最好的方法，就是顺束河到达龙泉寺。小寺院在一泓清水之上，风铃不因鸟的鸣叫而消失，许多的词赋，都在死去多年的树上开花……这时候，心开始沉淀下来。也不再高谈古老、原始、浪漫与崇高。想象的束河就在眼前。从此喜欢一个人的旅行，把自己融进束河千年古镇里，让世界忘记我自己……

2003 年

门前的落叶

今年春节期间，丽江的太阳很亮，风很小，天很清晰的蓝。我喜欢我家门前有宽阔的视野——一条小河，一条马路，一段草坪，许多的民居……春节后不久的这一天，还没有收假，我站在门口，太阳射着我的眼睛，前方的事物总是有些模糊不清。转过身来，我背过太阳强烈的光。这时候，家人都还没有出门，小区里也很少看到行人。只是飞机来往得比较频繁，并且马达声音很响，这让我不由自主地抬起头来，看清晰的吉祥的双翼上闪烁的灯，划过蓝天……在门前的路上，我没有目的地放松我自己。

放松到我能认识门前的树叶，那些落在草地上的黄色叶片。整个冬天，除了那棵棕树以外，门前的其他树木都只有生长着干净的枝条，树下面的草地上，往往会躺着几片静静的黄叶子。往往也会忽视它们的存在，看不到落在草地上的树叶，这种时候，我感觉到自己的心绪总是纷繁紊乱，同时感觉不到自己的存在。

这种时候，自己也就不是我自己。所以，放松我自己的原因，是想让我成为我自己。

千百年来酿就的春节气氛，让我们对过年的意义产生特殊的情绪。我知道，过年的时候，我们总会有这样或那样的感觉产生。只不过，我们每年都得去面对，去适应紊乱的生活节奏和思维节奏。作为我来说，今年更是如此，第一年到丽江的新家过年，第一年在春节这个关键的时刻离开故乡，内心感慨很多。首先的感慨，就是觉得我这所号称"别墅"的房子虽然是我的，但住在里面却没有家的感觉。到丽江来之前，我准备了好几本喜欢的书籍，带来了一沓稿纸，但几天下来，却没有看进去几个字，我只知道那个出生在奥地利的卡夫卡生前神经紊乱，手端咖啡杯的博尔赫斯双目失明。当然，也不可能写出多少文字来，面对一叠白纸，内心像白纸一样茫然……只不过，在年关里，这些内心的感慨不能说出来，内心的感慨只能自己承受。

不可否认，我用手机给自己喜欢的朋友发了许多短信，我说我喜欢生活，并且喜欢他们。没有办法诉说的，唯独是自己内心的茫然。过年了，我没有理由把孤独的情绪传染给自己喜欢的人。

过年了，我的愿望是要让家人、让朋友享受好这个时节。今年，除了妻子和儿子以外，到我家过年的还有我的表哥家。表哥得了胃癌，已经是晚期。年饭以后，我还得把他送到医院里去打挂针。显然地，表哥对这个春节会格外重视。他的女儿三三在昆明当音乐教师，过年了也回来看他，还带来了她的丈夫。算下来，我们家过年也算热闹的了，八九个人刚好可以围一桌。一桌人的晚餐,主要是我和妻子、儿子来做。我的任务是杀鸡,要是在平时,鸡是可以到街道上请人杀的,但过年的鸡要自己家里杀,因为这只鸡要用来祭祖。我杀鸡的手脚慢,基本上弄了一上午,还弄了身上好多的血迹。杀鸡的时候,表哥的女儿三三站在我的面前,她的丈夫躲得很远——因为他信奉佛教,从不杀生,也不吃肉食。

所以,我这个叫作三三的侄女站在我的面前,很容易地就让我想起她的丈夫,想起我的残忍。面对三三的笑容,轻松的谈吐,我从她美丽的化妆里看到了对生活的热爱,对阳光和风产生的情绪。只不过,对大年三十、一顿丰富的晚餐的组织,对一个节日十全十美的愿望,也容易让我疲惫,对时间产生厌倦——一个节日的附加值也就显而易见。如果是在往年,我内心也会产生许多的无名之火,觉得我成了一个节日的附庸,自觉或不自觉地把一些厌气发泄在其他人身上。然而,今年我已经成熟于一个节日,我会做到这么一步——宁可自己不过年,也不影响别人的情绪,我不愿意成为这么一个重大的节日的绊脚石。

正因为如此,我也觉得过年很累,多年来,我觉得过年好像是把一年的感情债务,都得背着走过年关。好在,我终于过来了。今天,我可以轻松地走到门外,清晰地看到树下草地上静静的黄色叶片。我在年关里所有的付出,在这个晴朗的天空下得到了非常美丽的馈赠,一种高贵的情绪弥漫了整个身心,让我感觉到了美好的未来……说来也巧,也就是在这个时候,我的两个朋友同时来了电话,说他们家在过年的时候吵架了,从大年三十到现在,他们都和妻子分居。他们同时向我诉说着过年的艰辛,都感叹从过年里感受到了人生的冷暖,都说过年毫无意义,毫无意义……

听到此,我能说些什么呢?我想也没有多想,便问他们说,你们家门外有树吗?草地上有落叶吗?我后来又莫名其妙地告诉他们说:你们去看门前的落叶吧,门外的草地上会有黄色的落叶,它们静静地很美……

2004 年

古城春天

丽江古城在不自觉中吸引着世界的目光。"东方的威尼斯""高原上的姑苏"……我不知道还有多少花环应该属于这座古城。

所以，到了丽江，往往会无意中走进古城。走进古城去干什么呢？到了古城，我首先去看的是水和花。一年四季的古城，都有清澈的流水，小河里的浪花是洁白的，发出诱人的哗啦声。一年四季的古城，同样都可以看到花。花在小河边上，花在水车旁边，花还开在了电线杆上，古城纳西人家的小院子里，更是少不了花。走在古城的石板路上，那些花车、花篮，让人不知身在何处。不过，一个人走进古城，也可以什么都不看，沿着一条巷子没有目的地走，假设一个迷宫给自己。我的经验是，游古城，没有目的反而会有意想不到的收获。

3月27日，我从东大街进了丽江古城。先没有进四方街，而是顺中河，沿密士巷而下。过了中河桥，在巷里的石板路上走着。慢慢地，就感觉出来，古城的春天到了。古城春天的脚步，并没有因海拔高而姗姗来迟。整条巷子里没有风,阳光暖融融地铺在路上和房子上。这时,觉得身边河里的水也暖了。水是清澈的,晶莹的,也是温暖的。没有去触摸河里的水,这种暖意,从心里能感觉得出来。有人说,水是丽江古城的灵魂,这话一点也不假,这水也是能进入人心灵的。古城的春天,也理应由玉河水最先来表达。

再往前走,就是大石桥。古桥上的青草绿了,这草是从石头缝隙里长出来的。你不知道这些草到底活了多少年。自从桥修起来,它们每年都生长一次,枯燥一次。我们知道,桥上的草绿了,春天也就到了。这座历经600多年的古桥,让人感觉到桥上的石头不像冬天那样硬了,踏上去觉得有一些暖意。桥边的两棵玫瑰开花了,开得十分热闹,带一股火气。玫瑰花和那些河边人家窗口的红灯笼,点燃了游人的激情。

踏着石板路,走过了七一街、现文巷,走到了四方街。春天到了,古城的街道、房屋依然如故。古城里那些古朴的建筑,不会受四季影响而发生变化。泥土墙,棕色的门窗和黑色的瓦,都是本色。但是,从这些质朴的色彩中,我们还是能体味到春的气息来。这种气息是内在的,不是张扬的,也是最能感动人的。或者说,是古城善于用一个色调来处理四季的颜色。因为它博大,所以能用一个基调、一个色彩来展示万千景象,以不变对万变……

走在春天的古城,看到和古城一样老的老人,也是一脸的春意。我总觉得,古城的魅力,一定程度上是由古城的老人来体现、来展示的。古城建筑是静态的美,古城老人是动态的美。动和静的统一,才是完美的古城画卷。春天,老人们走在街头上,身上的衣服也没有减多少,老汉身上还穿好几套对襟衣服,老太太身上还披着七星羊皮。这种衣服，老人们穿了一辈子。当然，他们还将继续穿下去，他们要坚守着属于自己的阵地。在古城春天的巷子里，我常常见一些国内外游客跟在老人后面照相、摄影。可能是这种情形经历多了，老人们视而不见。老人们好像从不思考什么，思考好像只是属于年轻人的事情。在这个春天里看到古城里的纳西老人，我想说的是，二十年、三十年后，现在的年轻人，都像街上的老人这样老了。那时候的老人，还和现在这些老人一样穿衣服吗？还和这些老人一样走路吗？

每次到古城，我都是从新华街出城，沿西河出城。据说，新华街是过去马帮进出古城的路。新华街是进城的路也是出城的路。到了新华街，我用什么来描述古城的春天呢？西河只有一堤垂柳。柳枝长长的，软软的，一直拖到水面，像是小姑娘的手臂，撩拨着河里清澈的水。柳树的叶子，去年不是最先落，但春天脚步才踏响古城的门槛，它们就先开花了。西河的柳树，也是先开花，后长叶，但不结果。叶片是柳树一年的收获。所以，古城的柳树，叶片特别好看，像是古城绿色的花朵。

绿树成荫的河边，依然有一堤茶座装点着古城的春天。茶座旁边，随时坐着一群又一群富有诗意的人。他们是那样的从容安详。你会觉得他们是最幸福的人。他们会就这样坐下去，直坐到太阳下了山，月亮升起来。我很羡慕这些茶座上的人。很多时候，我的向往，我的激情，会被这些茶座上的人点燃。我想，坐在西河茶座上的人，是想用一种特殊的方式说明，岁月不会老，古城不会老，友谊不会老，爱情不会老，古城春天常在……

2005 年

束河店名散记

在丽江束河一家酒吧与朋友聊天,谈到了束河街道上的店名。

守望者。我首先说到了这个店名。

我总觉得,束河虽然是丽江古城的一部分,但它同时也是一片乡村模样的纳西小镇。在这样一个乡村式的小镇,市场经济在这里比较淡化,所以,我们都谈到,束河开店,首先应该是一种等待,一种守望。"守望者",一个店名可见开店的主人早就有了守望的准备。守望者在束河开店,首先把一种坦然的生活态度带到了束河。束河给人的是悠然情境,带动不起人们对潮起潮落的世俗生活的渴望,在这里,天和地,山与水,人和事等等的一切都是静悄悄的,沉默得让我们轻而易举地就听到鸟的鸣叫,蜜蜂的低吟……

我曾经写过一篇短文,叫作《艺术的束河》。这个千年古镇,容易让人的思想产生艺术的萌动,到束河观光,读书,甚至是到束河开店经商,首先会被这里的情境所感染,产生一些诗情画意。至于困扰我们生活的其他,可以暂时放置一边,先对人间世态置一种守望者的心态。

　　所以，似乎束河的一切，都与守望有关。他们在守望的过程中，想象出五光十色的店名。说实话，如果是在其他地方，谁还有心情谈一个店名呢？在束河的这家酒吧里，我们却真是如此地有了雅兴。我们说，走在束河街道上，眼花缭乱的货物我们可以不看，而一个个店名却让我们感觉到许多新鲜的意思。

　　我们这天饶有兴致地谈到了"莫名堂"。这也是束河的一个店名，店主在做画生意。朋友非常有兴趣地为"莫名堂"说出了两个意思。一：没有名气的店堂；二：做事没有规矩。这个店开在束河新区，这个店名也说明店主人的一种心境，束河新区刚开发，对前景不敢乐观。所以，一个店名，同时也说明了店主的品位。其实，这个店我经常从那里走过，现在，在这个店的旁边，还有一个叫"天晓得"，一个叫"怪斋"，一个叫"又见炊烟"。"又见炊烟"是一个小餐馆。

　　店名表达着一种心境，一种经营理念，这是很肯定的。所以，我们在这家酒吧里谈束河的店名的时候，总是和束河这个艺术的小镇给我们带来的感受一样让人兴奋。可以这样说，我喜欢这个小镇，首先是从这些店主人身上感受到了一种生活态度，然后更加喜欢束河。记得两年前，我在龙泉寺下面看到了一家叫"稻草人"的店铺，店里专门摆设着小巧的稻草人，稻草人披着麻衣，戴着斗笠，观之让人产生美感。但后来，这个店铺不知什么原因改成"十合会馆"了，经营的规模比从前还要大。但现在我还记得"稻草人"这个名字，记得那所给我深刻印象的老房子。

那天，我离开了"稻草人"，沿西河而下，还看到"乡村天空""熊猫小堂""龙门大寨"等酒吧和咖啡馆。这些店都临水，都是茶马古道时期的老房子，乡村韵味十足。走过这些店，听到的是蓝天下的音乐，看到的是泥墙外的阳光、土地里的向日葵、河水里飘浮的水草……

束河，艺术的束河，在这样的艺术环境里，我们还能说什么呢？"柴达木东路"的藏香，西藏歌曲，尼泊尔油纸伞；"摩梭织女"的手织围巾；"一层楼"，店里只有一个人，他悠悠地在泥土地上洒了清水，散发出香气……还有"37.2度""呆吧""星期八""5596米""一定来"……这些店主人，他们都在经营些什么？

店名以外，我对束河的印象是：这里有一大批人在开店，他们中有纯粹的生意人，也有在这里感受艺术的人。在许多人眼里，束河是一种时尚，一种等待，一种守望。

最后再抄一个店名："鄂渝人家"。其实，在众多的店名里，这个店名的意义比较浅。到了束河，你可能不会找得到这个店，也不可能会到这个店里去消费。但是，我总是希望有兴趣的人去看一下店门前的一段"店主告白"。

店主告白

几年前游丽江，见白云苍狗，雪山皑皑，青天之上日月同辉，极目处山峦连绵，红叶林青，碧涧流泉，古巷幽幽，四合院内宁静素雅，民风至淳。独游古巷，任自己的脚步演奏原始音符，一种历史感动让心灵震颤，一种怀古幽情让眼睛潮湿。

重回闹市，拼搏红尘，身心疲乏之极，对丽江经年不减的牵挂，终让我难于忍受刻骨铭心的思念之苦，于是重回丽江。

偶到束河，极感自然的亲切，历史的厚重，纳西文化的神秘，于是租下此店，一为生计，二为追寻那种心与山近，山与天近的通灵之感，三为笑迎五湖四海宾朋，广结善缘，诚送祝福，如此生活岂不自在哉，乐陶陶哉。

禹佑

这位自称"禹佑"的中年男子，只身开一间不足二十平方米的小食店。

2006 年

属于丽江的这个晚上

《丽水金沙》是云南丽江的一台歌舞晚会,在全国都比较有名。只不过,我生活在丽江,却一直没有看过。这次到丽江开会,集体组织观看,才真正看到了这台晚会的魅力。看完歌舞,随人流走出丽江国际文化交流中心,站在大门口的走廊上,还有一种余音绕梁,意犹未尽的感觉。天色已晚,在人群中好像是独自一个人,看着天上的月亮和星星,看着街道上明亮的灯,感觉丽江的这个晚上真美丽。

是《丽水金沙》这台晚会,让我回到一个夜晚,我从前没有到达过的夜晚。

走下台阶,往前走,街道上是熙熙攘攘的人群,来往的车辆,一排明亮的灯……这些,我都可以视而不见,但我还是要回忆《丽水金沙》里的某一个情节,某一段音乐,某一个漂亮的舞姿……这些,再一次让我想起《丽水金沙》艺术的效果和价值,它在不知不觉中触动了我的灵魂,这可能就是这场歌舞晚会的魅力所在。现在,真正能触及人灵魂的歌舞,可能已经不能多见，特别是在丽江这样的旅游城市，市场经济往往容易冲击文化艺术，而《丽水金沙》，却是依靠艺术的力量，赢得了更多观众的赞赏。

然而，我不懂舞台艺术，从哪个方面来说《丽水金沙》产生的艺术效果，评价为什么会给我美感，好像都难于说出个明白来。但又真想说点什么，仔细想下来，也不外是内容和形式这两个方面，有效地应用在了这台晚会之中。《丽水金沙》晚会的演出地点主要在丽江，它必须植根于丽江，所以，晚会的创作者当然首先会想到云南和丽江的民族特点。丽江是国际旅游城市，人们向往丽江，知道丽江民族风情的独特，民族文化的深厚，所以，晚会离开丽江特色是不明智的选择。整台晚会从东巴文象形文字，纳西民族文化，傣家风情等特殊的民族文化着眼，进行加工改造，艺术处理，使之得到升华，让人耳目一新。

在艺术表现形式上，《丽水金沙》最大限度地运用了音乐、歌舞、灯光、色彩等艺术。在舞蹈中，音乐往往能取到灵魂的作用，操纵着舞蹈的节奏，控制着观众的情绪。而《丽水金沙》的音乐创作，以丽江原始的民间歌曲为基础，再经过提炼，艺术加工，然后升华到理想的高度。所以，自始至终，《丽水金沙》都能让音乐表达着云南，表达着丽江。古朴的，欢快的，高雅的，又是带着泥土的、芬芳的……这是什么音乐？这是不同于其他任何民族、任何地域，具有浓郁地方特色的左右着整台晚会的艺术走向的音乐。音乐的演奏，《丽水金沙》也尽可能地采用云南和丽江少数民族乐器，葫芦丝，笛子，口弦，叶片等，再加上现代乐器的效果，使整台晚会的音乐欢快，清新，格调高雅，具有浓烈的民族特点。

《丽水金沙》中的服饰是最让人赏心悦目的，具有特色的，让人看了眼睛一亮。晚会上出现的服饰色彩鲜明，裁剪、制作都让人觉得既有民族特色，又大胆想象，有的服装夸张，有的服装含蓄，根据舞蹈场景和歌舞表达内容的要求，进行着服装时空的变幻，让人耳目一新。可以这样说，晚会好像是一场服装展，极富个性的演员，加上别具一格的服饰，给人以美的享受，从而增强了整台晚会的舞台效果。

据我所知，参加《丽水金沙》演出的，大多数是丽江本土的民族演员，自小能歌善舞，对歌舞悟性极高，在展示各个民族画面的时候，他们更是得心应手。加之参加演出的演员，都具有火一样的热情，手舞足蹈之间，一颦一笑之间都极富传情，让观众感受到乐观向上、热情练达的高原少数民族生活，感受到丽江的自然之美，人文之美，生活之美……

所以，《丽水金沙》属于高原的夜晚，属于云南的夜晚，属于丽江的夜晚。它展示的是云南民族文化，丽江民族文化。编导者精心挑选的东巴教祭司东巴，他以独特的方式讲述历史，用雪山女神像征着我们永远要呵护阳光秀丽的滇西北高原，歌唱自强不息的高原民族。傣家姑娘悠然自得，带着水的柔情，让观众走进宁静和谐的情境。丽江纳西族的"棒棒会"、花傈僳族的"赶猪调"、藏族的"织氆氇"、各民族的"找姑娘"等最具代表性的婚恋文化及"火把节"等民族风情纺织成艳丽的花环，多角度多侧面地展示了丽江少数民族风采。与此同时，世界上唯一幸存的母系社会文化——泸沽湖畔摩梭人夜访晨归的阿夏走婚习俗，纳西族感人至深的殉情故事及心神向往的玉龙第三国等婚恋情节，也在歌舞中得到了完美的展示……极富色彩。色彩，现代的灯光，形成翡翠般的色彩，照耀着《丽水金沙》，照耀着整个丽江的夜晚。

于是，《丽水金沙》今晚真正走向了我，走向了属于我的丽江的夜晚。

2005 年

秋意渐浓

　　我现在还记得，小学读三年级的时候，九月里开学，第一篇课文是《秋天来了》。在简陋的教室里，我们的毫无污染的童音朗读着这篇课文：秋天来了，天气凉了，一群大雁往南飞……

　　据说，一些多愁善感的人，路过学校听到这篇课文，眼睛便会潮湿。有点奇怪，也是那些童年的初秋，傍晚的时候，我会一个人走到田野里去，站在小河边，看夕阳下静静的稻田。贫穷的童年，眼前的一切是多么的美好——清亮的河水，低低的垂柳，轻轻的谷浪，稻花的清香……让我至今难忘记……不知道为什么，夕阳如画的初秋，为什么没有产生过吟诗作画的愿望。所以，现在格外想念那些单纯的日子，没有半点雕琢的诗的意境。

　　那是少年的风景，难于忘记。

　　今年，又是秋天。不知为什么，今年，我曾经关注过那个立秋的日子。那天，是丽江的雨季，秋雨绵绵。后来的一个晚上上网，看到一位朋友的QQ个性签名："秋意渐浓"。哦，"秋意渐浓"！秋天真的来了，秋意渐浓，一种风景，一种心情，一种诗韵……心里感动，产生了诉说的欲望。

秋天原来可以是一种心情。这个秋天，命运注定我要在丽江束河度过。初秋七夕，丽江束河举办"情人节"。不少到过丽江的人，都知道束河是个烂漫之地。初秋，我不知道会有多少对情人走过束河的大街小巷。

据我所知，一些思想前卫，有着奇思异想的人，都会考虑到束河来。走过束河，你会看到卖时装的女子，开茶馆的女子，卖手织披肩的女子，她们穿着长裙，看着门外的柳树发呆……有个漂亮女人，逃婚来到束河，想不到的是，与她一起逃婚来到束河的，是个跛足男人。一个年轻的单身女子，常常只身带一个小孩从街上款款走过，极具风韵……

艺术的束河。我曾经写过这样的文字，表达我对束河的理解。束河是个千年古镇，站在这座老城，一砖一瓦都会让人产生感动。所以，不少人都愿意在这里表达自己的人生态度。所以，总是有人到了束河就不想走，不少开客栈的单身男子，把一个个农家院租过来，酒吧，客栈，装修得极富个性……然而，顾客却不多，这些老板，有可能只是想换一种活法。默默地看着束河一点点被人们认识，再一点点地变化，让人思绪万千。

所以，总觉得这个秋天的束河有些让人不可思议。

秋意渐浓。

我的小店慢慢静了下来。从热闹到安静，我在适应着这个过程。束河情人节过后，游人渐渐少了下来。生意淡淡，我闻到街道上的桂花。束河的街道上，种植着许多桂花，旅客多的时候，桂花的味道不见了。原来，许多秋天的事物，我都没有留心在意。走到束河村边，河边梧桐树叶片茂密。春天，我看着它们开绿色的花朵，看着它们叶片舒展开来，现在，秋雨打着它们。田地里，玉米开花，蔬菜挂着露珠，爬架的豇豆，与喇叭花混织在一起，有马车从一条石板路上走过……我想，这才是真正的束河，束河的秋天。

秋天，束河的自由职业者开始多起来。大石桥上的自由歌手，他们光着脚，弹着吉他，打着手鼓，喝着啤酒。广场边的肖像画师，都是长发男人，吆喝着为行人画像。木雕艺人，成天低下他们的头，一块木头呈现出他们的天空……束河的秋天，不少流浪艺人找到了一片栖息之地……

束河的秋天，我不知道还能为你说些什么？所以，我明白了，秋天，可能是一种心情，一种等待。

秋意正浓。我忽然想起来，那年秋天我在家乡的小河边避雨，眼看着迎面扑来的大雨，却在河那边站住了。那年，我看到了"秋雨不过沟"的情节，秋雨的多情、无情和美妙。

这个秋天，我还想起了2002年的那年秋天，我轻而易举就把自己在永胜居住多年的老房子卖了。那个秋天，我搬出了旧宅，写了许多首诗。

所以，这个秋天，我很希望有不少的诗人作家到束河来，到我的店门口小坐。

然而，只有海男来过。她说，木祥你可以在这里看到许多的美女。只有巴陵来过，他说，你到上海来，一定要找我。只有阿贝尔来过，他肩上的小挎包，里面有几本书，至今还在我眼前晃动。只有诗人鲁若迪基来过，他说，在木祥的店前，我看到时光是流动的，像门口旋转的小水车……哦，这个秋天，只有马霁鸿来过，只有陈洪金来过，只有赵晓梅来过，只有杨宝琼来过……

见到这些文朋好友，我在心里背诵那篇课文：秋天来了，天气凉了，一群大雁往南飞……我背诵毛主席的诗词：

天高云淡，望断南飞雁。不到长城非好汉，屈指行程二万……

2006 年

静静的束河

几年前,我在束河开了餐馆、酒吧。

餐馆门口有一条小溪流,一年四季都有流水,我便在这里安了个小水车。所以,后来的日子里,我一直将面对一架无可奈何的水车。水车是木质的,在流水的浸泡下,长满了青苔、水垢,显得沉重,旋转的速度十分缓慢。水花随叶轮旋转起来,又落下,像撒落的珍珠,在阳光下闪光。水车的转动,好像是很费力气的,不少过往的人,好像看不过水车的卖力,忍不住走到河边,帮上一把。

许多到过丽江的文友,都与我在这个水车的旁边坐过。

那个 5 月,一个叫雨夜昙花的文友、或者说网友到了丽江。她乘坐的是从昆明到丽江的夜班车,在卧铺车上睡了整整一夜,到丽江的时候,天刚亮不久。下车后,她直接打车到了束河。后来,她告诉我说,出租车把她拉到束河的时候,她一个人走在束河的街上、村道里,很少碰到有行人。流水、杨柳、炊烟、土坯墙、老木屋……整个束河,安静得让人孤独无助,虚无缥缈……

束河是丽江古城的前身，木土司最早的城堡，八百年前他迁居大研古城后，这里便成了纳西人的村庄。所以，束河的河流、房屋、街道都不整齐划一，没有人们常说的秩序。更主要的是，任何人到了这里，节奏便会散漫，思维的家园仿佛变得更加遥远了。于是，有人在小河边找一个破旧的酒吧坐下，在那些破椅子、旧桌子、石头、土坯、蛛网遍布的情境下听音乐，看天，望云，翻书，喝茶，发呆……

在束河，更多的时候我没有什么事可做。我喜欢在小河边看鱼，看红的黑的各种颜色的鱼，在绿水中缓缓走过。鱼的游动十分从容，身体十分光滑，它们都是集体出游，有一只鱼掉队了，过了一些时间，它快速赶了上去。小河不宽不长，这些鱼却生怕迷失方向，找不到它的伙伴。

看着这些鱼群，心里有些茫然。我在束河，已经两年。依然觉得容易迷失，依然像一个陌路人，喜欢在这个乡村一样的小镇上徘徊。默默地看卖菜的妇女出门上街，她们端着菜走过清静的巷子，边走边叫卖。她们的菜，刚才从地里拔来，数量不多，用撮箕端在手腕里。她们卖菜，要一家一家地问，一个店铺一个店铺地介绍自己手里为数不多的菜。当有人走过她们身边，她们便问道：你家要菜吗？本能地把手腕里的菜抬到显眼的阳光下，让别人看个清楚。我看到，许多人家都要买一把她们的菜，并且不喜欢讨价还价，因为都熟悉了，知道她们的菜价格十分便宜。

只是，我不知道这些纳西妇女一个早晨的白菜能卖多少钱，

在云南和西藏的边缘

一个撮箕的菜,我们可以随便帮她们算一下,到底能赚到多少人民币。当然相当少,但她们还是要卖,吃不了的菜,都要端到街上来,成了她们做人的姿态。一个乡村,日子过得很细很小。卖了菜,她们才去送孩子上学,才去四方街上跳舞。非常奇怪,当她们放下了撮箕,站在跳舞的人群里的时候,你会被她们的另一种神情所感动。就这样,我觉得自己无法到达她们的世界里,在她们的世界里,我们是边缘人物。

生活在束河,我依然不知道束河属于一个什么样的村庄。但在外地人眼里,束河却好像是很容易寻找到情调的地方,所以,全国各地的恋人、失恋者、同学少年、背包客、自由写作者、影视制作人、画家等,都会来束河寻找自己的情感空间。可能正是如此,这年8月,束河会出现一个"情人节"。有人预测,束河的情人节,人们不只是寻找情人,还要寻找一份属于自己的孤独。

奇怪吧,束河这个地方,总是属于一些奇怪的人。这些人先锋、前卫、时髦、崇尚自由、喜欢与众不同。

所以,许多人都会在一个自己觉得烂漫的季节来到束河。我不知道他们都看到了什么。清晨,阳光淡淡地洒在束河每一条街的石板路上。街道有些窄,石板有些显得粗糙。街道旁边的围墙,露出泥土、土坯,杂草和野花在墙上自由地生长。房顶上的瓦,颜色灰暗,灰暗得有些发黑,这让人觉得束河的天空更加湛蓝,远处的雪山更加洁白。夏天,却是会有李子树、苹果树的枝条翻过墙头来;有果子,有树叶挂着露水,伸出墙头。这个时候,束河的风也是淡淡的。河溪边有许多烟柳,排列不太整齐，枝条细而绵长，微风中，轻轻地摇着。

然后是极显魅力的客栈，服务员，纳西姑娘，身披七星羊皮，缓慢地出入，她们静静地在门口的木栅栏上插上鲜花和藤蔓。酒吧，餐馆，太阳伞，油锅，凉粉和丽江粑粑等，都安详恬静，它们像是一种艺术行为，成为一个村庄的点缀，一种民族自我陶醉的方式……

2006 年

菜市场

命运让我经常地出入在丽江的菜市场。

这话可能说得过了,但我还要说的是,菜市场与我之间有一种最为隐秘的背景。这个背景让我在许多作家朋友面前有口难言。所以,有时候站在菜市场的门口,心里一片茫然。背一只菜篮子,看那些卖鹰的或者说是放鹰的纳西人,手戴一只皮手套,皮手套上站着一只蓝眼睛的鹰。一些老外,手里拿着摄像机,饶有兴致地拍摄来来往往的人。背菜篮子的人,提塑料袋的人,蹲在一堆土豆面前,面红耳赤讨价还价的人……这时候,不得不承认这些老外的聪明,我们国家最为真实的生活,可能会在菜市场里找得到缩影。丽江不是有玉龙雪山吗?不是有世界遗产丽江古城吗?不是有长江第一湾和虎跳峡吗?……有人觉得老外有些犯傻,到丽江来旅游,花了一大笔路费、住宿费,他们却来逛丽江的菜市场。

有时候,嘴上谦虚,心里往往把自己想很高,觉得到菜市场去有些委屈了自己。更多的时候,觉得菜市场让自己变得十分琐碎。所以，有时候心情变得复杂起来，买菜，挑选一个卖主，尽量是一个纳西老太太，不太注意她的菜的质量，而首先想到的，她像不像自己的母亲。当然，这个时候，也象征性地和她讲价，称恰到好处数量，带上一些酸酸的想象，然后离开。

　　一次买莲藕，摊主报价一块二。我说，昨天只是一块啊？摊主说：等到卖一块的时候再吃罢。那声音和神情，让人倒吸一口气，悻悻地走开，情绪低落到极点。想象以外的事，就要发生在菜市场。慢慢地，也会仔细想想，这有如一个乐章的起伏，让菜市场具有本质和诗意。本质上的诗歌不只是热情奔放。

　　菜市场的诗意有叙事的美，它飘散在清晰的阳光上面，清晨就有了人声的沸扬——河南馒头，一个男子汉，拉着馒头的三轮车，三轮车上的喇叭，是纯正的河南口音：河南馒头。淡薄的灰尘，也会在清晨就出现在菜市场的上空，然后，拖拉机的黑烟，牲口的叫唤，还有专门为人写对联的老人（老人自称是南开大学毕业），他身边播颂广告的半导体收音机……这一切，都伴随着浓厚的酱油、面粉、盐巴等的气味。空气的质量，噪声的所谓的"分贝"，在这里得到了淡化，显现的都是人间最本质的元素。在菜市场里，很显然每个人都应该站到一个平民位置，那种悬浮在半空中的高雅，往往会制造新的孤独。

　　曾经有人报道过，担任过副总理的陈永贵先生，晚年的时候，经常出入菜市场。我一位作家朋友的夫人，是厅局级干部了，她星期天去菜市场都是乘坐公共汽车。我的好几位领导，县处级干部吧，我经常在菜市场遇到他们。我的一个朋友，自己开了个公司，大小也算是老板，一些朋友到他家聚会，他自己到菜市场去买菜。我想，我的这些领导和朋友，他们不会用平时做报告的话语与一个菜农打交道，也不会用公司的经济规律核算菜篮子里的成本。

我想，菜市场很能让生活还原真实。

所以，到了将来，我一定会感谢丽江的菜市场。我会记下许多人，许多场景。

屠宰场，苍蝇，肉摊上褚红色的血，抹口红的杀猪女。金戒指，戴在那个卖豆腐和酸菜的女人手上。杀鸡场脱毛机的声音，一对纳西族少女，听说是高中生，假期在鸡市场杀鸡，她们的表情非常从容，杀鸡的动作十分娴熟。我深信这对双胞胎姐妹会考上一所重点大学。我还认识一个四季都穿裙子的餐馆女老板，随时都会出现在丽江的菜市场，三十多岁了，不为菜篮子所困惑，信心十足地说她有一双"美腿"。

2006 年

第四辑

遥远的故乡（一）

一个女人和一个食馆

这个女人，我看着她从一个"姑娘"成为一个人的妻子，成为一个孩子的母亲。我也亲眼看着她把一个小得不能再小的食馆开办得整个丽江都有名气。

她开这个食馆的时候，我也开车了。我记得，她刚到这个食馆的时候，还不足二十岁，现在三十二了。十二年的时间，一个人的经历是既简单又复杂啊。说起来事情并不复杂，这些年来，她的生活十分单纯，她每一天的日子，都在金沙江边的这个小食馆里经营着饮食生意。但想想也耐人寻味啊，短短的几年，她已经为母为妻，做了人家的儿媳妇。真的，这样地认真想起来，世界就像是天翻地覆了一样。

她刚在这里开食馆的时候，"丽永公路"（丽江至永胜县城）修通不久。那时候，我开着一辆"解放牌"货车走过她的食馆，就在她的食馆里吃饭。她的食馆很小，一间土木结构、瓦屋面的小屋子，里面两张矮桌子，做饭的灶也在里面，显得有些拥挤。那时候，公路还没有铺柏油，旅游也没有开始，过往的车不多。在她的食馆里吃饭的,都是我们这些搞运输的大车驾驶员。开食馆的,是几个姑娘,看上去,她是店主。但一问,不是。她是来亲戚家帮工的,连丽江人都不是,是大理的。她姓何,我们就叫她小何。小食馆真正的主人是小何现在的婆婆。她的婆婆是供销社的干部,在路边卖日用百货,生意不好,就又在供销社的这间房子里开了小食馆。小何就来当小工。

其实,当时的情况我也看得出来,小何虽然是小工,但食馆的事全都是她做主了。供销社的那个妇女干部,小何现在的婆婆,已经瞄好小何当儿媳妇。只是有些奇怪,我们在小食馆里从来没有看到过供销社妇女干部的儿子,也就是小何的男朋友。我们到食馆里吃饭,都只看到小何带着两三个姑娘在做活,说说笑笑。印象中,几个姑娘都是纳西族,她们说话,都说少数民族语言,我们听不懂。多数时间里,她们自己说自己笑。开车的和她们开玩笑,她们也只是笑,她们喜欢用自己独特的语言对待眼前瞬息万变的事物……

我说上面的这些话语到底有什么意义呢?我写这样的文章,又怎么能说明这个始终如一地厮守着一个村庄、一条道路的食馆,又怎么能说明这个很难看出有什么雄心壮志,但又事业有成的女人。现在,这个食店的生意已经非常好,每天至少有四五十桌人吃饭。如果每桌的收入按一百元计算,收入也相当可观。有人说,她家的钱,每天都有一蛇皮口袋(装化肥的口袋,像蛇皮)。这个小食馆在丽江也有了相当的知名度,整个丽江都知道江边有个食馆,有这样一个老板娘。所以,关于小何的传说也多,说去年香港行政长官董建华到丽江吃了她卖的火腿，后来还专门派人到金沙江边买，又从丽江用飞机送到香港。这几年，几家电视台都到她的店里做专题报道，她的小店，包括她本人，都上了中央电视台……

而我现在坐在了这个小食馆里，看到的仍然是最为浓厚的乡土气息，那个名气十足的老板娘，仍然带着七八个小工忙来忙去。这时候，时间是下午三点，吃饭的客人不多，她显得从容了一些，她们也才开始吃中午饭。看到她，我使劲地回忆她过去的模样。她从前就有些胖，但没有这样胖。南方女人个高的不多，她属于中等个子，一米六不足一点。她的丈夫，也在小食馆里出现了，但从来不做锅灶上的事，永远都悠悠闲闲的样子。他的任务，常常是为客人擦拭车辆，加加水。我和他闲谈，他说前些年到外面去做生意了，没有赚到什么钱。说话的语气淡淡的。我觉得他们两个人都没有高高在上，没有趾高气扬。看不出来，他们是一对有百万元人民币的老板啊！

这种气质，注定他们是要发一些财的。

这天，我来到小食馆的时候心情比较好，我刚把儿子送到大学里，一身轻松。所以，我产生了写写她和她的小食馆的动机。但是，眼前我最为熟悉的事物，却不知道从哪里写好一些。坐在一个新修的阳台上，我只能是远远地看着江两岸的青山。离江还有几百米远，我看到江里黄色的水浪，山上白色的流水如练。在这里，我想到小何看得最多的，是公路上的汽车，听得最多的，是金沙江里水的响声。从不远的过去到现在，小何已经学会说纳西话了，成了纯粹的当地人。而且已经从小工变成了老板，成了这个店的主人，成了这个家庭的主人。只不过，她的小食馆从开始到现在，都只卖"三川火腿"和土鸡肉。三川火腿现在是国际品牌，但在这里是家常便饭，土鸡也是金沙江边的村子里所特有，用江边清溪里的水煮出来，味道总是不一样。过去和现在，我们到小何的食馆里面吃饭，都是坐在纯木的小桌边上，先喝一杯热茶，再吃一盘火腿，一碗鸡肉。价格是十分固定的，过去一个人六七元钱，现在是十元左右，从来都没有提高的时候，像是到了家里一样，也不用担心会算错了账。仔细算下来，在这里吃饭是最最便宜的，也不知小何是怎么赚钱。她做生意没有太大的野心，基本上只要有收入，能赚到吃饭钱就行。她开食馆，还要为客人先算一盘账，她觉得任何人赚钱都不容易。

最后，我还想说一说这个小食馆真正的主人翁，那个金沙江边的乡村供销社妇女干部。我到小食馆里去，这个供销社女干部还经常出入在柜台里面，给乡下人卖一些日用百货。看上去，她有些苍老了，像所有纳西妇女一样，她的衣服穿得很厚，很宽大。她的背上，披着一块始终如一的七星羊皮。据我所知，她已经退休，家里的事，也全交给了儿媳妇小何。至于小何，肯定的，她也不会想到要改行，开食馆，开供销店，肯定会成为她生命的大部分。她不会想到去丽江古城或者说更远的地方去做人们认为更为体面的事业。人们向往的最为热闹的城市，最为热烈的生活，她都不会动心。我曾经对好些人说过，这个女老板的这种荣辱不惊的性格成全了她，成全她把最简单的小食馆做成一番大事业。

2007 年

月亮慢慢升起来

这是2004年1月9号的晚上。因为一轮慢慢升起来的月亮，那个美丽的瞬间，这个晚上我不会忘记。这个晚上，我心情不太好，早早地从网上下来，独自一个人站在三楼的阳台上。我抬起头来，看到天空一片晴朗。这是新年第一场雨后最为晴朗的天空，天空像是洗过一样，星星像是洗过一样。我觉得今晚的星星比从前的要亮一些，要大一些。

开始的时候，还没有看到月亮，我看到月亮才想升起来，这时候，东边山脉上，有了一些亮光。光亮清晰了山的轮廓，所有的山脉被镶上了一层闪亮的金边——这种情景让我知道，月亮马上就要升起来了。一个非常烂漫的念头，我想看看今天的月亮是怎么样的升起来，我站在阳台上，等待着月亮。

只是，月亮还看不到，月光却飘得很远，已经照到了远方玉龙雪山的雪，淡淡的雪色的山峰。就这样等待着，没有等多少时间，天空也比先前明亮了许多。大地却显得暗淡了下来，山峰也只有了轮廓，山上什么也看不见了，黑得只比墨淡了一点点。我知道，是月光把天和地明显地区别开来，一种界限让我感觉到世界的魅力。

渐渐地，月亮才从东山上的一个角落露出了一个边，那清晰的边缘像一块质地考究的玉石，散发着淡薄的光亮，让我的心里开始激动。渐渐的，我看着那个带着光亮的边缘越来越增加分量，几乎是一点一点地往上冒出来，擦着山的边缘，一点也不停息，可以看到它明显的前进的痕迹。时间过了一两分钟，我看到便是整个的月亮。整个月亮开始歇在东山顶上，离我非常之近，稳稳地安详静谧——它好像是停了一下，静止了下来。今天，山上下雪了，这时候的月亮，也像是歇在雪地上，和雪山在一起了。所以显得干净，我觉得今晚的月亮是刚从海里起来的，彻底地洗干净了，面目晶莹剔透。

歇了一个十分短暂的时间，月亮开始往上攀缘，放射出更加清晰的光线。这时候，月亮的光线也是干净的，因为是雨后，这光线清晰，但也有点清冷的味道，让人心情也透明起来。心里的灰尘也像是有了月光的色彩，人也好像轻盈起来。我看到了，这光线不但能点亮心情，也点亮了山顶上的雪线。每一块落有雪片的山峰，都和月亮的光线十分融洽地连接起来。没有雪片的山峰，又是十分沉静的黛色……今晚的月亮真好。

只不过，今晚的月亮不太圆，有一个方位凹了下去，有一个方位凸了起来。需要说明的是，凹得不多，凸得也不多。我没有看今天是农历什么日子，从月亮的大小形状看来，十五已经过去了。但可以肯定，十五去得也不远，我看到的月亮缺得不多，只在朝南的方向缺了很小的一部分。不管怎么说，今晚的月亮始终是带着明显的"缺陷"了。可能正是月亮也有了今天晚上的"缺陷"吧，我站在阳台上产生了莫名的感动。真的，这时候，我像看到了断臂女神维纳斯一样，让我感受到了艺术"残缺"带来的哲学及美术。

原来，缺陷也是能产生美的，不完美中本来就可能包含着大美。今晚的月亮缺了，但没有影响它放射光芒，让我更喜爱这有着明显的"缺陷"的月亮，产生感动。今天晚上，我本来心情有些灰，但这时候我看到了带着缺陷的月亮产生的美，我想到了生活也不可能是千篇一律的"圆"，我们生活的每一年每一天，不可能总是时时一帆风顺。我明白了，我今后的生活很可能会产生意想不到的一些坎坷，一些不如意的地方，但是，怎样才能在这种不完美中感受到完美，这才是最重要的……

月亮慢慢地升起来……

2003 年

小巷里的书店

丽江永胜县城的田家巷,是县里一条比较有名的巷子。过去和现在,小巷里都布满了小旅馆,旅馆古朴的招牌安装在木质的门楼上,招揽着县里县外的旅客。巷子里还住着各种生意人,他们早晨天亮时分就匆匆出门,到日头落山才回来。这时候,那些旅馆的门口,亮起了昏黄的灯。我觉得,暗淡的灯光加上古朴简陋的房屋,使整条巷子充满了朦胧色调。

我家就住在田家巷里,平民百姓的生活,日子平淡无奇。早晨上班去,晚上下班回来。进进出出都和巷子有关,生活平淡得像一碗清水,泛不起半点波澜。看着住旅馆的人来了又去,去了又来。巷子里的人,住旅馆的人,做生意的人,和那些土木房子一样,一天天地老去。生命像水一样流淌,逝者如斯,无情又多情,然而又仿佛是司空见惯。

后来,无意中看到巷子口上有一家的房子在装修。这是一所刚建好不久的房子,面对一口老井和老井旁边的石碑。我不知道这房子装修起来要干什么,但知道是出租出去了的,不久前还开过门诊部。我想象，这房子装修出来，不外是用来开一家小食馆，一家茶室或咖啡屋。

再后来有一天，我从外地出差回来，看到那所房子装修好了。让我眼睛一亮的是，房子的门面上，写着"席殊书屋"几个字。原来，田家巷的这所房子，开起了一家书屋，而且是席殊书屋的一家连锁店。我知道，"席殊书屋"在全国都很有名气，连锁店遍及全国各地。不久前，我曾在丽江的席殊书店登记，成了会员，但我从来没有想过，以"席殊"命名的一个书店，会在田家巷里出现。真的，我看到席殊书屋这个精美的招牌的时候，心里产生从来没有过的感动。

当然，这几年来，我们这个小城里书店是比从前多了。可以肯定，是因为看书的人多了，买书的人多了，书店才可能开得多。对于小镇上的人来说，书在他们心目中的位置可能越来越重要了。所以，巷子里的"席殊书屋"还没有开张，店主人才往书架上摆书的时候，我就看到已经有人去店里看书。书店开张以后，进书店的人更是越来越多，从巷子里走过，总是可以看到店里站着许多人。有老人，留着长胡须；有学生，背着书包……但是，书店里静悄悄的，翻书的声音轻轻地响。我总觉得这里面有一种意境。

我慢慢地也懂得了，进书店需要一种情操，一种品格，可以在这里逐步修炼出来。我也曾听人说，到书店里去，可以淘到一些好书，让你受益匪浅。我喜欢"淘书"这个词，你喜欢的书，像淘金一样，在书店里慢慢地淘到。所以，在空闲的时间里，我走出巷子，也经常到这个新开的书店来。店里的书，都是些新书，适应不同层次的人。我喜欢的作品，也在里面可以找到。我喜欢张炜的《远去的风景——读域外画家》，我喜欢王小慧的《我的视觉笔记——旅德生活十五年》……这套书都与视觉有关，都具有强烈的画面感。通过阅读，那些我们不曾相识的国外画家，那些我们未曾领略过的风情，文化艺术，通过他们独特的文学语言，让人赏心悦目。我还看到一些我所熟悉的作家的作品。我不明白，余杰为什么要写《压伤的芦苇》，余华的《灵魂饭》曾多次让我心动……我从这些书中找到了灵感，同时，我明白了，在读他们的时候，我该怎样认识我自己。

到小巷的这个书店里去，我还会遇到一些文朋好友。一个单位的，不是一个单位的，都会在这里不期而遇。有的人，平时没有说过话，到了书店里，像是见了老朋友，点头微笑，善意地打个招呼。有时候，我会看到一两个学生，在书架上抄书。显然，他们没有钱买书，但又舍不得书中的一些句子。很多时候，还看到一个残疾人蹲在书架下面，翻着他喜爱的书籍。显然，他的脚已经无法站起来。在书店里，我看到这个无法站起来的人，脸上充满着自信的表情——这让我抑制不住产生联想。这时候，我走出书店来，看那辆摆在书店门口的残疾人专用车。这辆车就摆在店外的老井旁边，和那块石碑并排放着。这时候，我只会看着这辆残疾人专用车和老井边上的石碑发呆。它们都在风中，专用车锈迹斑斑，石碑上的字迹模糊不清。绕过古井，我试图认出石碑上的字迹，但怎么看不清这石碑上写的什么。只不过，我很怀念这个挖井的人。同样，我觉得多年以后，县城里的人，田家巷里的人，都会想得起这口古井，想得起这里开过一家书店。而我呢，还会记起在书店里看书的那个残疾人。

2002 年

田家巷

　　一到黄昏,田家巷里的几盏灯就前前后后地亮了起来。这些灯都挂在几所低矮的房檐下面,灯的周围,随时都有许多的蚊蝇在飞,冲闯那些灰色的蜘蛛网。而且,这些灯都不太亮,显得昏黄、暗淡,无形中给这条巷子增添了许多神秘的气息。这些灯都是几家开旅馆的自己安的,要一直亮到天亮,所以灯泡的瓦数不能太大,要节约用电。也因此在巷子里走夜路,路面十分看不清,只可看到一些模糊不清的垃圾,巷子里人造房子用剩下的石头。顺着这条巷子往前走,里面还有好几个弯拐,巷子越深,就黑洞洞的什么也看不清了,让人心里觉得恐惧、害怕,走起路来提心吊胆,心里咚咚地跳。以前,田家巷的几个拐弯里都安了路灯,但时间不久就被人打烂了。听说这都是一些人有目的地干的事情,他们打烂了灯泡好浑水摸鱼。我曾经听说有人在巷子里抢妇女的耳环和项链,他们趁天黑抓住妇女的金银首饰就跑,把人家的胸口都抓上了鲜红的指印,血也流了出来……尽管如此,从田家巷里走过的人依然还是很多,从县政府、从宾馆里去车站,从车站到电影院门口去,到县城的百货商店去,统统都是要从田家巷里走才算是近路。谁都不愿意放弃这种轻而易举得来的"便宜"。

巷子里的旅馆,全部是居民的私营企业,开得规模不大,但经营方式灵活机动。只要有人去住,店老板绝对不跟究你是干什么的,而且对你热情,尽可能让你方便,让你称心如意,当回头客。因此巷子里住的人比较杂,有外地来做生意的老板,来说媳妇的北方人,他们都操着半生不熟的本地土话,和老板相交很深的样子。在巷子里,土话占主导地位,普通话不吃香。巷子里的旅馆一般都比别的地方好。在田家巷的这些旅馆里面住的人,还有山上下来的少数民族,多数是小凉山上下来的彝族人,他们大都头戴黑色的大套头,妇女头上都戴荷叶帽子,颜色花花绿绿的,非常好看。一到晚上,他们上不了山了,就住到田家巷的这些小旅馆里来,这些旅馆手续简单,又没有人小看他们,住得开心和放心。他们在旅馆里找好了住处,又到沿街各处逛了逛,然后就回到旅馆的门口来,站在门口或者蹲在门口看些稀奇。他们满口讲的都是自己民族的语言,其他人听不懂,讲到开心处,整个巷子都听得见他们的笑声,爽朗而粗犷。他们对巷子里的一切都感到新鲜,又好似司空见惯。他们还认得出从田家巷里走过的人的身份,哪种人是领导,哪种人是做生意的,哪种人是舞厅里的坐台小姐。其实,他们对坐台小姐最看得出来,小姐们穿的衣服,脸上擦的香脂,嘴上抹的口红,就是和一般人不大一样。而且,巷子里出入的坐台小姐比别的地方多,见多了更容易认出来。这些小姐大都住在田家巷的一些人家里,她们租了这些人家的房子,听说一个月二百元钱就可租到很漂亮的房子住,而且一定要是单间,干什么事都不干扰。我的一个邻居家就住了好几个这样的小姐,她们晚上到舞厅里去坐台,白天很晚才起来,在院子里用蜂窝煤炉做吃的,随时都歌声不断,显得潇洒和自在。邻居已经是退了休的老人,什么都好似看得惯了,没事的时候还和小姐们说笑话打麻将。小姐们在老人面前也好似无所顾忌,说笑,挺胸,穿高腰衣,肚脐眼露在外面都无所畏。老人更是见惯不怪,一脸的满不在乎,宽容大度。时间一长,连我见了这些小姐都面熟了。黄昏时候,我从巷子里走过,就见小姐们三三两两地穿过巷子向舞厅走去,整条巷子弥漫着香水香脂的味道、飘扬着她们走路时裙裾撩起的淡淡的泥土灰尘。但是,即使和她们擦肩而过,天天都见面,抬头不见低头见,也从不讲一句话,好像是从不认识的人。巷子里的人都有点偏见,认为小姐们的生活方式,生活态度,总之一切的一切都和常人不一样,应当避而远之。小姐们也似乎知道这个道理,从不和巷子里的人来往,从来都各走各的路,一副井水不犯河水的样子,界限十分明显。也从来看不到小姐们有一点小看自己的意思,她们一点也不躲躲闪闪,羞羞答答,坦然地从事她们的职业。由此也想到她们不简单,她们每天都要去接触许多陌生的人,好的,坏的,不管什么样的人都要和他们打交道,说话,唱歌,跳舞。这些人当中当然有她们不喜欢的人,但是对一个人喜欢不喜欢她们并不考虑,好像是太不值得考虑了。因此她们始终能让客人高兴,好似一切烦恼都没有了。小镇上的舞厅生意好的原因,可能就在这里面，小镇上大大小小的舞厅随便一算就有三十多家，这说起来可能有人不相信，可是这却是千真万确的事实，每天晚上，歌舞厅的歌声一直能响到凌晨两三点，我常常睡到半夜还能听到她们的歌声从窗户传来。

在田家巷里，除了开旅馆的，更多的是在单位上班的、做小生意的。尤其是做小生意的人家多，他们大多数属于老奶奶、大妈大婶辈的人和年轻的小媳妇。田家巷在县城中间，离街比较近，特别挨近电影院，她们做生意很方便，因此许多人家几代人都是生意人。我在有空的时候喜欢走到巷子口边去看她们上街的情景，她们大都一大清早出门，早早地出去到街面上占地盘。她们手里拿着前一天没有卖完的东西，匆匆忙忙地走过，脚步轻，但步子快，往往是不留下一点儿声响，悄悄地来去，好像怕打扰了什么人。她们卖的东西大不一样，年纪大的卖瓜子，年纪轻的卖凉粉豆腐、卖时装和日用杂货。不过她们从巷子里走过的时候表现出来的神情大体上都有点焦急，又不想显示在脸上，遇到谁都耐心地微笑、打招呼。在一般情况下，我从不在巷子里正面遇她们，按巷子里面生意人很古老的说法，上街做生意时碰到的第一个人对她们一天的生意好坏有很大的关系，碰到的人"直道"，这天的生意就好，不然这天的生意就难做。我就怕她们把做不好生意的责任归到我的身上。这可能由于我家才搬来田家巷住了不久的原因，因为初来乍到，一切都得小心从事。我家是20世纪90年代初期才在田家巷修房子安家落户的，买的是一块老屋基地，听说在旧社会是县里有名的高土司家的房子。土司是什么样一种官衔，我现在也不太清楚，我估计在当时来说是一种比较像样的官职。但从我买的这所房子来看，一点也没有了当年高土司家的气度。房子低矮陈旧，摇摇欲坠的样子。尽管如此，在我准备拆除旧房子那天，仍然有人不断地提醒我，要注意看看能不能挖到什么宝物。最后是挖到了一把剑，有一米来长，放在一个木刀鞘里面，大家取出来看，已经是锈迹斑斑，与现在的刀鞘相比，只能是次品货，就让那些建筑工人拿去了。

　　旧房子拆出后，在准备下基的那天，我发现隔壁的一位老奶奶突然从她家的后门走了出来。老奶奶九十多岁，早已牙齿掉光，双目失明了。我见她的时候，她拄着一根拐杖，站在墙根下面。她的嘴眶已经凹下去了，眼睛睁着，但眼仁像有一层灰蒙蒙的雾，似两块玉石。我以往是从不见她出门的，因此我见到她时大吃一惊。老奶奶耳朵还好使，她问我是不是要在过去高土司家的地基上建房，我说是。老奶奶对我说，我家新建房，房向一定要重新换个方向，和原来高土司家的房向相反。问了原因，老奶奶说，高土司家的房子里，从她知道已经换了好几家，但所住的人家都人丁不发，事业不昌盛，按原来的房向建房，恐怕不妥。老奶奶说完，就立刻摸索着从她家后门回家去了，她是背着家里人悄悄跑到我家里来提建议的，唯恐家里人发觉，嫌她多管闲事。后来我家的房子就是按老奶奶的意思建的，改原来的坐东朝西为坐北朝南。新房落成搬进来住着以后不久，我在一天夜里做了一个梦，梦见我家院子里鲜花开，一派生气盎然。我醒后对妻子说，我们按老奶奶的说法改变房向是正确的。妻子问为何原因，我没有把梦中的事说给她。我也有点相信迷信了,怕把梦中的事说出去以后破了好运气。但从后来我家的情况来看,我家的运气不见有多好,说起来也不坏。从搬进田家巷来住这几年,我开大汽车没有赚多少钱,但也没有出什么大事情,开车的人,不出事情就是大幸。最近几年,我又神使鬼差地学着写起了文章,每天,我坐在小院子里,翻书,写字,思想上又愉快又苦恼。有时候我会很悲观地想,我无意中选择了文学,是不是属于命运不好的情况。但也有很多愉快的时刻,我在小巷十分宁静的环境中,手拿一本我喜爱的书,但是不一定看,我仰头朝着天,闻巷子里飘来的桂花的香味。巷子的一家人家里,种着有一棵生长了九十多年的桂花树,这棵桂花树的桂花味道十分清淡,但能持久,让人久久不能忘记。同时,我还常常想起那位双目失明的老奶奶。老奶奶已经在去年去世了,就埋葬在我家对面不远处的凤凰山上。

2000 年

月光带来夜的动静

　　记忆最深的，是小时候和母亲、大姐去水碾房里碾米。父亲赶马到丽江（也可能是鹤庆）去了，我家的米就得母亲和大姐去碾。米碾好，又由父亲驮到丽江去卖。

　　碾米一般是在深秋的晚上，天气很晴朗，天空中布满了星星，月光淡淡地洒在田野里的庄稼上和田埂的杂草上。一般情况下都没有风，有风的时候我会觉得那田地里的一切动静都是月光带来的——这就是那时候我对故乡之夜的最直接的印象，这种印象一直保持到了现在……

　　水碾房在村子外面的中泥河边，碾房的旁边也没有其他的房子和人家户。深夜里，在水碾房外边，听不到一点儿声音，偶尔才有一两声狗的叫声从村子里传来，也只能是让人感到夜的寂静和空旷。我不知道，水碾房里白天是那样热闹，到了晚上，会是这样的安静。白天，这里照样有人在碾房里碾米、推磨。但是我家的人，都不愿意用碾米来耽搁白天的时间，晚上碾米，白天他们还可以下地干活，去吃苦挣工分。白天只是我一个人到碾房里来玩,来看碾房里碾米的人和打油的人。

安装水碾子的房子宽大,方圆有几丈宽,除了有供碾磙子磙动的碾槽以外,房子里还放着风箱,还有供碾米人烤火做饭的火塘。碾房旁边还有一座"炮楼"。炮楼就修在碾米房的侧面,与碾米房连成一体,厚厚的土墙上留着一排排的枪眼,一副戒备森严的架势。这炮楼是旧社会用来防止土匪抢劫的。那时候碾米还有土匪来抢,想起来真是可怕。新中国成立后没有土匪了,炮楼还照样存在着。我到村子里去,觉得村子里现在最有特点的房子要算是那些炮楼。

夜晚,我走到水碾房的门口,就要先看到一盏昏黄的油灯,这灯的光十分弱,几乎穿不透水碾房里面浮起的谷糠灰尘。因此我每次走进水碾房里,只是隐隐约约看得见水碾子的碾砣在沿着碾槽转动。那碾砣刚好有一扇小簸箕大,直径在三尺左右。碾砣也不太厚,最厚的地方,也只在七八寸左右,而落进碾槽内的部分,整个碾砣都呈半圆形,刚好与碾槽的凸凹程度相吻合。碾砣的中间,有一个十分圆的洞,一根木杠穿过圆洞,带动与之相连的碾房下方的叶轮,不停地转动。我看见碾房里的那盏灯很多时候都是放在连接碾砣的那根木杠上,随着碾子转动,只要碾子不停,它就永远不会停止转动。灯十分简单,只是用一个细小的瓷碟子做的,里面放了一点香油,一根灯芯。那灯光无比细小,但是很少有熄灭的时候,它可以从谷黄开始一直亮到农家的谷子碾完。

我每次来到碾米房里,就随时看到我母亲在昏黄的灯光下从碾槽里面出米,用扫帚把地上的米粒细心地清扫干净,那种细小的谷灰随着扫帚在整个碾米房里面弥漫。经常是有一层灰蒙蒙的东西笼罩在母亲的四周,一些细小的米糠飘在她的脸上、鼻子上。在这种环境中,我不论怎么仔细,母亲总是模糊不清,但看上去亲切,我心里产生一种温柔感。在昏黄的灯光下,母亲随时都是不慌不忙,每一个动作都娴熟、细腻,完完全全体现了一个劳动妇女的总体气质。我现在一想起碾米房,留在心里的,就是母亲在碾米房里的那些非常完美的动作。

在碾米房的一角,还有一个火塘,里面的火长时间不熄,这家的米碾完了,那家的柴又继续烧上,火塘里整天整夜都有淡淡的青烟,红红的火苗。我每次到了水碾房里,不久就睡在了火塘边的地铺上。地铺的行李都是自己家里拿来的,但睡上去和在家里睡觉的感觉完全不一样。在水碾房的地铺上睡觉,比在家里感到温暖,新鲜,一切都好像比平常舒服,有味道。

每次在碾房的地铺上睡到半夜,我就要被大人们喊起来。睁开了眼,就马上会闻到一股新米饭的香喷喷的味道,大人已经在火塘边煮好了新米饭,无论如何也要起来饱餐一顿。碾房里的新米饭,是用自家的铜锣锅煮成的,虽然新米里有些细糠杂质都还来不及筛洗干净,但是让人感到它绝对的纯净,都是稻谷上产生的精华。在水碾房里煮的饭,不用吃菜也可以吃饱肚子,那种新鲜的感觉就很开胃。不过,菜还是有的,一般是在外面水沟边上找来的野菜。吃得最多的是秋水瓜,秋水瓜在碾房外的水沟上就可以找得到,瓜只有拳头那么大,鲜嫩,质地细腻,不是随时可以吃得到的,非要到这野外来不可。也还有南瓜叶尖上鲜嫩的部分,有一点绒毛,有一些像丝一样的绿胡须,煮在锅里不一会就漂出一种无法言说的味道来。把这些东西做好,又做蘸水。蘸水是再简单不过的东西,只是将一些辣椒放在火塘里烧煳,然后揉碎,再装点盐和酱就行……

现在我回忆起家乡的水碾房来,记得最清楚的就是那一顿新米饭,还有那水碾子的碾砣转动的不紧不慢的速度,水碾子上油灯的暗淡的光影,以及暗淡的光影下母亲一刻也不歇息的身影……

2003 年

老屋小记

家住乡村。童年和青年时都很苦，外出奔前途的时候两手空空，带着一些记忆就上路了。到了现在，家乡留给我最多的，还是亲情和记忆。

孤独的时候，记忆一段一段地从脑海里跳出来，加深自己对生活的一些思考。有了这些记忆，一辈子都不敢轻狂。

再就是对老屋的感情很深。

老屋两家人一个院子，另一家是二婶家。两家人住一个院子，房子显得拥挤，而且随时会产生一些矛盾。小时候，常常听到大人们吵架，哭泣。家乡的妇女的哭泣是最有特色的，叫作"数着哭"。这种哭，有固定的旋律，忧伤得让人窒息。"数着哭"的词要自己在哭泣中来发挥，大人们哭泣的词语，无不与老屋有关。

所以，小时候不喜欢待在家里，喜欢一个人在村子里瞎逛。秋天的黄昏，一个人站在小河边看田野抽穗了的谷子。夜晚了才回家去，站在老木门前，也不忙着进门，而是站在门口，听里面有没有哭声。这种习惯一直保持到了现在，每到老屋门前，便产生一种挥之不去的孤独感。

有时候我还想，这种孤独感还来自于我家和二婶家"心理地位"的差距。二婶精明能干，人很泼辣，脑子好用。二叔在外工作，常给家里添补，所以，二婶家的经济条件，比我家好得多。两家人一个院子，悬殊太大，让我从小就感觉得到经济的差距带来的人格磨损，同时，这种差距也让我感受到了忧郁的力量。

所以，长大后，拿到工资的第一件事就考虑要修房子。

我学校毕业参加工作，一个单身汉，单位有房住。但我想修一所房子，让父母和弟弟、弟媳走出老屋。家里要建新房，就产生了并老屋的事。

并老屋出现两种声音。二婶平时得罪了我家和我家的一些亲戚，他们主张我把老屋拆了，或者说不并给二婶家，自己家不住，也留着要挟一下。一种声音是我的，我说，老屋是祖上传下来的财产，拆了不合情理，如果自己家留着，两家人还是会产生一个疙瘩。我觉得，建新房子就是为了安静，留下老屋制造了一个心理上的疙瘩，真是不合算。那时候，我在家里说话算数，老屋一千块钱并给二婶家。

事过不久，物价上涨。任何人都知道一千块钱是什么个概念。

父母都不管事，什么都听我的。弟弟、弟媳当然埋怨我，只当面不说。有一次我回家去，弟媳和公婆有了点摩擦，我和弟媳了解一下到底是怎么回事。弟媳不正面回答我，她说，她要回老屋里去住。我听了心里"咯噔"跳了一下，她的意思是，她要回老房子里去。从内心来说，我也知道家里是吃亏的，但事已定夺，怎能反悔！？当时，我还没有结婚，我自己可以做自己的主。我对弟媳说：不管以后情况怎么样，新房子都归你们。那时候，我每个月的工资是 32 元，前面是什么路，我看不清。但我还是果断地对弟媳说，以后不管发生什么，新房子我都不要。

老屋保了下来。回忆起老屋的事来，我觉得问心无愧。

事物一天天在发展，这几年，家乡变化也大。虽然，我不喜欢弯弯的小河变直了，也不喜欢绿绿的山头变黄了……但村子里建新房的多了起来，这真让人喜欢。相比之下，我家过去的老屋看上去就很不像样子了，东倒西歪，瓦面常常漏雨，木料全腐蚀了。二婶家，差不多年年都要维修房子，用去的钱，足够修一幢新房。二婶家不断为老屋在付出着，使老房子基本还保持着原样。这让我十分感动。

所以，我每年都要去看二婶，去看老屋。二婶老了，八十年的光阴从她脸上流逝，这让我也看到了我自己的脸。所以，我也一个人在老屋里发呆。

在老屋里，我也想起修建新房子经过的奔波。但不知怎么的，新房子里反而不常去。父母去世了，房子是我说过给弟媳的，全归他们。新房子是我主持修建的，但它不是我的，我的感情还在老房子里。记忆中，二婶过去一直与我家有矛盾，但到了现在，我还是觉得二婶比弟弟弟媳亲切，更值得尊重。

2006 年

妻子的单位

一

气候开始回暖,清晨的时候,我穿一件 T 恤衫,在宿舍的走廊上来回走动。这是宿舍楼的第三层,站在走廊上,可以远远地看到丽江玉龙雪山上的白雪,可以看到雪山上鲜红的阳光。如果太阳还没有出来,雪山的颜色十分素静,像淡淡的水墨。我喜欢的颜色。

我的房子,去年就买在了那座雪山下,只是工作的问题迟迟得不到解决,那所房子只能静静地坐落在丽江古城的旁边。这个早晨,我只能是想象它的味道,回忆它的模样。但终归有一天,我会居住到那里去。这是我用无数的决心表达的愿望。于是,当玉龙雪山上吉祥的云彩弥漫色彩的时候,我站在妻子单位的走廊上,默默地祈祷,愿上苍保佑我,保佑默默无闻的众生。

二

　　我居住的房子对面，还有一所房子。这所房子里，住着好几对小夫妻，这时候，他们也开始起床。妻子所在的是个小单位，单位里的宿舍没有卫生间，没有洗漱室。所以，住在这里的人，都得到走廊上来洗漱。走廊上，每边有个水池，有个水龙头。但水池边只站得下一个人，如果前面已经有人在洗漱，后面的人就只好等着。所以，我常看见年轻的女子在水龙头旁边等着另外一个男人洗漱的情景。女子手里拿着牙刷、口缸和毛巾，头发有些乱。这些女子，有的是已经结了婚，有的则还没有结婚，但小两口却住在了一起。听说，妻子的单位里的小伙子找到了恋人，确定了婚姻关系，基本上都提前住到了一起，到了一定的时候才结婚。

　　我住到这个小镇里的时间比较长，像这种婚前同居的情况在其他地方很少见到。当然，婚前同居的情况，其他单位也会有，但没有妻子的单位的这些年轻人公开。听妻子说，他们在单位里也常取笑这些年轻人，但他们都说是已经扯了结婚证的，是合法婚姻了。

　　其实，在我们的小镇里，扯了结婚证，如果不办结婚宴席，就算不得是结婚，住在一起是不太体面的。但这些小伙子对这事也不介意，当作耳边风，一笑了之。

三

　　妻子的单位里，没有结婚就住在一起的不少，这成了公开的秘密。但与之相反的是，单位里有一个大学生，已经有三十多岁了，至今还没有结婚，便形成了强烈的反差。这个大学生也住在我们对面的那所房子里，我经常看到他一个人孤单地出去又回来。

　　我到妻子的单位里住的时间不长，但总是看到大学生每天都很晚才回来。差不多十二点了吧，我在上网或写作，其他人家都已经睡着了，才听到大学生开门的声音。开门进来，大学生还会在院子里大声地吼叫两声。静静的夜里，我听到他的声音高昂而空洞，没有具体的意义，让人感觉到这个夜晚的孤独。

　　妻子老是在梦里被这个大学生吵醒，低声骂上几句。第二天，妻子问大学生半夜三更吼什么？大学生说，我不吼两声心里不好过，闷得慌。妻子就没有别的话说。其他的人，便跟着笑，说大学生想老婆了。

　　大学生和我比较熟，老爱和我说话。在他们单位里，如果要评职称就要在报刊上发表新闻报道，写科技论文，这样能提高分质，容易评上职称。大学生是学风能工程的，对新闻和其他写作不太懂，就和我探讨怎么才能在报纸上发文章。我说，我也不会写新闻，只是在自学考试的时候知道"五个W"。他问什么是"五个W"，我就简单地告诉了他。他若有所思地点着头。后来，真的还是在县里和地区的报刊上发出了一些新闻稿件来。

于是，我对妻子说，大学生还是很动脑筋的。妻子也说，他本来就是单位里比较有水平的一个。

四

在妻子的单位里，我家住在三楼。三楼有三套房子，但住的人家只有我一家。单位里的人，大部分自己在外面修了房子，只是上班了才到单位里来。小镇上的人，都不喜欢在单位里住，喜欢有自己的小院。因此，我家没有邻居。

要说有邻居，只能是厨房旁边还有一家。我们的房子，厨房和宿舍是分离的，宿舍在水泥房子里，厨房是瓦屋平房。我家的厨房旁边就是小何家。小何是汉族，而他的妻子小赵是回族。在饮食上，小何一家都将就小赵，吃回族饭。我经常看到小何家煮的是牛羊肉，炒的是牛干巴。生活很不错的。

我们两家的厨房不隔音，在厨房里，我常听到小何两口子哼歌，哼得很有味道的。因为他们两口子过去是县剧团的演员。只是现在工作有些变化了，小何在县文化馆里当馆长，他的妻子成了下岗职工。

小何家有两个女儿，一个在丽江飞机场当服务员，一个在小镇上学做美容。在丽江飞机场工作的姑娘叫龄龄，在永胜学美容的姑娘叫兰兰。龄龄工作忙，不常回家。兰兰性格内向，从来不和我们说话。并且，兰兰不和单位里的任何人说话，默默地出出进进。说也奇怪，兰兰对我的妻子很尊重，见面就亲切地打招呼。

2003 年

油茶的宗教

丽江永胜的油茶其实是永胜人生命中的一个情节，人们把握生活节奏的一个道具。让人不可思议的是，油茶这种最为朴素的饮品，会贯穿于永胜绝大多数人的一生。多年来的思考让我感觉到，永胜油茶也如同西方人的咖啡和啤酒一样，包含着他们对生活的态度，对人生的理解。所以，油茶和啤酒、咖啡一样，重要的是一个过程，那个场景里所产生出来的气氛。

走在丽江古城的新华街上、西河岸边，看中国人在河边喝茶，西方人在河边喝啤酒和咖啡。可以想象，清茶淡而涩，咖啡啤酒浓而苦。茶、啤酒和咖啡的颜色和味道，在这里可以忽略不计，我们不能忽略的是坐在茶座上的人们的眼神，从他们聚精会神的样子里，不能不感叹生命的高贵，人生的典雅。这种时候，往往也会想起油茶来，火塘、陶罐、淡薄的烟雾和朦胧的灯光……油茶也会在这种情境中缥缈起来，浓酽的茶味伴随着清淡的心情，在一个个黎明和黄昏弥漫开来，香飘四季……

因此，我始终觉得油茶是永胜人心目中的宗教。油茶作为一种简单的饮品，从一产生就与永胜人终身为伴，不屈不挠地追随他们的一生——这其实就有着一种朴素的宗教色彩。永胜人从小就开始饮淡茶，姑娘长大成人，首先要学习的，也是做油茶。因为，小伙子在相亲的时候，是把姑娘会不会做油茶当作一个重要的指标来看的。有意思的是，相亲的过程，也会是在喝油茶的过程中开始或结束。作为男子汉，更是会与油茶结下不解之缘，他们活到老喝到老，许多老人，他们到了寿终正寝的时候，也是要喝下一杯油茶才会闭上眼睛……所有这些，总是会让我想起宗教这个词来。除此之外，我无话可说。

　　永胜油茶属于中国茶文化中较为特殊的现象，因为它产生在边疆，所以没有人过多地谈到它。但不管怎么说，喝油茶成了永胜人的一种习惯，一种生活方式，并且影响着整个滇西的生活习惯。后来，喝油茶也就不再只是永胜，不只是汉族，它已经跨越了永胜的范畴，跨越了民族的界线。现在，我们在丽江街头，随时可以看到由永胜油茶演变而来的大锅油茶，这种大锅油茶曾经在大跃进时期养育过一代人，并将继续养育着我们。所以，不论到任何时候，永胜油茶都将是我们反复提到的话题，说到我们的家乡，我没有办法不说到这个看似平常而让人刻骨铭心的东西。

　　很少有人对永胜油茶作过深层次的思考，他们也不太相信永胜人会把油茶作为生命的一部分。但这里却有一个真实的故事，永胜有个大学生，几年前年到美国去留学。大学生是一个十孝顺的儿子，到美国才一年，就带他的母亲到美国居住。这位老太太坐飞机到地球的那一边去，她什么都习惯，就是抱怨吃不到油茶，嚷着要回永胜来。后来，她的儿子只好从永胜邮寄去一个茶罐，才留住了母亲。这不是胡编乱造，而是有人证物证可查。永胜人喝油茶是上了瘾的，从小喝到老，喝了一辈子，怎么能不上瘾呢？到了美国，许多美国人都到这位留学生家看老太太做油茶，饶有兴趣地向老太太问这问那。老太太一边做，一边比脚划手地作解释，外国人当然听不懂老太太的话，老太太一面做油茶，儿子在旁边一面用英语作一些解释和介绍。老太太对油茶的执着，永胜油茶的文化，让外国人感叹不已。

有点奇怪，就是在丽江本地，在滇西北，油茶作为一种饮食，也会成为一个地方的象征物。丽江流行着一句俗话：丽江粑粑鹤庆酒，永胜油茶家家有。在丽江，一提到永胜，就会想起他们的油茶来。永胜的油茶，普及到了各家各户，每一个角落。

永胜人喝油茶，这种习惯和贵州云山屯人相同。有一天，我在中央电视台上看到了一个纪录片，讲的就是云山屯人喝油茶的事。我惊奇地发现，贵州云山屯人也和永胜人一样喜欢喝油茶，而且，做油茶的方式，和永胜人如出一辙。贵州和云南相邻，但贵州的云山屯，和永胜却相隔上千里，但这种奇妙的相同让我感慨不已。

永胜人做油茶比较特别，不用大锅，也不像藏族那样用油茶筒打。永胜人做油茶，是用一个拳头大的小沙罐慢慢来做。小沙罐又叫油茶罐，是罐厂特制成的，口小，中间大，像个小葫芦。茶罐的上方有一个倒茶水的小嘴，倒起茶来十分方便。做油茶的东西主要的有三种：大米一小把，茶叶一小撮，猪油一小砣。做油茶都是在家里的火塘边上做。做油茶时，客人和自家人，都坐在火塘边上。先在屋子里烧一个火塘，火燃了，在火底上扒上一些火炭，把小沙罐放在火炭上烘烤。待把沙罐里的水汽烘干，再把米和猪油放到沙罐里，慢慢地把米烤黄。米烤黄以后，再放上茶叶，稍微烘烤后再往沙罐里注水。注上水以后，要不停地用筷子搅拌茶叶和茶米，茶水就浓起来了。这样熬制出来的油茶，有茶味，有煳米味，清香可口。有时候，把麻籽、花生舂细，放在茶罐里一起熬制，味道就更加醇厚。还可以在茶里充上少量白酒，俗称"充茶酒"。充茶酒是过去茶马古道上的马帮发明的，在路途中感冒了，喝充茶酒可以防治伤寒。在火塘边"撇油茶"，可谓永胜的油茶文化或火塘文化。

油茶早已推而广之，在省内外流行。只不过，到现代文化发达的今天，永胜县的人依然保持了"撇油茶"的风俗习惯，他们一家人早晚要喝茶，来了客人更要"撇油茶"。小伙子到姑娘家"相"对象，姑娘家就要让姑娘到火塘边去撇油茶，一来说明自家的姑娘有涵养，有本事，二来也让小伙子把姑娘看个仔细，日后定不反悔。从古到今，我们走进永胜人家里，都会看到好友亲朋坐在火塘边上，一边"撇油茶"，一边拉家常，那种"其乐融融"的情境，没有油茶作为生活的"道具"，一种饮食文化的道具，是无论如何也营造不出来的。

作为我们还没有理解完全的宗教，油茶是要伴随永胜人的一生的。其实，他们正是用一种宗教般的虔诚对待油茶，对待生活。油茶像是永胜人一个不解的情结，没有油茶的日子，他们就认为不是日子，只有当一杯油茶端给你，在缥缈的香味当中，一种新鲜的话题才会真正地展开……

2004 年

舞 厅

要经过一个螺旋式的楼梯才能到达舞厅的正门。舞厅的正门上面,有一串不停地闪烁着的小灯泡,颜色杂七杂八的,透出一些说不清楚的诱惑力量来,同时也隐隐约约地包含着一点让一般人畏惧的成分。舞厅门口的这些灯泡,质量、色泽,总之各方各面都一看就知道不是什么正经货,上面还有蜘蛛网,有灰尘,连闪烁的样子也好像是有气无力,力不从心,土里土气。人们从这舞厅门口走路,抬起头来就要看到一大群准备坐台的小姐,心里面总是觉得这社会已经有了许多的不能理解的东西,觉得心里有一点不平衡。坐台小姐站在舞厅门口,穿着超短裙,抹着十分艳丽的胭脂和口红,整条街上,都可以闻得到她们身上的气味。这些小姐站在舞厅门口的时候,表明里面还没有正式开始营业,她们趁还没有营业前,在外面透透风,因为到了舞厅里的音乐响起来,又有了客人,那时候的时间就不再属于她们自己所有,她们要陪同客人唱歌,跳舞,说笑话,做一些她们自己并不太愿意做的事情。在这个小镇上,所有的人都称她们为小姐，小镇上的人，一说到小姐，马上就想起了坐台的这一些人来，想起了舞厅来。在小镇上，一般的有正式工作的女子，最怕有人把她们叫作小姐，认为叫她们小姐是对她们的污辱，认为是把她们和这些坐台小姐画了等号，因此，小姐就成了舞女的代名词，成了一种不招人喜欢的称呼。这多少还是说明这个小镇还不太开化，有很浓厚的农民意识。

　　一走进舞厅的正门，就会有人来很热情地和你打招呼，和你握手。小镇上的人不太习惯握手，但到了舞厅来，就算是思想开放的人，就要用握手来体现与众不同。进了舞厅，老板还会来问你来了多少人，有些其他的什么特殊的要求等。来和客人打招呼的，一般是主人家，不是男主人就是女主人，大多数人都称他们为"老板"。老板年龄都不大，身上穿的衣服，虽然尽量地赶时髦，但越赶时髦越显得土里土气。这些老板都是从农村来外面打工的，所以干什么都比一般人胆子大，只要能赚到钱，什么事他们都说得到做得到。在舞厅里面，他们只负责给客人安排座位，帮忙客人挑选小姐，结账。老板和来跳舞的客人都比较熟悉，大部分是老主顾，客人的脾气、胃口都了如指掌。和比较熟悉的客人在舞厅里见面，初见时，看上去双方都有那么一丁点尴尬，这一点，可能只有他们自己才能看得出来。但一般都是客人占据主动，打破僵局，因为他们手里掌握着人民币。舞厅里的规矩，常去的客人都是很熟悉的，他们知道这里面有哪样的小姐，有哪种规格的包厢，价钱是多少等。舞厅里的包厢，大小规格不等，有单间，有三人间和多人间。多人间里边，就已经专门装备好了音响，电视机，所有的客人都可以在一起唱歌。在多人间的里面，还设有一个小房间，专门供多人间的客人跳舞。在这个小舞厅中，大多只能容纳两个人跳，如果里面已经有了人跳，外面唱歌的人绝对不会再闯进去，所以在里面跳舞的人一般都很放心。单间包厢的情况就比较特殊，里面刚好能容纳两个人，摆设的东西，就只是两个沙发，一个茶几。有的小包厢的茶几上，还摆着一两朵塑料花，花的颜色有些变了，还有一些脏东西。也有在茶几上摆一根蜡烛的，有兴趣的话可以把蜡烛点燃，增加一些人为的温柔气氛。进小包厢里去，就无法说清楚在里面干了些什么，看起来也不必多去解释，越解释越说不清楚。一般情况来说，有几个客人，老板就配给你几个小姐。但也有特殊情况，有的客人，进的人多，但要的小姐少，这样就可以节约好几百元的小姐费用。小姐要得少，客人又多，就轮换着和小姐们跳舞和唱歌。小姐要得少，唱歌可以不要小姐陪。小姐的任务，主要是陪同客人跳舞，陪同男人们进包厢。有经验的客人，包厢要得不多，最多两个人要一间，也是轮换着进。包厢是价钱最贵的一个项目，单间是一百五十元左右，如果是老主顾，当然可以适当地优惠一点，但优惠的数目也不是太大，所以不能是所有的人都一人一间。有的老板为了显气派，不是一人一间觉得有失体面的，也有可能一人一间，有的呢，又是由于自己请来的客人的面子，也只好一人一个小包厢，这当然是舞厅老板求之不得的了。

　　客人到了所指定的座位，就马上有服务小姐给端上茶水、零食之类。端上来的东西，也和外面小食店的东西没有什么不同，像阿里山瓜子、松子、小酸酸水果糖等。如果没有人挡驾一下，她们会一鼓作气把你的桌子上满,舞厅里的东西,比外面小商店里贵出两三倍,可以挣客人的好多钱。当然,有些人不好意思挡,只好由她们端,老板也掌握了客人的心理,知道哪种客人可以多上东西,哪种客人不能多上东西,反正是能够恰如其分,不会出现漏子。有经验的客人总是一开始就向老板交代好了,什么东西上多少,什么东西不能上,样样都说得具体,说得明白,让你钻不到空子,因为他们是把今晚要花费多少钱都预计好了,多一文都要和你讲一番道理。东西摆好,小姐也到了位,然后就开始了正规化的活动。一部分客人先点歌,唱卡拉 OK,一部分客人跳舞,一部分人进包厢。一开始,唱歌的比较多,但唱得好的并不多,而且唱的都是些五六十年代的老歌曲,像《红湖水浪打浪》《花儿为什么这样红》这些。都不好意思率先去和小姐搂着跳舞,更不好意思跑到包厢里去,一起上舞厅的人,起初都一个忌讳着一个,看着谁先动手,然后才胆大放心地跟着来。

在舞厅里服务的小姐,大多数是外地人,偶尔才有个别的本地人,但她们从不和客人讲本地话,让谁也搞不清楚真假。小姐在坐台以前,先要让当头的客人(出钱的或者说是单位的领导)一个一个地过目一下,起码要让人看得顺眼。总体来说,小姐们都能让客人选中,只有极个别的被筛选了下来,但等下一拨客人来又能上场。小姐们坐了台,就不会有刚出来让客人过目的时候热情,她们抽烟,喝饮料,说一些每一天晚上都说一两次的情话,或者根据客人的要求去跳舞、去唱歌。她们都表现得开放、活泼,叫每一个人都叫老板、先生。反正,几乎所有的小姐都能让客人满意，客人满意了，小姐才好随时叫人去到服务台取东西来吃，吃不完的到最后她们拿到家里吃去（她们的家，我在另一篇文章里已经介绍过，就是本地一些愿意租房的人家户）。这我估计是舞厅老板的主意，也是一个让客人上当的好办法。至于小姐们的舞跳得如何，等到她们上了舞场，客人才知道她们跳得并不好，也可能是跳得好，在场上只作一些敷衍，反正她们一边跳舞一边心不在焉，想着她们自己的事情。她们边跳舞边睁着眼睛东张西望，嘴里面还不住地嗑着瓜子，脚步就如同是在野外散步一样，一点也不得要领，让人一看就知道她们只是在做过场。

　　舞厅一般是要在晚上十二点以后才能散场，散场的时候，有好些开初进来跳舞的人都前前后后地走掉了，只留下了结账的，兴致还很旺盛的。走得早的人，大多数是双职工，回去晚了妻子又要怀疑，几天不讲话，影响家庭团结。在小镇上，男人上舞厅去是会遭到女人最强有力的反对的，她们认为去舞厅的都不是好东西，在那样的环境里，只怕是好人也会变坏的。所以，小镇上的男同志想要去跳舞，出门前就要想好了欺骗妻子的理由，说是去哪个朋友家里去玩了，说是去哪里出差去了，反正得编得天衣无缝，跳起舞来心里面才踏实，不然老是提心吊胆，在舞厅里还得留神着门口，看会不会找到这里面来。到舞厅里来的客人，只有是外面来出差的或者是做生意的最放心大胆，他们出门在外，人生地不熟谁也看不出他们，哪怕是跳到天亮也不会有人干涉，所以每天晚上到最后才出场的往往是他们，这种人让当老板的觉得烦人，但做这开舞厅的生意又少不了他们，因为没有他们来，只怕是生意要少去一大半。结账的自然要走到最后，他们要陪自己要陪的客人一直到底，要对客人有一个交代，要对舞厅老板有一个交代。因此单位里的人还不时地说他们辛苦，给他们说好话。其实，在后面结账的并不是没有一点儿利益可图，他们可以在来客人的同时找了借口在舞厅里潇洒一回，平时哪里还有机会有能力到这种地方来呢，大家都只是工薪阶层的人，谁还有那个经济能力呢？弄不好，他们在结账的时候还可以捞到一笔不大不小的回扣，钱少交点，发票多开一点，这已经成了一个不成文的惯例，也是一个不大不小的谜。因此这些人常要遭到单位里同志们的怀疑，招人们恨。

2000 年

梦一样的松坪

松坪是丽江的一个少数民族特困乡。5月21号，我又去松坪。无数次去松坪，无数次的感觉都有点像是到了梦里一样。山和水，泥墙、木楞和茅草屋，还有放牧的大人或小孩，都让人产生许多联想。甚至于那里的天、空气，都好像成了另外一个天地里的事物。所以，每次从松坪回来，都想写下些文字。

然而，今天我却写不出今天的事来。今天，我过多地想起了小时候在松坪待过的一个村子。这个村子也属于松坪，它的名字叫芭蕉箐。我的外婆家就住在这个村子里。

芭蕉箐这个村子在松坪一座大山的半山腰上，四面都环绕着山，差不多每出一次门都要和山打一次交道，即使不出门，透过窗口向外面看一看，也是满目青山绿水，在山里生活的人，注定要每时每刻和山在一起，想分也难于分开。小山村里人家不多，房子也砌得比较分散，东一家，西一家。村子里的人，都沾亲带故。我有两家亲戚，为了把平缓的地方用来种庄稼，就把自家的房子搬到了一个陡山坡上去了。这一点，我当时很想不通。

我到芭蕉箐外婆家去一般都是在七八月间。这个季节雨多，突然晴开的时候，天十分蓝。天晴了，我从村子里走过，红色的泥土路上滚动着蚯蚓，散发着热气。这时候，我常见村子里的人拄着拐杖走出家门来，到一个我不知道的地方去。我看到这些拄着拐杖的人并不老，出门拿一根棍子好像成了这里人的习惯。我还注意到他们脚上穿的都是草鞋。草鞋都是自己编，男人女人都有自己编草鞋。他们编草鞋从不在家里编，而是在出门的路上编，在路边上一边扯山草一边就把草鞋编好穿在自己的脚上了。

记得第一次去这个村子的时候我还很小，那天我随母亲走到那个村子口时，曾被一位头顶着黑布套头、身穿花花绿绿的麻布衣服的老太太吓了一大跳。老太太的脖子上还挂着好多串五颜六色的彩色珠子，手里拿着一个扭麻线的手摇车，她站在一棵结满了"佛寿瓜"的老松树下，面目慈祥带着微笑。我当时觉得她好像是传说中的神仙或者是什么妖怪。我家老屋里有一副神像，上面就有一个老人手里拄着拐杖，举着一颗硕大的桃子，站在一棵古老的腊梅树下。我觉得村子里的这位老人多么像神像中的老人，好像是神像中的老人站到了这深山老林里来了，我不能不感到神秘，以至使我对整个芭蕉箐都感到神秘起来，这种神秘感笼罩着我的整个童年，影响着我一辈子对这个山寨的神秘感觉。

后来，我感觉第一次去芭蕉箐碰到的这位老太太和她的面目一样慈祥可亲。听母亲说，她小时候还吃过这位老太太的奶水,外婆去世得早,母亲小时候多数时间是在这老人家身边生活,直到长大成人。我记得,那天我和母亲就在老太太家里休息,吃中午饭。老人家的房子是木楞房,房壁被火烟熏得漆黑,显得低矮而且昏暗。房子中间,烧着一个大火塘,使整间屋子变得很温暖,让人一进屋就有了一种"家"的味道。我好奇地坐在火塘旁边的毛毡上,看着老太太和母亲在小磨上磨新鲜的玉米粒,她们共同握住一根光滑的磨把,小磨随着她们的手在慢慢地转动,玉米浆顺磨盘流了下来,屋子里就飘起了一种鲜嫩的味道来。不久,我就吃上了老人家用玉米浆煎出的煎饼,这种煎饼没有放糖,但吃了有淡淡的甜味,有浓的奶浆味。我忽然想起了母亲的话,她说她是吃老人家的奶水长大的。老太太哺育过母亲,我是母亲的儿子,那么我也是老人家哺育的后代。这当然是我现在想起来的词语,我对她感恩不尽。我记得我后来就在火塘边的毛毡上睡着了,醒来后我才发觉我躺在老太太的怀里。我睁开眼睛,又望见了老太太慈祥的笑容,感受到了她的眼睛里流出来的和煦的风。我现在还清楚地记得,老人家脸上的皱纹很深,脖颈上的肉皮很自然地往下坠。那种面目,那种神情,不经过很多的沧桑是永远也表现不出来的。

一般来说,母亲把我送到了芭蕉箐以后,住上几天就回坝子里去了,让我一个人留在舅舅家里。我住在舅舅家里,舅舅家没有儿女(后来才知道舅舅家想把我接养下来),白天一般都和一个名叫路生的孩子去放牲口,去捡菌子和核桃。路生是他的母亲把他在路上生下来的,他的母亲在路上生他的时候,一天没有碰到一个人,只好自己接生,自己把孩子抱回家。路生是个豁唇，我们上山的时候，他习惯披上一件棕衣。这种棕衣是山上人自己家里缝的，可以穿在身上，也可以拿到山上去垫座，睡觉。路生和我上山很少讲话，他领着我一天要走许多的山路，进密密麻麻的松树林子，过一道道小河，一条条山沟。山林树木茂密，进了林子就难见天日，只听得见哗哗的流水声，一股阴森气扑面而来。在山林里很少遇到人，我们在里面能听到的最熟悉的声音就是牲口脖子上的响铃声，那声音随着牲口摇晃脑袋而缓缓传来，既亲切，又能安慰人……

今天，我又走到松坪，是出公差，我走的公路就从芭蕉箐下面经过。车到了松坪，发现还有手机信号，我又给一个远方的朋友发了很多的短信。坐在一块大石头上，我心里非常感慨，但没有对朋友说起这些事。直到回了家里，又想起童年的这些事来，觉得松坪就像命运一样，环绕我的一生。当然，这种环绕是精神上的，属于灵魂内部的事物。所以，不管我什么时候到松坪，看到我那座山，山上的树木，一种从来没有的感觉就会升腾上来。还有松坪的河流，我听到里面的水声，看到上面的雾气，便会心旌荡漾。

2003 年

县城西街的孤独

很多时候，孤独这个词其实是用来夸张一种心情和事物，从而达到假设的目的。所以，我觉得，每个人都不会很清楚地知道一个人到了什么样的境地才算是真正孤独。人的心情总是千变万化，有时候连自己都琢磨不透自己。此情此景，我们为什么谈论孤独。但不管怎么说，不能怀疑孤独是一个美丽的词，我们都喜欢说到它，不知道为什么，说到孤独这个词的时候我们的心情反而很好。所以，我们喜欢谈论孤独就算是为了心情好吧。

我生活在属于丽江的这个小镇，叫永北镇。其实，我们的这个小镇离丽江还有一百来公里远，中间有一条金沙江制造着亿万年的天堑。一条蜿蜒的公路能否让我们真正沟通相距百十来公里的文化？地域给我们制造的风俗、语言，甚至人的外表，都根深蒂固地留在了这块土地的后面。因此，我们才得出了这样的结论：所有的文化都是与地域有关的。当然，我之所以要说到我们的小镇属于丽江，而不是文化上的意义，我只是想让人们准确地知道这个小镇的位置。同时我想说的是，我们的小镇也不是丽江的附庸，它从来就有着自己的风土人情，文化品格，以及还有说不清的其他。

我现在的状态是喝了几杯酒，在浓浓的酒意中，我也不会空口说无缘无故的话语。我是在了解了这个小镇的历史和现实情况才说这番话的。十多年来，我一直携家带口住在这个小镇里，过着平淡的日子。住到了小镇里，开始的感觉似乎是已经完成了多年的夙愿，然而，时间不久，小镇的历史、风俗，等等的一切会让人觉得抬不起头来。一种偏见可能来自于自身，一种孤独产生于自己对世界的态度。所以，时间到了21世纪，无形中觉得已经到了怕走到街头上去了的感觉，怕看到街头上行走的任何一个熟人。当然也已经说不清真正的原因在哪里。我想，这种心态才可能是一种孤独。这种孤独有些让人觉得莫名其妙。真正的孤独说不出理由来的，是在心灵的内部，伴随着个人的呼吸。

产生了这样的孤独感，在这个黄昏，我来到了县城西街。我现在住在了离小镇不远的城郊，一般很少出门，而这个晚上的行动，主要是为了一个自己觉得有意义的采访，与自己的写作有关的必不可少的问答。走出妻子单位的大门，我无法回避的还是人群，人们的目光，还有模糊不清的垃圾。和妻子在一起漫步，没有多少浪漫的色调。我的西裤白衬衫，妻子的碎花裙子等，都与这条布满灰尘的小巷极不协调。没有过多长时间就进入小镇的黄昏，这个时候，我依然可以看得出高原小镇缓慢的情调。但还是就这样走向街头，同时觉得小镇上这样的黄昏当然不可能有什么特别。天不算蓝，有一层淡淡的云，让人看不出时间的具体指向。一个依靠光线来判断时间和行动路线的小镇，一个高原小镇的街头，我不指望能看到特别的东西。稀朗的行人，他们在散步或者是做没有意义的行走。也有车，多数是人力三轮车，拉着一个或者是两个人走过街道，想来这也是小镇上的一道风景。除此之外，在这个小镇上，什么都可以说得上是没有意义、没有目的。

首先从东街入城，东街表达着小镇上最为本质的意义。食馆饭店，衣帽店，美丽的蛋糕，还有兰花市场，它们都与一家补鞋店相邻。所有的事物，首先会在东街出现，就是卖香烛的小贩，也没有放弃对东街的占据。然而，在这个小镇上，走完一条街轻而易举。不长的时间，我就走到了久违了的西街，我一直想说到小镇的西街。从我的印象里寻找到的资料，我想得起的只是一口老井，一条街的人都在里面担水喝的老井。其他的就是西街的与风俗有关的言论，西街一直生活在一种经久不衰的言论中。关于西街，在小镇上一直都没有得到公正的待遇。小镇人对西一直存偏见，因为西街从开始出现就含有了"上西天"的意思。西天，就是死人去的地方。人们对西街的避讳似乎让人觉得情有可原，但我们对一座城镇的建设，为什么不首先考虑到去回避一条西街。换一种方式说，西街在小镇的存在，似乎就为了衬托出东街和南街来？当然，这只是一种没有意义的注释，我们都知道，一座城的建设，无论如何也无法避免西街的出现。

所以，小镇的人很不在乎西街。小镇人被自己制造的语言和生活境地困惑在了西街，随时准备从自己制造的街道中逃逸。只不过，小镇上过去杀人、押送犯人都忘不了西街，所有的犯人都得从西街押过，布满了杀机、让人懂得人生的尽头。西街的尽头，也修得有一堵高墙做的照壁，尽管不少的文人在照壁上吟诗作画，但这座照壁的作用却只为了避邪。所以，自古以来，小镇西街的店铺生意永远都不会好。我知道的西街，非常漂亮的房子都租不出去，租出去了的店铺生意暗淡。所以，在这个小镇，过去许多年里，西街都只是作为一个猪鸡市场，一条街上都充满了猪鸡的味道，直接体现着一个小镇的真实气味。所以，我所认识的西街不能销售布匹和鲜花，也不适宜俊男少女到这条街道上来。我们在这里只能看到牲畜和饲料，柴火和石灰等关于粗俗的事物。

而在这个黄昏，在西街，我今天晚上要寻找的却是一个过去统治了小镇八百多年的土司的女儿，一个叫作张学兰的老人。我已经了解到，这个土司的女儿也在这条街的一个角落里，在那里开着极为简陋的食馆。只是等到我找到这个六十五岁的女人的时候，才具体知道她的食馆的名称也是最为直截了当的，叫城西食馆，像一条街一样容易不让人放在眼里，而是会轻而易举地滑过。同时，我现在看得最多的是城西食馆门口的几辆人力三轮车，它们的样子已经显示出黄昏的疲惫。我早就听说过，到城西食馆里吃饭的人，都是小镇上的苦力工，拉三轮车的，干外包工的，做临时工的。只要觉得自己是有头有脸的人物，谁也不会走到这个小食馆里来。而任何一个到食馆里来吃饭的人，以及那些觉得不应该到这个食馆里来的人，都不了解这里开食馆的老人是过去永胜小镇高土司的女儿，名叫高灵慧。如果不是社会变更，这个女人显然是名门千金。小镇上也很少有人知道，给他们做饭的这个老人，在她还只有十二三岁的时候，父母亲都去世了，作为土司的爷爷，也早已作古。这个土司家的女儿，在五十年前就成了名副其实的孤儿，过继给了西街的张姓人家。

事实就是这样。在这个黄昏，我看到统治永胜小镇八百多年的土司的女儿在西街开食馆。这个叫张学兰的女人六十五岁了，她的每一个炒菜的动作都显得有些笨拙。她个子不高，身材显得有些胖，衣服都是藏青的颜色，一个宽大的蓝色围裙包围了她的半个身体。黄昏的时候，我看到这个六十五岁的老人在为一个三轮车夫煮一碗两块钱的米线。

在县城西街，我看不出这个土司的女儿的孤独。

在这个黄昏，我已经不知道了小镇的西街。我不知道小镇的西街要把孤独留给什么人。

2003 年

我熟悉的乡村医务室

生活在乡村里的小镇，很多时间都要和乡村医务室打交道。而且，时间长了，自己喜欢了的医务室，病了就老爱到那里去。只不过，我喜欢小镇的这个医务室，没有个具体的名称，只有多年前挂上去的"街道医务室"这个木板做成的牌子，而且早就显得斑驳不堪了。

这是一座老式的建筑，大门不高，一般人伸起手来都可以摸得着大门屋檐上的瓦，以及那些瓦片上长着的草。我们在大门的外面，就可以闻到一种很熟悉的碘酒味、红汞味、来苏味等一些只有医院里才能闻得到的味道，也有小镇上的人把它叫作"医院气"。不过，我觉得，凡是到这个医务室里去的人，都觉得这种味道亲切，生了病到了这里，再闻到这种味道，就觉得有了一种依靠感。于是，从这个医务室出来，也会在身上沾些"医院气"，过路人一闻到你身上的这种味道，就知道你是从哪里来的，或者猜测到你做的是什么职业。

除了本地人，如果不注意看门边上的那块陈旧的木牌和上面的字,或者不注意闻门口飘出来的味道,怎么也不会想到这是一个小镇的医务室。这是一所民间老宅房,旧社会一个地主家的房子。新中国成立的时候,这房子被人民政府没收了的,以前曾做过镇公所,经常在这里开群众大会,迎接各式各样的领导,解决各式各样的家庭纠纷。后来包产到户以后,这里才做了医务室,环境也起了一些不大不小的变化。从现在的情况来看,医务室的院子也还算是比较宽敞的,来看病的,也只是小镇上的人,所以不会显得拥挤。但是,因为这是旧社会里"四合天井"的房子围起来的院子,里面的光线又有一点暗淡。院子里有一棵云南松,有一棵柏籽树,还有一棵槐树。三棵树都有七十以上的年龄,都显得苍老。院子里的地面,也还只是铺着砖块、瓦片,凸凹不平。并且潮气比较大,有许多地方都还生着青苔,生长着暗绿色的水藻。在院子里的树下,在房子的走廊上,比较散乱地摆着几盆不太名贵的花草,也是生长发育得不怎么样,只不过还是在尽心尽力地起着美化环境的作用,有一份热发一份光地做着样子。

　　走进这个乡村医务室,我常常看见院子里坐着许多人在挂吊针,挂吊针的人,很少睡在床上,他们有的坐在一条长凳子上,有的坐在一把旧木椅子或者是小铁椅上。有的人披着衣服,露出了一只胳膊,手腕里,用白色的胶布粘着一根注射器上的亮晶晶的针头。打吊针的这些人,不时地抬起头来望望属于自己的那个输液瓶,看看里面的东西还有多少。同时还要不断地和旁边的人说家常话,讲一些小镇上最近的新鲜事。话讲得最多的,还是那些年纪大一些的妇女,她们总是要讲一些不高兴的事情，讲一些伤心的事情增加生活的情趣。

　　乡村的生活实在是太单调无味了，一成不变的状态让她们觉得缺乏生活气息。

　　这些妇女大多数都不满意自己的媳妇，总说是随时都要受媳妇的气，一说就说得掉下了眼泪来。于是，听讲家常的人也是跟着流泪、叹气、讲一些安慰人的话语，好像同时也是安慰她们自己。有些不便让旁边人听见的，她们要互相拉着凳子往一起靠，直到输液瓶子上的塑料线拉得很紧了才停下身来说话。我知道，这些挂针的病人其实病得不算重，大部分都只是伤风感冒，他们还有许多的精力想别的事情。在这个小镇上，基本上是一到医务室就得要挂针的，这种情况，一是医务室的要求，因为这样可以多增加收入。二是小镇上病人的要求，输液体治病比吃药来得快，可以争取一些时间。有的人一辈子还不病几次，觉得病了不输点液体太划不来了，所以也是主动要求要输。小镇上的人，觉得输液是一件很舒服很体面的事，他们输了液走出了医务室，在路上碰到有人问是干什么去了，就非常干脆和爽快地说：输液去了！那口气里，要带许多的骄傲味道。

　　在院子里，也随时都可以听到小孩子的哭喊声，大人的呻吟声。这种声音是从医务室的注射室里传出来的。医务室正规的注射室在院子的南边，是一间十分窄小的房子，里面的木板药架上码满了中草药、西药瓶子和针水盒子。注射室的北面才有一个不太大的窗户，窗户的玻璃上还粘贴着一层报纸，因此里面的光线十分不好。里面的药品和器械上，不注意就要落上一些从房顶上掉下来的灰尘、墙壁上的泥土。打针的是一个十分麻利的男子汉,他一个人要负责打针、拿中药和西药。但不管看病的人怎么样的多,他都是有板有眼,边打针拿药还要不停地抽烟,说笑话。他打针的动作十分地快,往往是针头刚进入肉内,针水也就推完了。针头拔了出来,他一只手举着针筒,一只手往另一边弹着烟灰,一副从容不迫的样子。

这个注射医生不是在职的国家医生,是过去农村里面才有的那种老牌子"赤脚医生"。他的家里还有一份田地,随时要到田地里去帮妻子儿女干活,所以他比一般人任务重,每次到医务室来连手都来不及洗,裤角常常是高一只低一只。在注射室里他的牢骚也比别人大,他可以骂老医生的处方开得如何如何不好,来取药的人又不准备好零钱,打针的人把臀部露多了露少了他都有权利狠狠地责备一通。凡是到注射室里去找他的人,都不由自主地怕他,但又离不开他。他打针也比别人打得疼,凡是到这个医务室里去打针的人,还没有进门就已经皱起了眉头,嘟起了嘴巴。小镇上的小孩子特别地怕他,所以,谁家的小孩子哭了,说一句,再哭就抱到医务室去找某某打一针,孩子十有八九就停住不哭了。

除了注射室,医务室东南角上的那间屋子里,也是最热闹的地方。这是中医门诊部,一个老医生从早到晚坐在一把靠背椅上给病人号脉,开处方。老医生从来都不慌不忙,脸上带着和蔼的笑容。看病的人十分多,大家都分先来后到地排好了队,耐心地等,并专心地听别人都得了些什么样的病,不住地随着老医生的话语点头或摇头,莫名其妙地跟着笑,跟着难过。老医生按着顺序给病人号脉,开处方。老医生号脉,一次就要号完了十多个人才一起开处方，到最后还能把你的病情说得一清二楚，就凭这一点，就让乡村里的人佩服。乡村里的人看病，很在意医生"说病"，看医生把自己的病说得准不准，至于看得好不好，则又是另外一回事。在这里，还能听到老医生的一句口头禅，他每开一个人的处方都要说："一服药吃了就一定好了，你这病一点也不要紧。"开处方的时候，老医生还要和病人商量要不要挂针。病人说，要老医生定夺。老医生就问病人的钱够不够。病人的医药费够，就挂针，不够，就只吃药。但也一定是中药和西药都有。老医生看病总是中西医结合，让人不知道是吃什么药吃好了的。

老医生最拿手的是医妇科病，因此，医务室里来看病的数年轻女子多，有的是刚结婚的新媳妇，有点不好意思，但老医生还是照样要首先问月经的问题，年轻媳妇只好红着脸作答。这样一来，其他来看别的病的人，好像是看着热闹来的。小镇上的人最喜欢凑热闹，有点盲目地跟着起哄，干什么都相信道听途说。老医生的门诊部总是门庭若市。在老医生看妇科病的中草药里，最喜欢要病人加的药引子是荷叶尖、益母草。多数的药里都要人加点蜂蜜，所以，小镇上的人都说老医生的药味道好，不像其他医生的中药难喝。

2001 年

小镇广场肖像

广场上有时候要开一些大型的会议，主要的会议是宣判罪犯，枪毙犯人。这种时候，小镇上的许多单位都关了门，三三两两地走到广场上来了。商店的老板们，也顾不上卖东西，从铺面上伸出头来，东张西望地在探索着看到底押来些什么人。在这一天，在广场上的人，一门心思都想看一看那些罪犯在被判刑和被枪毙的时候是一个什么样子。这种时候广场上人山人海，警车上闪着红绿灯，汽笛的声音一阵比一阵还紧。反正，广场上的气氛比任何时候都热烈，让人感到刺激。

除此以外，这里就比较平静了。这里有吃的，有玩的，是小镇上的人经常都要走动的地方。因此，在广场上，经常还可以看到好几排花坛，但是都没有种花，里面自生自长着一些杂草，几棵干枯的树木，飞着一些纸片和垃圾。在花坛的旁边，很整齐地摆着一排垃圾桶，在垃圾桶边上，随时可以看到一两只死老鼠或者是死狗死猪，散发着奇特的难于忍受的味道，谁从那里走都得先把鼻子蒙起来，走过了老远才放开手深深地呼吸上几口气。也可以看到一家父子两人每天都要来到垃圾桶边上捡垃圾，他们背着一个十分破旧的篮子，常常是那个小儿子用手牵着他的那个一点也看不见了的父亲。他们的篮子里装有一些废塑料、破纸箱、旧皮鞋和空酒瓶子。

一个疯子从这两个捡垃圾的人面前走过，这个疯子留着一头长发，披一件青色的短大衣，默默地走着路，从来不说一句话，很像一个严肃的艺术家。他走在垃圾桶边上，还带有一点关注的神情听两个捡垃圾的人在说话。只不过，捡垃圾的人在说些什么，我想他一句也听不清楚。父子俩在说些什么，只有他们自己才知道。

广场的北面，是小镇上唯一的一家电影院，电影院的生意好像不太好，常见他们开着一辆破旧的微型车拉着高音喇叭在街道上做广告。喇叭里面放着已经过了时的音乐，随着起起落落的音乐声，还有一个女高音在喇叭里介绍所放的电影的内容，也是尽讲些好听的。微型车的货箱上面还挂着几张破旧不堪的宣传画，画着的有美女，有野兽和蛇，有武打的或者说是男女拥抱和接吻的镜头。微型车的驾驶室里坐着的人，手里拿着一叠传单，遇到了人就赶快地递一张过去。一些不想看传单的人，见车来就赶快地绕到一边去了。但是，车上散发传单的人也不在乎，拿着那叠纸在手里摇。

电影院的旁边，修着一排矮房子，房子只是用塑料瓦盖的屋面，现在塑料瓦大多已经变质了，颜色全是黑色的，并且都裂开了口子，风吹来，哗哗啦啦地直响。这个旧房子里面，却还有人在打台球，有人在看录像，看电视，买卖糖果，喝茶，所以谁也不敢小看这所破旧的黑房子。广场的东西方和南方,也都是文化单位,属于县文化馆、俱乐部、广播电视台几家所有。但这几家都是六七十年代修的房子,有点像城镇居民住宅。这些房子的比较显眼的部分,现在都出租给了一些个体商贩或者是搞文化服务行业的。每到广场上走一走,就可以看到土里土气的闪烁不停的霓虹灯,听到录像室里传来的音乐声和什么也说不清的声音。广场上的地面,全部是土坪,上面被人们踩起了一层细小的灰尘,只要是随便地起一点风,整个广场上一片灰雾朦胧。因此,有人从广场上走过,脸上稍不注意就要沾上一层灰尘,衣服上皮鞋上也布满了泥土。尽管广场上的情况是如此,但是,小镇上的人家,在晚饭后喜欢一家人到那里去散步。几乎是所有的人家,一提到散步就马上想起到广场上去,好像是不到广场就不算是散步了一样。散步的,大多是一家三口在一块,一般情况来说,都是男的抱小孩,女的则空着手或者是象征性地拿着一件毛衣在织。到了广场上,随时都要碰到一两个熟悉的人,因此边散步就要边停下来说话。在停下来说话的时候,也是女的说话比较多,男的一般情况都只是微笑着在一旁听着。

广场的中间,有一块比较平整的操场,是这个小镇上节日里或者是比赛篮球的地方。平日里,篮球场大多数时间都是空闲着,只是在一些河南人、四川人来演杂技耍魔术或者是展览一些奇怪的动物的时候,这里才又派上了用场。这时候,篮球场上搭起了一个特大号的帐篷,帐篷的上面挂着几个高音喇叭,喇叭里一天到晚都在重复着一句老话:请大家抓紧时间买票人场,演出时间马上就要到了。不过,尽管喇叭里的声音很高,放的乐曲也好听,但就是没有几个人走进去看他们演的东西。听说这是因为小镇的人被来演出的人骗了几回,买了票进场以后,里面上演的东西一点也不好看,所以都不敢轻易地进他们的这个大帐篷了。现在听着喇叭里的叫声,又看看帐篷门口的冷落劲头,不由得感到他们可怜,他们的生活艰难,同时也想到都是那些弄虚作假的人害了他们,不然如何会到如此地步。在大帐篷的外面,还搭有不大不小好几个帐篷,帐篷的门口,晾着一些花花绿绿的被子和垫单、长衣服和短衬裤等那些男女演员日常生活中的必需品。有很多时候,帐篷里的老虎、狮子等野兽声音很大地叫着,传遍了整个小镇上空,好像小镇就是一个原始森林,一个大牧场,让人觉得可爱又觉得恐怖。

广场的东面,有两棵年代很老的白蜡树,那树干一看就让人觉得它早已历尽沧桑。两棵树当中有一棵已经死了,树干还在广场上立着,只有光秃秃的枝,枝杆上还钉着两个瓷瓶,拉着几根电线,有风的时候,电线随时都呜呜呜地叫,好像是有人在拨着什么器乐的琴弦。白蜡树的下面,是一块不太平整的草坪,上面的草夏天比较茂盛,冬天就只剩下了一些草根和干枯的草叶。在这一块草坪上,冬天的阳光十分好,一天都是光亮亮的,见不到一点阴影。在这一块草坪上,整个冬季都坐满了老头子,黑压压的一片。这些老头子都穿着黑色的或者是青色的衣服,头上戴着棉帽子,脸上被太阳晒上了黑斑。他们的年龄都在七十岁以上,大多数都留着白胡须,有的连眉毛都是白的了。他们从太阳出来不久就来到了这里,有的到这里坐一天还不讲一句话。他们的嘴里衔着一个木头烟锅，一刻也不停地抽烟，他们的头上始终弥漫着一层淡淡的青烟。有几个爱讲话的，把在路上听到的话又拿到这里来讲一遍，又在一起讲一些大家都关心的问题。不过，他们大多只讲眼面前的事，从来不去讲昨天，也不大爱讲以后的事情。他们当中的人，说不定在哪一个晚上睡下去就起不来了，但是他们一点也不觉得奇怪，一点也不觉得可怕，他们都清楚他们今后的日子是可以数得出来的了。他们在一起对一个问题的看法最容易统一，从来不为一件事情争论不休，谁说得好坏都只会嘿嘿嘿地傻笑，一副与世无争的样子。

2000 年

小镇的象棋摊

　　小镇的象棋摊摆在电影院侧面的一棵老柳树下面，象棋摊周围，还有一些卖瓜子、卖水果的以及卖烧烤的摊点。在象棋摊边上，随时要听见起落不息的叫卖声、争吵声、讨价还价声。随时还有烧烤摊上的油烟夹着很好闻的香味飘过来，让人忍不住掉过头去看一看，吞一下口水。象棋摊旁边的老柳树，对于下象棋的人来说，主要的作用是遮风挡太阳。其实，在冬天，下棋人是要晒着太阳下的，所以棋桌随时都要向着有太阳的方向挪动，改变位置。老柳树的枝条一点也不茂盛了，顶着有几片黄色的叶子，显得光秃秃的，随时都有倒塌下去的可能。老柳树上，歪歪斜斜地钉着两块牌子，上面写着两行红颜色的文字，但字迹有点模糊不清了。仔细看，一块上写的是"此地不准摆摊设点"，一块上写的是"严禁在此倒垃圾"。牌子上的字虽然是那样写着，不过从来没有人往那上面去看上一眼，那上面的话语成了一种良好的愿望，一种崇高的向往。象棋摊旁边的人就更是如此了，对牌子上的字是从来不看上一眼的，有人还在牌子上抹口水和鼻涕，一副麻木不仁的样子。

象棋摊有两张小方桌子，样子有点像农家吃饭用的小餐桌，简单而又实用。两张小餐桌都是枣红的颜色，显得古朴、稳沉、经久耐用。桌面上用黑油漆画着很规矩的楚河汉界，杂乱地摆了些硬木雕成的象棋子粒。棋子儿颜色斑驳，有点不卫生，什么手都摸，小孩的口水，老人的鼻涕，反正什么东西都可能沾上过，又被无数双手无数次抚摸，抹去了不干净的东西。在象棋子堆里面，还可以看到一两颗破成了两瓣的棋子儿，但又被用药用的胶布粘了起来，像两个伤兵，既痛苦，又无可奈何，呆立在棋子堆里面。我们从这些棋子的外貌也可以看出象棋摊主做生意的认真劲头，他一定对什么都很认真，一丝不苟。也从一个角度看出摆象棋摊的人生意清淡，生活清苦，在一种困境中刻苦地盼望着收获，对生活充满着希望，觉得总有一天日子会好起来。

由此就不由自主地想起摆象棋摊的主儿。我曾经以他为原型写过一篇小说，题目叫作《摆象棋摊的老人》。但是，小说里人物虚构的成分比较大，远没有我常看到的这个摆象棋摊的老人可爱。我记得，我十年前调到这个小镇上来工作，老人就在这棵老柳树下摆象棋摊。我每次从电影院前面走过，就看到他坐在象棋桌边的小凳子上吸烟、喝开水、打盹。有时候也见他在乱哄哄的人群中吃饭，端着一个特大号的瓷碗，每一个吃饭的动作都认真，并且让人觉得香甜、有味道，觉得生活着很有意思。我以前见他喝开水用的是一个搪瓷缸子，现在又改用成玻璃罐头瓶。他的瓶子里常有半瓶茶叶，茶水全是浓浓的像中草药熬成的药汁,一般人见了都有点畏惧又有点羡慕……我总觉得,老人十年前就是现在这个样子,一点也没有变样。我从前在这个象棋摊上看到他的时候,他就是快六十岁的人了,已经显得有一些苍老,现在一看,他还是十年前那个老样子。但算起年龄,他应该是七十多岁了。想起这个年龄,我不由得要把他仔细看一看,仔细一看,再一想,看看想想觉得他还是变了,头发白了掉了,牙齿也落光了。这很像我们自己天天照镜子,难看到自己的变化。实际上是逐渐的变化我们不容易看出来,这种逐渐的让人不易觉察的变化是多么可怕,可怕到连我们自己都不愿意承认这种变化来了。

不知道为什么,我近来会越来越喜欢跑这个象棋摊了,在家里待着没有情趣的时候,我喜欢走到象棋摊边去站站,我把到象棋摊边上去坐一坐、站一站当成是最好的休息。我明白我是不会下象棋的,但是就是不下棋,只要在那里站一站也觉得很有意思。象棋摊边上很多时候都围着一些人,我看大多数是退了休的老干部,以及附近单位的在职职工。他们都是棋友。他们在一起,有下象棋的时候,也有谈象棋的时候。下象棋,一般是其他的人和摆象棋摊的老人对阵,条件是,来下象棋的人输了,就要交棋摊钱,摆象棋摊的老人输了,就白白地和人周旋许多的时间。所以,摆象棋摊的老人下棋十分谨慎,每动一颗子儿都思考再三。老人也决不允许任何人在一旁插嘴,只要有人在一边多吭一声气,便要遭到他的非常严厉的批评。所以在一旁的人看到一步谁不该走的棋,只敢在一旁偷偷地笑,从不敢讲出声来。这样一来,到这个象棋摊上来看人下象棋,是一件比下象棋还更有意思的事情。所以,在这个象棋摊上看棋的人也是最多的,我每次来到这个象棋摊上,往往都是围着一大群人,有时候想往里面挤都挤不进去。在这个象棋摊上谈论象棋,每个人都讲得出一个得胜和失败的理由,有理无理的人都为一句话争论得面红耳赤,明明是知道自己没有理由也不服输,讲出一大通"理由"作辩护,有时候连自己的理由都自相矛盾,引得所有的人哄堂大笑,但最后又谁都不往心里去。

　　有时候我走到象棋摊边上,一个下象棋的人也没有,只见摆象棋摊的老人一个人坐在凳子上等生意,让人感到老人十分孤独。但是,我从他的脸上却看不到焦急和失望,老人在几十年的日子里磨出了应有的耐心。我从他的神情上或多或少可以学到点听天由命和达观从容。有时候,我看到他的象棋摊边的凳子上还坐着一个吸毒上了瘾的年轻人,那个人在老人的象棋摊边上自由自在地吸烟,打瞌睡。没有人和这个青年人说上一句话,青年人也通常是沉默寡言,自己在一边想入非非。有时候,青年人脸上的气色突然会好起来,好像是非常心旷神怡。过不了多久,他又在象棋摊边的小凳子上睡着了,常常睡得打起了呼噜,身子也东倒西歪,摇摇摆摆好像是坐在了摇篮里。

　　特别有意思的是,后来有一个女子在象棋摊旁边租了一间房子,开起了服装店。服装店里的服装琳琅满目。开服装店的老板娘身段柔软苗条,走路似门前的柳枝飘摇如风。她的店前,摆了一个漂亮的模特。服装店、老板娘,与这漂亮的模特,还有那个吸毒的青年,为象棋摊增加了一些亮色……

2002 年

昨夜的新娘

其实，新娘和我家住在一层楼上。都是单位的房子，每家出了一万块钱的押金，住到什么时候都可以。去年，我曾经为这一万块钱的押金耿耿于怀，并不是心疼一万块钱，而是心疼我卖出去了的老房子。

搬到单位来以前，我家住在田家巷。一所单家独院的老屋，我曾在这所老屋里写下了不少文章。还得了一个文学奖，二万元的奖金。所以，不论什么时候，我都会对老房子产生怀念。

现在，我和刚结婚的新郎新娘住到了一幢楼上。我起得不算早，七点多了，但天还没有亮开多久。天空蓝得很清晰，玉龙雪山远远的、淡淡的。楼道上没有人，静悄悄的，显然，新郎新娘都还没有起来。我准备下楼去，去熬制我的油茶。要经过新娘的门，在门口，我才注意到门上的对联，妻子他们单位小周写的，颜色鲜红，字迹工整：娱情笔墨书双喜；含意诗书歌百福。门心是：琴瑟和弦。

我从这副对联看出了一个院子的喜气，现在，这种喜气沉浸了下来。我自然也会想起新娘子充满青春气息的面容。只不过，我也想到了新娘新郎生活中的坎坷，他们的结合，真的是很不容易。这种坎坷，我先用数字把它说出来。新郎新娘年龄差距比较大，新郎38岁了，新娘24岁。相差14岁，我想这多少能说明一点点问题。不但年龄差距比较大，地理位置差距也不算近。新娘家住在金沙江的虎跳峡边上，新郎家在丽江永胜程海岸边。在我们边疆，这种结合属于不容易的。

新娘家处山区农村，是个纳西人家女儿。没有多少文化，十五岁就出来到丽江打工，售货、美容、餐馆，很多个行业都尝试过，十年来，没有挣下积蓄，所有的能力就只能是糊口，谈不上养家。从少年到外奔波，现在新娘是真正的青年时代，只是已经看不到更为广阔的前程，结婚成了她唯一的选择。到家乡山区里去找个伴侣，是最现实的事物，但仔细一想反而成了遥远的遐想。故乡在新娘的心中也变得有些陌生，那些同龄人，大多数都不认识她。这让新娘一门心思要远走他乡。一个偶然的机会便成了我昨天接触到的喜事的全部过程，它与花朵、鞭炮、胭脂和新郎的交杯紧密联系在了一块。

复杂的事物也就变得简单。

新娘很坦率，她曾经说过，如果不是他拿着固定的工资，不知道自己还会生出什么样的主意来。当然，人们也会为她的话感叹一番。人生是多么简单，多么不容易。

新郎更是悲剧性的人物，命运从来就有些和他过不去。童年丧父。父亲是一个地道的赶马人，因马车翻车而身亡。紧接着母亲改嫁。母亲改嫁的时候，妹妹才一岁半。母亲改嫁没有带上妹妹，母亲走的时候，妹妹交给了他。夜晚，妹妹哭着要找妈妈。妈妈在哪里，连他都不知道，他含着眼泪，抱着妹妹哄了一个晚上——这可能是他今生最深刻的记忆。好在，时间过去了，他和妹妹都长大了，他靠借账读完了大学。母亲也老了。

这个迟到的婚礼上，他的母亲也来了。人们对他的母亲没有半点怨言。包括他。

只不过，他一直都有些自卑，自己看不起自己。他梦想找个好女人，成一个温暖的家，但同时也不相信会有好女人嫁给他，所以很少谈找对象的事。就算是去提亲，也尽是找条件差的。结果，条件定得越低，人家越怀疑这个大学生有问题。我的妻子曾经为他在城郊乡村介绍了一个，农村户口，年龄也快三十了，但最终就是不嫁给他。为这事，我妻子一直想不通，婚姻介绍不成，好像是伤了她的面子。那些个晚上，一觉醒来，还老在我面前唠叨这件事情。我告诉妻子说，从今以后你不要做媒人了。

大学毕业近二十年谈不妥一件婚事啊，这让他失去了最好的年华。他现在却也在自己的主动性上找原因，表现得很后悔，有一次我和他在院子里晒太阳，他对我说：如果早年想法结婚，现在孩子都上中学了！

我不知所云。

2004 年

母 亲 记

母亲嫁到我们家的时候，带着我的大姐。大姐是母亲前夫的女儿。父亲和母亲都是"二婚"，是最为勉强的婚姻，说实话，当时，父亲从心里看不起母亲。母亲不识字，针线活和锅灶也不好，多数时间都做苦力活。母亲生我大哥的时候，刚满月，奶奶就把大哥抱走了，奶奶不放心让母亲来养大哥。大哥长到五岁的时候，有人指着母亲问他：这是谁？

大哥说：不知道。

从我记事起，母亲好像就已经老了，每天都穿青色或黑色的土布衣服，样子显得笨拙。但母亲一直都不会变得更老，在我的印象里，她永远都是一个样子。第一次对母亲有印象，是看到母亲和一群人在生产队的场院里吃饭。那时候是20世纪50年代末，我还很小，我和一群孩子站在场院外，看着母亲他们在一个场子里开会和吃饭。可能是生产队的特殊活动，里面的人，都没有理我们。到现在我都不明白，母亲他们为什么不理我们这些孩子，所以印象非常深刻。

我小时候还经常看到母亲在月光下编织草绳和草鞋。这种时候，我会一个人趴在楼上的窗户前，看母亲干活。院子里很静，铺满了月光，我清晰地听到母亲搓绳子发出的"唰唰"声，看见小狗轻轻地在走动，低着头在月光下寻觅什么东西……干活的时候，母亲会不由自主地叹息，母亲的这种叹息，让我内心深处总是有一种莫名其妙的孤独感挥之不去。

  我们姐弟五人，也算是儿多母苦。自懂事起，母亲对我就没有母子之间的亲昵。稍长大一些，一天，与母亲在一起，母亲对我有两个承诺。一是等我长大后要让我到城里读书，二是要让我住一次医院。长大让我到城里读书，谁都能明白母亲的意思，要让我住一次医院，大多可能听不懂了。我却是明白的，心里感到非常温暖，觉得到城里读书，是非常遥远的事，只希望能住上一次医院。当年物质匮乏，住到医院里，成了病人，便可以有理由吃到最好的，喝到最甜的啊。

  小时候，大哥不喊母亲，大哥长大了，母亲却对大哥非常好。原因是大哥文化高，在奶奶的关怀下读过初中，又当过县糖果厂的工人。母亲没有文化，对有文化的人盲目地崇拜。后来，大哥要去当兵。母亲先是力阻，后来才顺其自然。大哥当兵出发那天，母亲送大哥到了村头。大哥让母亲不要送了，母亲才拉着我停下了脚步。母亲拉着我，一直看着大哥他们消失在村路的尽头。我看到母亲望着远方泪流满面。这一点，我曾一直想不通。后来我也当兵，母亲没有半点阻拦。出发时，也送我，但是，母亲没有流泪，表情相当坦然，这让我感到自己在母亲心里没有分量。当兵退伍，一次喝酒微醉，我和姐姐说起这事。姐姐想了想说，当年，你在生产队劳动体力不好，文化不高，当兵是唯一出路，母亲当然为之高兴，凭什么流泪？

我豁然。当兵四年，在部队大学校里，我学习了驾驶技术，读了许多文学名著，退伍后刚好碰上恢复高考，我考试中榜，改变了命运。母亲没有文化，其思维方式，也还有独到之处。

读书毕业，便有了工作。然而，当兵读书找工作，却把年龄等大了。紧接着的问题是要找对象结婚，然后生子。母亲老了，管不了我，我也管不了母亲。我们母子之间，只能在心里面牵挂一下，谁也顾不了谁。其实，母亲把我交到部队的那一天，她已经完成了"任务"。作为儿子，我却为不能尽扶养母亲的责任而感到内疚。只是偶尔回家去看看母亲，父亲母亲都与弟弟一起生活，常有一些小别扭。

我两边劝解，好像是局外人。在扶养父母的过程中，这种局外人当然好当。仔细一想，背地里又给弟弟弟媳说好话。回家的时候，顺便给母亲留下点钱。母亲便在村子里炫耀，故意把钱的数目往大里说。其实，母亲不用花钱。有时候，邻居春耕秋收有困难，母亲便把钱借给他们用。目的也是要显示她比较富有，同时显示她有一个在外工作的儿子，如何孝顺她。

至于父亲，却有母亲管。吃饭喝茶，不用我们操心。只是，也常听父亲母亲拌嘴。年轻时是父亲看不起母亲，到老了，又是母亲看不起父亲。母亲时不时会数落父亲从前的事，说父亲从来不管家，现在却要人管。母亲数落父亲的时候，父亲一般都坐在灶门前，不停地往灶洞里添柴。有时候，母亲会边数落边流泪，父亲就唱戏。父亲会唱一些古戏，我记得父亲唱的好像是"薛仁贵征东""水漫金山寺"……母亲数落父亲的同时，又要给父亲端茶……

2008 年

为母亲干活的疯子

那年在北京,几个作家在一起偶然说到某个人疯了。一个女作家便说,其实疯了也是一种解脱。从这个女作家的谈吐和表情里,我看出她羡慕那个疯子。我不知道她说得对不对,她的想法对不对,只是这句话我记下来了——一个人疯了也是一种解脱。

后来,我就十分关注疯子。作为职业的需要,我工作的时间多数在路上。所以,我看到的疯子,大多数和路有着关系。这些疯子,往往是在风和日丽的春天沿着公路走着,路上柳絮飘飘,有红花和紫草。他们肩上扛着一件简单的、象征性的物件。至于说这些疯子有没有目的地,这对于我来说,也不得而知。我只知道他们随时都是从容不迫地往前走,眼睛看着前方。这种时候,我甚至会羡慕他们披到肩膀上的长头发和随风飘荡的大衣……这些话说起来是多么可笑。这和那位女作家羡慕一个疯子一样让人感到滑稽。

然而,我还想说的是,疯子一般不干活。过去,我很少看到一个人疯了以后还下地种庄稼、到工厂里去加工一颗螺丝钉。同样,任何人也不会奢望一个疯子去参加劳动,去创造什么。人们的观念往往是这样的:只要疯子不打人,不造成麻烦就行。因为是这种情况,我们家乡说一些疯子是装疯的,装疯的目的就是怕劳动。这听起来多可怕——怕劳动,便去当一个疯子!

所以,我对会劳动的疯子也产生了兴趣。但我走南闯北,没有在其他的地方看到会劳动的疯子。会劳动的疯子,只是在我生活的这个小镇上看到。后来我又发现,在我们这个小镇,会劳动的疯子还很多,我数得出来的,就有好几个:一个疯子衣衫褴褛,每天都在一个小食馆前劈柴。一个疯子,每天扛着扫帚在大街上扫街道。一个疯子,在一条小巷里开食馆……因此,我曾产生念头,想把这些疯子干活的镜头记录下来,作为一篇篇文章。但是,后来我看到了一个为母亲干活的疯子,我便把其他会劳动的疯子给淡忘了。

那还是我生活在小镇的田家巷的时候。一个上午,天空很蓝,太阳很好,巷子里很安详。我在家里写作了两个小时,便走到巷子里来看人。我有个习惯,在家里待不住感觉到寂寞的时候,就到巷子口上来看人,找人说话。我走到门前的巷子里来,便看到了那个疯子。疯子看上去有三十多岁,穿着一身破旧的青色衣服,人精瘦精瘦的,一句话也不说。我看到他的时候,他的身边摆着一对塑料桶,桶里装着一些粪便。他手里拿着一条扁担,就那样痴痴地站在粪桶旁边。如果不注意,也难发现他是一个疯子。我看到他的粪桶快满了,但他就是那样地站着不动,话也不说。我忍不住了,便问这个疯子说:你的粪还没有找够？意思是问他为什么还不走。

我这一问不要紧，我身边的这个疯子便马上跳起了双脚，沿地转起圈子来。他的嘴里还嘟哝着一些什么，我一句也没有听懂。这时候，我才发现他是一个疯子。一个疯子，怎么会干活的呢？怎么会到这个单位里来找肥料的呢？刚好有点纳闷，一个七十多岁的老太婆走了出来。老太太也很瘦，衣服穿得旧，但还算整齐，只是一声也不吭，面容淡淡的。我自始至终没有听到老人家说一句话。老人家拿着一个粪瓢，背一个竹篮，里面还装着一些粪，走到了儿子面前。说也奇怪，老人到了面前，儿子就不动了，站在那里等着母亲安排。

后来的情况是，儿子挑着桶走在前面，母亲慢慢地走在后面。我看着母子的身影，走进了越走越深的巷子。我看到巷子的墙越来越高，房子越来越矮。这让我整个上午都心情不好。

2003 年

小镇喜宴

这个小镇上的喜宴一般都是在早上摆，而且多数要在冬天的早晨。冬天的早晨，郊外的田野里布满了白色的霜，一望无际的蚕豆苗全部被霜冻得低下了头来，身上好像是披上了一层薄薄的白纱。田埂上的霜比其他地方要厚得多，白得多，很明显地为每一块田地画上了记号，脚一踩上去，马上就可以听到"嚓嚓嚓"的响声。这些小田埂上，早早地就已经有了人在走路，有小孩子，有大人，他们都穿着新衣服，脚步也显得有点匆忙，脸上有一些喜气。这些人当中，还有人手里提着一个布口袋或者是茶篓，里面装着大米、面条等比较实用的东西。他们的这些东西是用来到做客去的这家人家里去送礼，小镇上的人富裕的不多，但是这种喜宴不能不去做，因此家里有什么东西就送什么。他们提着东西走在小田埂上，老远就可以听到办喜事的人家里传出来的鞭炮声，这种鞭炮的响声清脆，充满了喜庆气息。在很多个冬天的早晨，鞭炮的响声在小镇郊外的田野上空经久不息。

办喜事的人家里，头一天晚上就有人一夜没有睡觉地在准备喜宴。清早，所有的宴客的菜蔬都做好了，厨房里人来人往，灶洞里面的火熊熊在燃。在灶洞门口专门负责烧火的，就是这个小镇上的人，是一个五十多岁的男人，他已经在这个灶门口坐了三天时间了，脸被火烤得有点像个紫茄子，说话的声音也有一点沙哑。他从来都不离开一下这个灶洞门口，厨师需要火大火小，只要在灶背后说上一声，灶洞里的火马上就符合厨师的要求。这个烧火的男人是厨师们最信得过的人。听说，这个烧火人一共娶过两个老婆，但是都在娶后不久就死了，只剩下他和四个孩子。他的孩子都比较争气，有两个考上了中专，但是听说这两年中专生不包分配工作了，这个男人心里十分着急，但又说急也没有办法，只好是到哪景了又说哪景。但是，如果在这种烧火的时候碰到一些在县里省里工作的老乡，便向他们打听学生的分配情况，请这些人帮忙，希望能为孩子们找到一个工作。县里省里来做客的人都同情他，给他说安慰话。只不过，从现在的情况来看，好像是一点眉目也没有。

做喜宴的灶砌在院子里，随时都可以闻到香喷喷的味道，可以听到厨师的大声的有点夸张的喊叫。厨师是整个小镇最有脸面的人物，他们在这种大场合里露面，随时都是红光满面的，好像是喝了二两酒下肚。他们可以随时教训每一个人，但每一个人都愿意听他们的，因为他们说话的口气里一听就让人知道充满了善意的批评，如果他们平日里不和你好，和你没有交往，他们还不会同你说话。不过，他们特别是在当着主人家的面的时候声音最高，因为他们在把这次喜宴做完了以后，肯定会得到主人家的一些回报，总而言之，他们在这个季节里不会愁没有酒喝，没有肉吃，并且在这个季节里，他们每时每刻就会有脸有面地出现在村里人面前，非常体面地做人。

　　宴席做好了，也有另外一些帮忙的人把桌椅板凳摆在了大院子里，一些抬掌盘的人也把菜抬了上来。一些老人，专门是负责烧纸钱敬菩萨的，这时候也已经把该做的礼节全部做完了，院子里到处飘飞着轻扬的黑色纸片，弥漫着一阵又一阵香火味道。这个时候，任何一个人都知道待客马上就要开始了。但任何一个人也同时知道早上的第一堂客首先是待小孩子，大家都知道要让小孩子先吃，好让他们吃完了饭就赶上第一堂课。所以，这个时候，院子里的每一张桌子上都围满了小孩子，整个院子只听得见小孩子们叽叽喳喳的说话声，嬉笑声。孩子们既显得忙碌，又显得高兴，他们的脸被冻得发红，身上背着一个书包，书包里装满了书的样子，看上去就觉得有点沉。他们吃饭的样子让人感到有点匆忙，整个院子里只听得见他们夹菜的筷子声，添饭的铁勺和瓷碗的碰撞声，以及他们吸鼻涕擦鼻涕的声音。这些小孩子吃饭的样子看上去显得不太雅观，但是主人家却非常喜欢，因为这些小孩子来做客，会给喜宴带来祥和的气氛，这些小孩子的每一个动作都给喜宴带来了活力、带来了生机。给这些小孩子添饭上菜的，也是一些更小的孩子，那些还不到上学年龄的孩子。这些小孩子手里端一个瓷盆，里面装满了白米饭，还放了一个饭勺，他们只要看到谁的碗里没有饭了，就马上走上前来，为其添满。这些小孩子也是连手都被冻红了，嘴唇上面随时都有一点清鼻涕，他们不时要吸一下鼻子，不然就好像是有点不舒服。

　　要去读书的这些小孩子吃饭是很快的，三下两下就吃完了。他们做客，好像没有什么可以顾忌的，他们只忙着要去上学。等到他们吃完了以后，一些忙着去干活的人又坐上了桌子，这些人在做了客以后还要去干一些自己的家务事，他们往往是头一天就把做客这天的活安排好了的。这些忙着去干活的人，早就等在小孩子吃饭的桌子后面，他们等小孩子站起来就忙坐了下去，等着来主人家帮忙的人撤下残余的东西，又再把酒肉抬了上来。他们坐在桌子前面，既要见桌子上布满了一些残汤剩饭，又要见有几个帮忙的人就用一条旧毛巾来擦桌子上的脏东西，但是，桌子总是越擦越脏。地上也撒上了一些卫生纸，一些水渍，到处都显得有点脏乱，只不过谁也顾不上去清扫一下，大家都忙着吃饭，忙着帮主人家上菜抬饭，招呼客人。这同时还要听"支客师"的指挥，所谓支客师，就是在这场席面上指挥客人和安排帮忙的弟兄干活的人。这个支客师声音比较大，随时在待客的院子里转来转去，看着桌面上的动静，看要不要添菜，要不要再找几个客人来坐上，等等。支客师可能是一来到主人家就喝了一杯酒的样子，脸上有点红，眼睛也有点红，嘴上呾着一支烟，耳朵上夹着一支烟，随时都好像是板着一点脸，声音又大又严肃，要来做客的人只好听他的话。

　　也有一些人，不忙着到院子里来坐着吃饭，在房子的走廊上坐着，烤着炭火，喝着茶水，吸着烟。这些人都是与主人家亲戚关系比较近的，今天要在这里待上一天，面子上才算过得去。所以，他们没有忙的理由，就在这里吹牛，讲许多玩笑话和互相挖苦的话，总是吵吵嚷嚷的，一片混乱，一片热气腾腾。但大多数都是高兴的话，他们在平时不容易碰到一起，这种时候就是难得的机会，所以他们显得十分高兴。来不及坐在酒席宴上的还有两个挂礼记账的人，他们要帮主人家收礼钱，记下送来的东西。他们的手被冻得有点红了，有时候送礼的人多了，他们冻红了的手也来不及在炭火上烘一烘，搓一搓。挂礼的人中，有一个是乡村医生，戴着一顶长舌的工人帽，脖子上围着一条方格花围巾。看他的模样、态度，我们就知道他是常做这件事的人，准备得非常充分。两个记账的人嘴里随时都冒着一团白雾，微笑着和来送礼的人说话、谈笑，记上他们的名字和礼物，让人觉得亲切，有人情味。

总之，这个早晨主人家的院子里一片繁忙。有人帮忙，有人做客，有人送礼的同时，大门口还不时地响起一串串的鞭炮声。鞭炮响起的时候，是主人家的舅舅、姑妈等直属亲戚来送贺礼了，这些直属亲戚的礼物比一般人的多，面子也大，所以，主人家要专门放鞭炮迎接。等到鞭炮响过，主人家就赶快走了出去，接过亲人送来的礼品，说些客气话，并把他们迎到堂屋里去。堂屋里是坐上亲客的地方。

2006 年

今天的村庄

听昨天夜里的小雨。那种声音酷似天和地喃喃的梦呓，或者一个村姑走过田埂的脚步。现在，我知道的事实是，小雨打不湿地上的温度。在雨水一样的情境中，我不知道去哪里寻找细节，填补似是而非的烦恼。我坚信烦恼和困惑都能自己到来和消失，它们最善良的伴侣还应该是时间。

所以，今天的村庄是我沉重的脚步。3月如约而至，河边的柳树发出又一个年头的叶片。淡淡的雾气，注定要覆盖房顶上喧哗的麻雀，木门前石礅上睡觉的老人，他们穿着一辈子不会改变的颜色……眼前的一切，都好像是一万年前的规定，但不管怎么说，我为了一种无法完成的责任，走到了一条巷子的尽头。这时候我才发现，乡村的路上铺满了粗糙粪草。我知道，用不了多少时间，地上的粪就会被过往的人踩得粉碎。粉碎了的粪草，便用来盖春天的秧苗。为了一个季节的庄稼，农民奇妙地构思着道路和行人，形成乡村最现实的法则。一种法则的到来，成了足够他们喜悦一生的事物。

走进村庄的内部，石头和深巷开始显现。在巷子深处，我无法否认自己曾经是村庄里的孩子，乡村的事物，随时随地会和我发生意想不到的纠葛，这些纠葛会像影子一样追随我的一生。就像今天，我到这个叫灵源的村庄，为的是想把我的二嫂叫回去。二嫂是我妻子家的二嫂，四十多岁了，和丈夫吵架，跑到娘家来了。她的两个孩子，都和他们的父亲生活在另外的村庄里。这让我想起没有母亲的孩子和没有妻子的丈夫，还有我年迈的岳母。

于是，为了村庄的一个事实，我站在村子里的泥土路上和二嫂的母亲说话，说着二嫂家里吵架的整个像是虚拟的过程。我把整个过程向一位八十岁的老人叙述，二嫂的母亲已经八十岁了，眼睛看不见路上行走的猪，她抬着头专心地听着我的诉说。蓝天在她的眼里只是一片漆黑，她只是从我的声音里认出了我多年前的面孔。我和老人的说话相伴着村庄自由的空气，过去的事物开始在阳光中进行。这时候，我也在说话的过程中留意到老人身上一套宽大的土布外衣，天气已经转暖，但她还穿着几件宽大的青色外衣，我不能否认她厚实的外衣上套着的一件半袖的羊毛衫。

老人的眼睛虽然看不清事物，但我知道她能用身上的衣服表达着乡村想象中的时髦……在一种坦然的装束中，我也注意到老人严肃的眼神。那些村庄里有意义无意义的生活老人已经经历了八十年，然而，老人好像对她的女儿、我的二嫂的家事开始一筹莫展。我看出来，四十岁的女儿的生活让老人无法面对母亲这个词语，更无法抵挡母亲在村庄里的责任。其实，二嫂家里的事物她都懂得,她知道一个家庭的争吵都源于贫困。现在,我和老人讨论着二嫂家的家务,所以,我不能回避二嫂的年龄。二嫂四十岁了,这个四十岁的女人曾多次到娘家来投奔她的母亲。

这个事实可能要让许多人想到母亲的伟大。

结果是没有光线的说话声打断了我的想象,老人说,不管怎么说,一个有儿有女的女人,受到多大的伤害也要回到家里去,去守住一份责任……我听到老人的声音眼前一片光亮,内心的感动让我深切地怀念村庄。只是,最后的结果是二嫂依然不愿意回家,她坚持说要和我的二哥离婚。我无果而回,二嫂的坚定让我想起了她的母亲。

一位老人的拐杖延伸我对村庄的想象。

2004 年

小镇的菜市场

　　菜市场的门口，贴着一张用大红纸写的招工广告，上面写着：有一歌舞厅需招收女服务员20名，要求年龄在16—22岁之间，身高1.6米以上，相貌端正，待遇从优。由于这张广告是才贴出来的，内容又有点吸引人，就有一些人站在那堵土墙下在认真地看，慢慢地推敲。有些女孩子，在广告下面随便地浏览了一下，就步子极快地走了，好像有点不好意思，觉得不应该看这种广告。在离贴着广告的这堵墙壁的不远处，有两个卖皮鞋的人在放着录音机，里面不断地重复着一些话，说：50元就可以买一双好的皮鞋，我们是厂家到贵地直销，请大家不要放过这个机会。卖皮鞋的两个人，一人手拿一双皮鞋，遇到人就短（拦）下来让他们看，短下来的大多数是老实巴交的农民。时间有些紧的农民，卖皮鞋的两个人也把他们短不住，急匆匆地走了。有一些时间里，有人站在那里跟他们左磨右磨地磨价钱，也不知道生意能不能成。

　　再从里面走一走，就又有一个卖烤鸭的，他的烤炉放在了菜市场门口的地上，炉子里燃着炭火，一层青烟慢慢地升起。在烤鸭炉的旁边，还立着一个木头架子，上面挂着几只烤熟了的和还没有烤熟的鸭子，这些鸭子的身上都沾着一些灰尘，都还在向下面滴着带点红颜色的水渍，看上去有点让人害怕。就在烤炉的另一边不远，是卖鸡卖鸭的鸡市场。有许多的鸡鸭被关在了竹篮子里，食袋被卖它们的主人灌得胀鼓鼓的，这食袋里是水和玉米粒，一些不管钱的东西，但是这些东西也要和鸡的价钱一样用秤称给买它们的人。在鸡市场上，望见有一个老奶奶，年龄少不了有七十来岁了，她的手里握着一只乳鸽在卖，但是她在那里站了大半天也没有一个人问一下，她脸上的皱纹里布满了等待的灰尘。她一点也不急躁，她用平静的目光望着从她面前走过的每一个人，因为她知道，她手里的乳鸽卖了也值不了多少钱，她也明白，只要她还活着，就得站在这鸡市场里。

菜市场的里边就是一个大场子，到处堆得有青菜白菜，水果和洋芋等七七八八的东西。这些东西的主人，有的是在找地盘自己卖，有的是想趸给别人，有的又好像是犹豫不决的样子。有的农民，菜已经被二道贩子收购了，就心安理得地在小食店里吃饭，响声很大地喝着开水。有的觉得自己的东西卖便宜了，坐在那里，心里面还嘀咕着自己是吃亏了，表情上也显得有点不太高兴的样子。反正，整个菜市场乱哄哄的，有人在讨价还价，有拖拉机在冒黑烟，地上的灰，也是随风而起，搞得到处乌烟瘴气的。

有两个小女子在菜市场的东边卖肉，肉摆在一个铁皮房子的下面。铁皮房子四面都没有遮拦,还修着一个木头架子,上面就正好可以摆上要卖的肉和卖肉要用的刀子和斧头。两个女子所摆的肉类,瘦肉和排骨比较多,还有猪脚、猪肝、猪腰等这些大家都喜欢吃的东西。到这两个女子的摊上来买肉的人也比较多,多数是单位上上班的人,因为这个摊上的肉价格相对来说要便宜一些,品种也比别处的多。听这两个女子的口音,她们好像不是这个小镇上的人,是小镇下面的另一个坝子里的人。她们见有男子来买肉就喊老表,见女的就喊大姐或娘娘,买肉的人都觉得亲切。她们砍肉的动作却是不怎么熟练,斧头和肉刀砍下的口子不太整齐,让人觉得她们幼稚天真。她们两个都还比较年轻,好像是才二十多岁的样子,也喜欢打扮,嘴上都还抹着一点口红。卖猪肉的打口红,这有点让一般人觉得不可思议,所以有好些人也对她们怀有戒心,在肉摊前看看她们的肉又看看她们脸上的口红就犹豫着走了。也好像听到有一些卖肉的屠户在背地里指指点点地说她们,说她们的肉有点值得怀疑,那么好的肉,只卖那么低的价钱,不掺点假可以说是挣不到钱的。但买肉的说,看那肉的颜色,也不像是注着有水的。有的屠户又说,可能是死猪。买肉的人就不好说话了,反正是心里觉得奇怪,就只好认着本地屠户的买。本地屠户把肉剁好了,称好了,还要当着买肉人的面往他的肉上加上一小疙瘩,买的卖的心理上都求个平衡。有的屠户在生意不好的时候总是念叨着他们买肉的老主顾,平日里有了一些交往,希望在关键的时候靠这些老主顾帮上一把。但同时那些老主顾也是在这种关键时候躲避着他们,因为这种时候到了常去的地方不好讲价,所以他们在这种时候总是把脸掉朝一边,向着不认识的人的摊上走去。

菜市场虽然卖的是农产品,但到这里来的却大多数是单位上的人。单位上的人差不多每天都要来这里买菜。来菜市场买菜的,有男有女,但大部分是女人,是家庭主妇。男人上街来买菜的,很大的可能是因为自己的妻子是个教师,教师就没有时间来这个菜市场,只能是让这些男的来。这些男的来到了菜市场,手里拿着一个塑料袋,东张西望的好像是没有了主意一样,一副失魂落魄的样子。来菜市场次数最多的,还有是在一些小单位上班的职工,而且要是行政事业单位的,他们的时间最多。如果说双职工都是在行政事业单位的,往往是一家两口都得来到这菜市场,男的不会买,就女的买,男的负责背。男的不愿意跟着女的走到菜市场里面去,怕看她们在菜市场上讲价,听着心里烦呢,那就蹲在菜市场门口等着背菜。有的蹲得没有情趣了,就跑去看四川人卖老鼠药。卖老鼠药的,那吆喝怪好听的,不买听了也舒服。

有一个女职工每天都要来这个菜市场,她什么都要买,人吃的,鸡吃的,鸽子吃的一样也不能少。她骑了一辆破旧的自行车,上面放有酒糟、白菜、莴笋的老叶子。她把东西买回去后,还要到单位报个到,但就是不敢把这些东西往单位里拉,往往是藏在单位的外面。听说她家里喂了鸡,喂了鸽子,还有兔子和银鼠。她的身子上常常有这些家畜的粪便,头上有家畜窝里粘来的杂草。在菜市场上的时候,她完全不像一个单位上的职工,有时候比一个农妇还要邋遢。但是若在平时,她穿得比谁都漂亮，身上是鲜红的旗袍，头发烫成了高低起伏的波浪式。她到菜市场来买菜也和一般人有些不同，总是认着那些年纪大的老人家的买，在价钱上也多不和老人家计较，高一点低一点只要是出入不太大，装上货付了钱就走了。听说，她在家里喂养的那些家畜都不挣钱，但不做这些事就有点闲不住。许多人都说，这女人喂家畜只不过是一个打发时光的习惯罢了。

2003 年

第五辑
遥远的故乡(二)

违章的羊

一只羊，它死去了多年，我还记得它。这只羊是被我轧死的，我轧死它的地方大山起伏，弯曲的公路上绿树成荫，没有任何人看见。我也从来没有跟任何人说起这件事，这有点反常。过去，我曾经轧死过狗、蛇和老鼠，这些，我回单位以后就与朋友说过。唯独这只羊，我不愿意说出来。羊是最能让人怜悯的动物，它给人的感觉是朴实而温顺。轧死一只羊，让我有说不出的内疚感。

虽然，这只羊是突然从山上跑下来，横穿过公路的。当时，我的车正在下坡，车速很快。那时候，我才开车不久，我学过交通法规。在那一瞬间，我产生了一种感觉，觉得这只羊是违章横穿公路的，轧了它，我没有多少责任。我总觉得，我踏刹车的时候犹豫了一下，所以，导致这只羊的死亡。

看到一只违章羊后采取的措施不力，让我遗憾。

后来，我便喜欢关注羊，回忆羊。回忆我小时候放牧羊的过程，那里有羊"咩咩"的叫声，有麦田、柳树和山冈。有一次下乡，我开车走在山路上，看到一只羊居然爬到了一棵伞状的树上，在树上采果子和叶子吃。我停下车来，看这只羊的小胡子，蓝眼睛，温柔的嘴唇和它鬼鬼祟祟的样子……这让我更怀念那只被我轧死的羊。

后来，看到一个消息，说在美国一个城市，上班的高峰时间交通出现堵塞，原因是一只母猫，正在为四只小猫搬家。这只母猫出于生育上的习惯，要一只一只把小猫衔过宽阔的公路，重新找到新家，警察看到，便拦住了所有过往的车辆。车上的人，都静静地看着母猫搬完了它的小宝宝，没有任何怨言。之后，交通秩序才慢慢恢复正常。

老猫为孩子搬家，那是母子的情感，感动警察和司机。

后来，无意中又看了一个关于母子的报道，这件事出现在我国的一个小城市。说在一天上午，一个快要分娩的母亲在去医院的途中突然产生了疼痛，一辆过路的车停了下来，把孕妇急速送往医院。快要到医院了，却没想到去医院的道路实行管制，一般车辆不让通行。这辆拉着快要分娩的母亲的车，被拦在外面。司机和家属都讲了不少的好话，执勤人员说，他们是在执行上级的指示，怎么也不让通过。最后，母子双双毙命。许多记者、批评家，都以这事撰文引发议论，但母子却是不能复活了。

后来开车，我老是琢磨上面的一些事，琢磨的这些事都是由那个违章的羊引起的。同时我也琢磨出一句话来：驾驶的技术，是回避的艺术。我觉得，与车辆行人相会，在关键的时候，首先得想到回避。想到车辆和行人的诸多不便。天下雨了，他的车容易打滑，他可能是个新手，操作往往会有不当的时候，他有急事，可能会匆忙横穿，等等。

他们都不愿违章，但他们可能会违章，我得学会回避违章。

生活中也是如此，懂得回避，这才是人生的艺术。人与人，人与社会，随时都有可能出现不协调的时候，在出现不协调的时候，学会为别人想一想，退后一步天地宽，让回避的艺术展示出人的美德。

2004年

两棵树

小镇上一家兄弟俩住在街上,各有一所古老的房子。弟兄俩的房子,都是一样的建筑风格,古色古香,想必是祖上留下来的。而且,兄弟俩的门前,都有一棵红椿树,长得枝叶茂盛,矫健挺拔。从表面上看,兄弟俩的家境不分高低,两家人也很和谐的样子,这让小镇上人家都羡慕不已。

人们羡慕的,还有弟兄俩门前的红椿树。小镇上的人,称红椿树为树王,不论哪家建房,都要在房梁上用点红椿木,否则,晚上房屋上的木头就会发出"吱呀"的声音,意思是没有树王坐镇,树木便有造反的意思。而红椿树成活率极低,成长速度又慢,就成了稀奇树种,如果变卖,价格是十分高的。时间长了,便有人提出要和弟兄俩买树。两兄弟都说,树是祖上留下来的,不卖。

其实,哥哥早就想卖门前的红椿树,他开始说不卖,是父母都还在世,卖了怕引起他们的不满。不久,父母都去世了。哥哥动心了,就和弟弟商量,把门前的树卖了。弟弟说,红椿树是我们家的一种象征，卖了不好。哥哥说，我们卖了可以再种。弟弟拗不过，便说，你如果真想卖，就卖你自己的，我的不卖。哥哥真的就把门前的红椿树卖了。

哥哥的树卖了不久，小镇上旅游开始升温，来往的旅客越来越多。一些商家，便瞄准了小镇的旅游市场，来小镇上租房子做生意。也有商人看上了弟兄俩的房子，但在谈房租的时候，哥哥的房租，只是弟弟的一半。哥哥不解，他说，一样宽的房子，为什么是两个价格。商家说，就只因房子门前的树，让房子的品位相差太远。

哥哥倒吸了一口气。原来，弟弟的房屋多出来的房租，是那棵树的价格。

哥哥终于明白了，房租的价格，还有与房子看似毫不相干的东西，真正值钱的东西，在房子之外。是啊，人们为什么选择到这个小镇来旅游，看上的不是单一的哪所房子，而是看上了小镇上整体的人文环境。哪怕是在小镇上走着的步履蹒跚的一个老人，天空中飞翔着的一只小鸟，地上的一株小草……都可能与这个环境有关。

这让我想起了我的家乡。我们家乡有一个老人，一年四季扛着鱼竿到小河边去钓鱼，天晴戴一顶草帽，下雨了披一件蓑衣。但让我不解的是，后来我了解到，这个老人很少吃鱼。他钓回来的鱼，大多数喂猫或送了邻居。现在我也明白了，老人成天聚精会神到河边等待的东西，是在"鱼"以外的。

故事到了这里，可以看出一点眉目。说的是，一棵树，在房子以外，但它增添了房子的价值。一个地方的人文环境、生态环境,可以改变人们对它的观念。

这可能是老生常谈。

但接下来还有故事。小镇上的那个哥哥,为了改变门口没有红椿树的状态,真是下决心要在门前重新种红椿树了,他想,要不了几年,他的房子也会和弟弟租成一样的价钱。他找了很好的树苗,栽下去以后又给足了肥料和水分,成天盼着红椿树长高长大。但时间一年年过去了,红椿树就是长不起来。问其原因,原来是弟弟的大树遮住了阳光,小树得不到阳光照耀,怎么也长不大。这下,矛盾就来了。哥哥要弟弟把树砍去,因为它影响了小树的生长。弟弟不砍,哥哥说,那你的树荫就不能落到我的门前来,挡住我门前的阳光,这里是我的地盘。

这可以说是"莫须有"的道理,哪里去说,都觉得哥哥没有道理,但哪个也没有真正的理由说服哥哥,他门前的土地,当然是他的,他好像有权不让弟弟的树荫歇在那里。

弟弟为了避免纠纷,把那棵祖传的红椿树砍了。但有言在先,以后哥哥门前如果栽树,树荫也不许落到他的门前来。从此,两弟兄家门前都没有了红椿树,两家人的房租费都跌了价。再后来,商人们因为怕弟兄俩成天争吵,没有经营的氛围,也就搬走了。

兄弟俩只好守着光秃秃的大门。

后记:文章写就,时值大雨,独自一人进厨房小酒一杯。酒酣,看《50法郎奖金》。法国"花神奖",4万法郎,最低的是"龚古尔奖",50法郎,不足10美元。而法国人对此奖倍加喜爱,一旦获此奖，如金腰带加身，其作品印刷量，超二十万册。

那50法郎的支票，相信不会有作家去领，永远挂在墙上或锁在箱子里，作永久的纪念。

2004年

半边碗

一条乡村的小路上,有一眼清澈的山泉。村人上街或者串亲戚,路过山泉,便停下蹲在泉眼边喝水解渴。半边碗就是用来让过路人在泉眼里舀水喝的。

过去,泉边连半边碗也没有,人们就用手捧水、用树叶折叠成碗状舀水喝。山泉边有些树木和花草,景色宜人,过路人如果时间不紧,还在泉边喝水和歇息,等到养足了精神,才又往前赶路。所以,这眼路边山泉是人们流连忘返的地方。至于那个半边碗,当时人们感觉不出它的美和丑,脑海里也留不下什么印象。

只是到了有一天,一只非常漂亮的瓷碗的出现和丢失,才让人们对半边碗产生了许多的联想和感慨。人们也不知是什么时候,一只漂亮的瓷碗不声不响地在山泉边留下了,代替了那个他们使用多年的半边碗的位置。但大家都知道,是因为泉水太甘甜,泉边的风景太美丽,便有人认为那个半边碗与泉水和泉水边的风景不相匹配,认为只有换上好瓷碗后,泉水和泉水边的风景才会更加有情趣。但不管怎么说，一只漂亮的瓷碗不知不觉地留在了泉边。

然而，让人们想不到的是，没有过几天时间，那只漂亮的瓷碗不翼而飞。好碗丢失了，半边碗又被扔掉，人们又只好用树叶或用手捧水喝，相当不习惯。所以，又有人买来一只好瓷碗来，放到了泉水边。这只瓷碗的命运，与前一只瓷碗的命运没有两样。时间不长，好瓷碗再次丢失。

这时候，人们才想起来，半边碗除了在山泉边上，在其他地方是没有用处的，而漂亮的瓷碗，它放在哪里都能产生价值和作用。人们对瓷碗的丢失也不再大惊小怪。只不过，瓷碗丢失了，扔在了一边的半边碗，只有再去捡回来，让它回到原来的位置。人们都清楚了，再买好碗放在泉边，已经没有必要，只会给过路人带来更大的不便。

那只重新捡回来的半边碗，一直沿用到最后。

于是，过路人在泉边喝泉水、歇息的时候不免会为半边碗发生一些感叹。一个过路人说，半边碗很像他们单位里的一位副职领导。这个人说，从前，他们单位里调去了好几个副职，但刚到任不久就又改换门庭了。这些副职，都是经过组织部门认真考察的好干部，能力非常强。他们被改换门庭的原因，是与单位里的正职领导不融洽，不管怎么努力，不久就被正职领导找许多的岔子换了单位。有意思的是，现在的副职一上任就是好几年，与正职领导的关系十分要好。这里面的原因，大家都可能猜到八九分了，原因是这个副职是个老好人，什么事都睁只眼闭只眼，不多说话，只是看正职的脸色行事。

这可能会让人们想起"一山不容二虎"的话题，那些有能力的副职在单位里站不了脚的原因，是让正职领导产生了不安全感，所以，他会提前把有能力的副职"消化"掉。当然，"消化"掉的副职，在其他部门也会找到合适的位置，留下来的，只是那个小心眼的正职领导的平庸。我想，那个不敢用能人的领导和那个"老好人"副职，也就只能平庸地让岁月淹没。

所以，一个单位的领导，是用能人还是用庸人，这是领导的艺术。用能人，用其才能，让其发挥作用，是好领导。不敢用能人者，不是为了工作，而是为了保官位，迟早连自己也会被淘汰。这是历史发展的规律，特别是市场经济时代，只有最大限度地发挥能人的作用，才是为官之道。任何官职，靠守是很难守得住了，一味守官的人，守住只能是遗憾。

2005 年

雨 水

一

雨季来临，我们要面对许多变幻莫测的时光。在这个季节，你想象的空间里，布满了雨水。或者，我们都像大地一样，用感受阳光的姿态感受潮湿。像一棵树，用所有的叶片，把手掌伸向天空。迎接雨水的莅临。

雨水的到达，让我们都认真地面对一次天空。那个雷声，将建造起一座高不可攀的空中楼阁。期待的，只是雨后的虹，只有它能让我们内心一片宁静。

然而，当一场雨降落的时候，你为什么沉默。雨水真的能浇透心情吗？它能不能像清洗路上的灰尘一样，洗干净一个人的思考。我们能否在雨水中轻装上阵。

透过线一样的雨脚，细数千滴雨万滴雨。还有谁能像雨水那样，让我们回想。回想第一次看到雨的时候，用双手捧起的雨水。有谁知道，上个世纪的雨水，和今天的雨水有什么不同。

带着一种意象，走进雨里去吧。走进雨水，让衣服湿透了，贴在身上。脸上沾满了头发，嘴里有汗水的味道。美丽的曲线，丑陋的身躯，在雨水中一览无遗。

在雨水中，无法计算在一生当中，要遭遇多少次雨水。

二

雨水天，打一把伞出门。在伞的下面，和雨水谈论世界的问题。都来雨水中谈一谈心吧，街面都比从前干净多了，雨帘下，那个少女也站在店铺门前发呆。那么，你为什么还那么忧郁，愁眉不展。

雨天出门，看一辆人力三轮车冒雨走过，车轮沙沙作响。车夫在雨中注视着路上每一个行人，铃声长时间响起。看到一束花，由一个少女举着，她真心地等待一对情人到来。走进雨水吧，学会怀念一朵花，懂得它怎么在雨水中开放和凋零。一粒种子，怎么在雨水中饱满起来。

因此，最好是像草一样匍匐在地，感觉雨水是那样的滋润。来吧，在雨水中，会有一句话等着你。雨水的前面，一条路通向远方。

最后的祈祷，只会是雨水成全一条河，雨水造就一个海。世界与雨水有关，雨水里有不可告人的秘密。多少年来，我们在有限的空间，感受没有边缘的雨水。

雨水不能逃离天空，生命能否回避命运。

三

  我应该怎么仰望雨季，仰望那个雨水中的人。用什么姿势，听雨水打在芭蕉叶上，用那种漫长的音乐，滋润一种情绪。

  在雨水的世界里，脚下的每一粒沙子都非常干净。小草的耳朵十分机敏，野外的花儿十分纯洁。踏上一块陌生的土地，每一条道路都更加蜿蜒，代表着一种情绪。苍茫大地，只有庄稼默不作声。一种心情便笼罩天空。一匹马独来独往。

  在雨水的面前，也可能会有失落。但即便是有失落之情，也应该是在意料之中。像在人生的路上行走一样，抬起头来，感叹一片雨水的旅行，感叹岁月的漫不经心。

  ……雨水轻轻地落到土地上。从海洋中升起来，在天空中飞翔。雨水有没有孤独的时候，会不会欣赏自己的渺小与崇高。

  雨水知不知道如何感谢生活。

2000 年

5月9日会议纪要

其实，一个真正的会议纪要不需要说明，它只是一次会议的过程，一段日子的备忘录。不过，在滇西北的这个狭小的空间，我还是想让人们从这个纪要中看到从前和未来的角度。不管我们的这次会议是否重要，但我们等到时间向前推进，等到岁月融进了年轮，这个会议会成为一段历史，让我们记住一段时光。

而且，今天是我们值得纪念的日子。我们的新领导要来上任，一位我们等待了一年的新部长要在会上说明他的施政纲领，说明他在未来的时光里如何带领宣传部的一班人走向前去。而对于我来说，这次会议更显得重要。我从前是开车的，专门为宣传部的部长开车。而现在我已经不开车了，部长将要安排我做什么工作，这将决定我今后要走什么路。自己的一条路需要另一个人来做出决定，这种形式在我们看来也算不上太荒谬。而且，一年多来，这个问题一直在困扰着我。

所以，在这里我想说明，当我们部里办公室的一个叫小李女同志打电话告诉我要开会的时候，我便匆匆地往单位里去了

（从前我是从来不按时上下班的）。

接下来的事只有用会议纪要来说明，非常客观的记录，比我写散文要容易得多。

地点：云南省丽江地区永胜县委宣传部会议室。

宣传部的会议一般都是在精神文明办公室和外宣办公室共同使用的那间办公室里开。这间办公室的门上挂着两块白色红字的塑料牌子，一块上写着"文明办"，一块上写着"外宣办"。我想说明一下的是，文明办的负责人是小郭，他是办公室主任，享受副科待遇。外宣办由陈洪金负责，属于股所级，还够不上行政级别。宣传部的会议喜欢在这里开的原因，是因为这间办公室比较宽，有二十平方米左右，长方形，里面还有两排沙发，有一个长形的茶几。茶几上的两盆塑料花上有一层不易觉察的灰尘。

时间：上午 8:30。

在滇西北的这个小镇里，时间对于我们来说从来都显得不太重要，对于我们来说，重要的是一种情绪，一种散漫的温情。但今天是部长第一次开会议，我们已经觉得时间显示出它固有的魅力。所以，到了 8:30，单位里所有的人都按时到达，都坐在了那个长方形茶几旁边的沙发上。新调来的驾驶员小马还为我们倒了开水。开水是新买来的安吉尔热水器烧的，泡茶用的是标明了"绿色环保"的纸杯。

会议内容：

部长讲话：今天我们在一起开个会。大家先把手机关了。今后养成一个习惯，开会时间都把手机关了。自从我到宣传部工作，今天第一次召集大家开会。我想讲四句话，第一，理解是基础；第二，形象是根本；第三，团结是动力；第四，纪律是保证。部长围绕着这四句话作了精辟的讲解。讲到理解是基础这句话的时候，部长说到了大家要理解"成师"。部长所说的成师就是我，我姓成，木祥是我的笔名。部长所说的理解我，就是要大家上班不要和我比。我过去是开车的，不是党员，不是干部。现在，单位有专职驾驶员了，我每天都可以在家里写作，部长的意思是，要大家不要和我比，要他们干好他们的本职工作。部长说到了我的情况，他说我是全县唯一的获奖作家，在单位里也算得上是半个元老，搞专业创作县里的领导和同志们都应该通得过（部长的话让我感动的同时又感到惭愧）。

关于部长对其他三个问题的论述从略。

部里其他同志的发言从略。

我的发言：今天，部长第一次开会就安排了我的问题，这让我感到非常高兴。我从前的工作是开车，但那个时候，出车和写作总是有一定的冲突，不是影响领导出车就是影响我的写作。所以，单位重新调来了驾驶员。但有了驾驶员，能不能让我去专业写作，是我一直担心的问题。今天，领导正式在会上说清楚了我今后的工作主要是从事写作，我心里高兴，我向新部长表示感谢（新部长插话：要感谢大家，感谢宣传部所有的同志）。我说，我知道，过去的日子里，宣传部的同志给了我更多的理解和支持。今后，我一定多出作品，不辜负领导和同志们的关心和支持。

我还想说的是，我除了开车和写作以外，没有其他的特长。

我不是干部，不是党员，开会不敢发言，所以，干其他工作纯属是门外汉。我没有在会上发言的能力，不会说话，就不是当干部的材料，所以，我选择了开车和写作。让我开会发言，是赶鸭子上架。

我的即兴话题：有一次我到昆明开签约作家会议，会议要每个作家讲二十分钟的心得体会。我走到台上两分钟说不出话来，我看得出台下的每个作家都为我着急。最后我只说了一句，我说我这辈子在会上总共没有发过三次言。每次发言都没有超出三分钟。

台下一片掌声。

2001 年

猜测一个女人

写作是寂寞的，所以，在写作的时候，我选择 QQ 为伴。一边在文档里增添文字，一边选择一个在线的远方人聊天，这个人不是文友、编辑，就是异性朋友。他们都是没有见过面的陌生人。

今天，我已经选择到了她，她在与我聊天的同时也在工作，她说是在校对我的一篇文章。她是编辑。聊了一会，话还投机，于是，一张照片传到了我的电脑里，是一张合影。她让我猜她是照片中的哪一个。

照片中有六个女子，六个女子当中，我只能选择一个。我知道，这种猜测，猜对的概率很低，而且，说她是照片里最漂亮的那个或者说最丑的那个，都可能会造成伤害。好在，六个女子当中，都无好丑之分。但还是不敢猜，怕猜错了。便求她说，告诉我你是谁，我想知道。她很果断地说，你觉得我是谁就是谁。

没有办法，就先试着猜。猜对猜不对，只要猜了，她最终就会告诉我。我停止往文档里添加文字,仔细看了看那张合影照片。完全是凭自己的性格和感觉来猜度一个人,说:是最当边的那个。

她说:还真猜到了。

她的话让我感到非常高兴,像是"幸运52"中的挑战者答对了关键的一个问题。我在电脑前情不自禁地扬起了双手,像扬起一只金灿灿的奖杯。同时,我还打开照片,在电脑面前欣赏"她",莫名其妙产生一种成就感。

过了一会,她让我说说选择她的理由。选择对了以后,看着一个确定的女人的面容,下面的话就好说了。用恰当的赞美词句赞美女人是我的强项。所以,一些非常文学的语言便从QQ里打了过去:我猜测的这个女人像静静的一泓清水,她不试图告诉别人点什么,她让我远离浮躁这个词。我想她看到这段话会高兴,同时也表达着我的高兴。

没想到她却不动声色,好像还想知道点什么,说:那么,她旁边的那个女子是不是有点浮躁。我思索一下说:是的。我想,女子之间,站得最近的,往往是容易产生忌妒的,所以,我觉得这样也会讨她高兴。

她再没说什么。感觉中是沉默了一下,我们又聊了一些与写作有关和无关的话题。但总觉得话语没有开始的时候投机了。我又开始往文档里添油加醋,一边对她说:你为我校文章,我还老打扰你,对不起,我下了。

她说:你把我都猜错了,我就是"她"旁边的那个浮躁的女人。

我的感觉从高峰到了低谷。

我还能再用什么话来赞美她呢？我急忙开始说她机智，讨好她风趣，说"她"旁边的那个女子并不"浮躁"，但我知道这些话也都是自作聪明。同时，我觉得在这种情境下添置在文档里的东西，都是像我一样的废物。

2002 年

孤独的性生活

我不喜欢读外国文学作品，天生有种排斥感。长时间来，我对文学著作中用一串串的文字叠起来的人名感到头绪不清。但有些外国文学作品是不能不读的，像《百年孤独》，早在中国文学界炒得沸沸扬扬，搞得干写作这一行的人不读这本书连说话都不理直气壮。

所以我也读《百年孤独》。我读《百年孤独》，首先理解的是孤独两个字。为什么说孤独还不够，还要来个百年孤独。其中用什么东西来证明了这种百年的孤独。我不会看小说的形式，专门看了里面的内容，里面的故事，因为小说总是离不开故事的。然而，让我惊奇的是，小说中的故事不外是贫困、迷信、霍乱、战争、死亡、性变态、乱伦等，都是在我经历了的日子里似曾相识的东西。原来，由以上这些事物组成的生活就是所谓的孤独。原来，孤独就在我们身边，只不过我们没有发现而已。

单说与性有关的事吧。那种荒诞的性、变态的性随时充斥着边远的乡村和繁华的城市。

在云南和西藏的边缘

我们坝子里有条街，据说也算是云南省的一个重要集镇，过去川、滇、藏茶马古道上最为古老的市场。在这个街道上，我们不仅可以看到大批的商人、过往的马帮，还可以看到疯子、乞丐、算命先生……而我印象最深的，却是在街上奔走的一个疯女人，一个年轻的疯姑娘。我初次看到这个女人的时候，她还很年轻，她在街上嬉笑，载歌载舞。只不过，还没有过一年，我就看到这个年轻的疯女人怀上了孩子，再后来，就背上了一个孩子。她从街上走过，我不敢看她，但我还是知道她的乳房裸露在外面，乳蒂上挂着一滴白色的奶液。

我感到困惑，我知道这个疯女人还没有结婚，根据精神病人的特点，也不可能会自觉地产生性要求。后来才知道，疯女人的孩子是街道上一个男人造的孽，曾经有人看到他趁疯女人在街道上过夜的时候诱奸了她。而这个男人的老婆，也不比疯女人差，男人要诱奸疯女人的动机是什么，任何人都无法解释。更无法解释的是，后来这个疯女人一个接一个生孩子，而且，诱奸这个疯女人的男子发展开来，不止一个。疯女人生下来的孩子，也随时有一些不会生孩子的人家接去喂养。人们悄悄地谈论这件事，但我没有听说过有人管过这件事，日久天长，好像是小镇上的正常事物一样了。

在边缘的地带，也还有人畜同奸的故事（很多外国小说中都隐隐诉说到），都可以具体地说出事件的始终。男人女人都出现过类似的情况，由于不便于启齿，不说了。但兄妹之间通奸的事件，现在都还在边疆山区发生。我到一个叫东山的乡里去出差，有一个女医生搭我的车。我让她讲一讲山里人的故事，解解道路上的困乏。女医生先对我说了一个乡村医生处理难产的事。她说，一个乡村医生接生，碰到孕妇难产。怎么也生不下来，要送到乡里也来不及了。乡村医生便打电话向乡医院求教，怎么处理这个难产的孕妇。乡医生告诉他说，可以把孕妇的阴道划开点口子，或许能生下来。本来，这是顺理成章的事，做切断手术后可能难产也就解决了。不料，这个乡村医生却不懂做手术如何用刀，他不直切，而是用手术刀把孕妇的阴道两边横划开。后来，孩子是生下来了，切割的口子方向却变了，所以，看上去那孕妇的阴道有四个口子。孕妇生了孩子以后，也不觉得有什么不对，以为难产就得这样。后来，还是这个孕妇到乡计生站做结扎手术，被问为什么是那个样子。孕妇说是乡村医生划开的，要想补好也不容易了。

女医生说到的兄妹通奸的故事，也在她工作的村庄。两兄妹都没有读过书，一家人养着许多的牛和羊，两兄妹每天都要一起去山上放牛羊。后来，村子里的人觉得不对，这家妹子的肚子一天天大了起来。妹子是还没有结婚的，就是结了婚的女子，也要搞计划生育。于是，妇联的找到了妹子，问孩子是谁的？妹子说，是她和哥哥做玩意怀上的！

说到这里，女医生一本正经，我看到她乜着眼看了看我。一时间，我的心口只堵得慌，一路上不知所云……

还可以讲些类似的故事出来，来证明没有尽头的性孤独。但再说这样的故事已经失去了意义。我想说的是，现在，我所处的边疆地区情形又变了。很少看到疯姑娘背孩子，人畜同奸也似乎成了历史。但我们看到的，又是一个看似合理的情境，一个隐蔽的卖淫环境在边远小镇滋生起来，满足着那些过去靠疯女人发泄的男人们。那些不需要隐藏得太深的女人，到了夜晚就出来，走在大街小巷里。当然，多数人也知道那些女人是干什么的，但谁也不去管，不去说。而且，这些女人的丈夫，也知道自己的女人是干什么的，但只要回去能带上几百元钱，他们在家里带孩子，照顾老人也没有什么怨言。据说这种生意的价格也十分贴近边远人的生活水平，也就是一二十块人民币。

我们知道，前面说的是最低层次的性孤独方面的话题。而更高层次的性孤独，或者说是性灵魂，可以说是已经是公开的秘密。而且，更高层次的性买卖，只不过价格、货色不同而已，就其性质，也与乡村的低层次性出卖、兽性的发泄没有本质的区别，只是形式上的变化，说法上的不同罢了。

当然，再上一个层次说，性孤独也已经发展到了登峰造极的地步。一种疯狂的占有欲，一种变态的性心理，几乎要让世界产生窒息感。为一个情人，少者花几百万，多者花几千万，一种被认为是无聊至极的事，被一些大人物演绎得津津有味。这方面的报道，这些年我们没有少看见。小人物的故事我们不说，有头有脸的成克杰、陈希同、李嘉廷……一系列的人物，演绎着最为原始的性变态。

这种变态为什么会发生在我们这个文明古国的今天？

2003 年

与网友们聊天

我得承认,我以往贴在这里的文章都一本正经。我一直都是以正人君子的面孔和网友们说话,大家都很难知道我真实的面目。网络就是这样,把说话的人隐藏得完好无缺(当然也可能会让你暴露得一览无余),道貌岸然。

今天,我想与网友真诚地聊天,聊我瞬间的心情,聊我今天刚碰到的事物。所有的事物都是鸡毛蒜皮。

聊天的场景:电脑的声音像蜜蜂的低吟。电脑桌上摆着一杯咖啡。窗户里有阳光从正南方射进来。有过路人的声音从三层楼房下面传上来。桌子上还有一本《丽江古城史话》,这本书在我写小说《蓝天上的流水》的时候用得着。

这时候,也是我刚打开电脑,这篇文章的题目、素材,都是在进门的同时在脑海里闪现出来的。说话的基本格调,也在心里活灵活现。这可能与中午的饺子和白酒有关。今天中午,我们单位的陈洪金、马志典突然心血来潮,要到老街上去吃饺子,而且决定要由我来请客。请朋友吃饺子,我愿意,因为请朋友吃饺子价格便宜,而且有人情味。

但正说到请吃饺子的这个时候,妻子的电话来了,她要我去吃米线。妻子单位里的"王大学"终于结婚,一个三十七八的小伙子,娶的是一个丽江纳西女人。妻子在帮王大学做婚宴,正式宴席要到晚上,中午只是米线招待。米线是这个小镇上最有特色的小吃,但我当然只能是谢绝妻子的午餐,关于饺子,关于老城,关于朋友,关于这个中午灿烂的阳光、街面上的灰尘,等等,都比那个婚礼上的米线珍贵得多(这话不能让王大学知道),至于晚上的宴席,我将如期而至。

这是县城老街的一家饺子馆,一个东北女人所开。饺子馆的女人纯正的东北口音,是县里"碧泉林业局"的一个下岗职工。这个女人不像其他东北女子那样高大,矮胖的个子,圆圆的脸,嘴上打着口红。她穿着一套白色的大褂,戴着蓝色的袖套。她既是老板娘又是跑堂的,动作十分麻利,谈吐不俗。她还请了两个小姑娘做小工,有个小工的脚有一点跛,但稍不注意也看不出来。在吃饺子的时候,我突然想起来,这会不会影响她的出嫁——这是个多么残酷的问题,联系到一个人的命运。

我们在饺子馆的二楼上围一张小方桌坐下,临到上饺子了又多了两个人,一个是羊坪乡的党委书记小郭,一个是小郭刚上幼儿园的女儿,他们从幼儿园回家正好碰上了我们。在这个小镇上,在外面吃饭的人数随时都会增加。要了两盘水饺,两盘锅贴,一盘猪头凉拌(不够,后来又添了一盘),一碗杂锅菜,一瓶玉龙山清酒,我在开始的时候就已经提到……之后就开始聊天，敬酒。关于酒，总量控制在一瓶。聊天的内容，关于乡镇书记工作的难点，关于明年到小郭他们少数民族乡里的作家笔会。吃着，小郭又说要一碗米饭，加一碗青菜汤。说到底，这个小镇上的人不习惯面食，小镇上有句俗话说："吃死粑粑不当饭，喊死婆婆不是娘。"

然后就是结账的问题。我先去找老板娘算账，小郭说他算。小郭是乡党委书记，是可以记账的，记下账来，年底一次付款。但他们乡过去几年一共欠食馆伙食费十多万元，再说这次饺子是我说过请客，便匆匆付了款。老板娘说七十元，问要不要发票。我说要发票。发票当然报销不了，只不过，现在的发票可以刮奖，我就要下了。一个午餐，总共只花了半个小时，太短。不知道是为什么，我觉得我们吃饭用的时间真是短了些。前不久我去欧洲，我们一餐饭的时间只用十来分钟，像打仗一样。我们进去的时候，欧洲人已经开始吃了，我们吃了出门，他们的菜都还没有上齐。导游小姐说："中国人吃饭，是军事化的行动。"

出了饺子馆，在街道上握手，与小郭书记告别。小郭说，他今天中午的心情很高兴，过去是一个部门的同事，现在相聚很难得。后面的内容还多：我和陈洪金、马志典去物质交流会场逛会场，去一个老画家的楼上看他的新作。只不过，这些内容都可以省略。不能省略的是我要回到妻子的单位，我听到了巷子里迎接新娘的鞭炮声。王大学已经把他的妻子从丽江以外的金沙江边接了回来，一些讲纳西语的人簇拥着一个阳光下的新娘子。新娘子腼腆、兴奋，对人们的目光躲躲藏藏。妻子她们的单位里，可以看到红色的对联，纯木的桌椅板凳，人们各种表情的脸，色彩斑斓的衣服……空气中，也散发着酒精，烟雾，人们随意的笑声和夸张的咳嗽……

2003 年

笑 容

我们随时都要接触人,互相用语言和表情交流思想。有时候,一个笑容,一个眼神便轻而易举地改变我们的心情。

那是一个初冬的下午,小镇上的阳光非常亮丽。写了一个上午的文章,这个时候,我走在小镇的老街上散步。突然,包里的电话响了。电话是一个女孩打来的,她自我介绍说,她是移动通信公司的营销员,要交给我一份保险卡,是公司免费送给客户的。她说她也在街上,我们便约好了见面的地点。

小镇的街不长,一会就到了东街口。街上行人不多,我看到人行道上站着一位二十来岁的姑娘,穿着移动公司的工作服。我走到这位姑娘的面前,她未开口就笑了。笑得自然,甜美,好像有许多的开心事。见我到了面前,姑娘把保险单递给我,又说,很巧的,我们两个的手机号只相差一个数字,非常好记。说完又笑了。在我的印象里,她留给我的就是笑容。想起她的笑,我觉得生活充满了情趣。这个下午,我的心情很好。

后来妻子买手机,我想起了这个姑娘,打电话让她帮我们选号,选机子。事后她说要谢谢我,她推销手机是有任务的。于是,我又帮她联系了几个客户。我知道,我喜欢和这个姑娘接触,就是因为她的笑容。

后来没事,便没有联系。一天,我从单位里出来,看到街上有一把大红太阳伞,伞下站着几个姑娘在推销手机和手机卡。远远的,我看见熟悉的那个姑娘也站在红伞下,手里拿着一叠宣传品,身边放着一些手机的样品。正好,我琢磨想换一台机子,走到伞下,便笑着和姑娘打招呼。我说:你好。

没有想到,姑娘脸上冷冷地让我看不到我熟悉的笑容。我有些尴尬,仔细一看,觉得是认错了人。她们长得太像了,像是双胞胎一样。脸色是高原上姑娘特有的苹果红,薄薄的嘴唇,杏仁一样的眼睛。只是,我有些不明白,与我熟悉的姑娘相酷似的姑娘的脸上为什么会没有笑容。当然,这时候,我脸上的表情也凝固下来,我知道这时候我的脸上也没有表情,就像冰一样冷。我赶紧离开了太阳伞,想打个电话给我熟悉的那个姑娘,问问这到底是怎么回事。还没拿出手机,单位里的王名过来了。他和我擦肩而过,只望了望我,没有打招呼就过去了。也没有笑容。我知道,王名就是这个习惯,见人从不打招呼,也从来不会笑一笑,别人对他的态度怎么样,他也不会在意,只知道认真地工作,认真地对人。单位里的人都习惯了王名,从不计较他的表情、他的笑容,同样真诚地对待他。

王名走过去,我却停了下来。我有些后悔了,我为什么会这样地在意别人的表情,别人的笑容?在太阳伞下那个姑娘面前,我为什么不把笑容留在最后?人的表情,人的笑容里面的,远远不是简单的表面,它还有着与笑容不太相符的内涵。最主要的是互相理解和尊重,不做笑容的奴隶。所以,这个时候我突然想起来,我刚才见到的姑娘可能本来就不喜欢笑,或者说,她今天心里本来就有伤心事,没有笑的心情。

  而她也许是一位工作最认真的姑娘。

2003 年

圈 子

常有人说到圈子这个词。

更多的时间里,圈子的含义,好像都与艺术有关。影视圈子,演唱圈子,文学圈子,等等。圈子总是包含着一个小范围,在圈子里,有着不多的一些人,从事着同样的工作,演绎着大大小小的故事。圈子好像是为着故事而来的,为的是新闻的亮点或者是茶余饭后的谈资。

时间长了,我有时候会想到,圈子是一个〇,一个圆,在圆的边缘,很难找到起点和终点。从起点回到起点,这是圈子的悲哀。所以,在圈子内,我容易困惑。许多时候想走进一个圈子,有时候想跳出这个圈子。多年的生活,大抵就是这样。

读了一本喜欢的杂志,里面有篇小文,引用了作家刘震云在《单位》里的一段话,这段话说到了"圈子"问题。原话是这样说的:"世界说起来很大,中国人口说起来很多,但每个人迫切要处理和对付的,其实就是身边周围的那么几个人,互相琢磨的,也就是那么几个人。"

是啊，仔细想下来，大千世界里，我们每天打交道的人，也就是那么几个，所能接触的，也就是小小的一片天。

这样想下来，圈子也是可以推而广之的，圈子不只艺术界有，在人的一生当中，免不了要生活在一定的空间范围。政府、政党团体、单位、学校、家庭等，也算得上是圈子。小人物有小人物的圈子，大人物有大人物的圈子。我们任何一个人，总是要在一定圈子内喜怒哀乐。

所以，在我们看似复杂的人际关系中，真的要有相处好几个人的艺术。要相处好圈子里的人，有人说，那就是生活在圈子里，好些事要跳出圈子想一想。跳出圈子想事情，天地便宽阔。意思是说，世界很大，站在局部想问题，老是想着身边的事，身边的人，只会狭隘自己的心胸，斤斤计较，很难心理平衡，难于发展自己，难于相处好同事。

所谓"小市民"思维可能就是这样来的。小市民总是生活在一个小镇上，他们每天看到的，只是小镇上的几个人，他们一生封闭，在一个小天地里，看不到外面的世界。这种人，一生所争的，就是房前屋后的一尺檐水，门前的一块石头。

这种习俗同样会漫延到我们的一些机关里来，大小单位，也难免有小市民气息的笼罩。忌妒、怀疑、攀比，都只能在圈子里产生。一个单位里的同事，往往会为争一级工资，为一句话的声音高低，芝麻大的利益而耿耿于怀，生一些怨气。这些人，就是不会跳出圈子想一想。

所以，有名言"隔壁只为一尺墙，让他三尺又何妨"，这就是劝慰人们跳出圈子。

跳出圈子可以理解为两层意思。一种为设身处地，善待圈子；一种是换位思考，在有可能的情况下，找到有利于发展自己的空间。

这两种情况，我都有亲身经历。

那年从部队退伍回到家乡，正好，大队要在我们几个退伍兵中选择一个民兵连长。退伍兵当民兵连长，是件很荣耀的事。但最后这个指标落到了另外一个同乡的身上，这让我觉得很失落，非常懊恼。

我有个叔叔，是个木匠，他知道我的事以后，便对我说，你为什么不跳出圈子想一想。叔叔是村子里很有学问的人，我知道他说的话是对的。正好，当年恢复了考试制度，我拼命复习，考上了一所中专学校，改变了命运。

我虽然有这个跳出圈子的经历，但我知道在有些时候，圈子是不能轻易跳的。我从老屋田家巷搬出来就是个教训。

田家巷是我在县城里购置了十年的住宅地，有二百多平方米的土地，一百多平方米的小楼房，还有一个幽静的院子，院子里的一棵樱桃树上常常站着轻盈的小鸟。我曾经在这种环境里读书和写作，在院子里，我点燃一支香烟，默默望着蓝天。但是，后来总觉得心里不能安静，想起与邻居间为檐水，想起邻里间为一线敏感的土地的纠纷，想起隔壁出租房里的噪声，便一直想着搬到一个更为理想的场所。

房子卖了，新的房子买了。但新的房子，就不可能只是我一家人，旧的矛盾解决了，新的矛盾却慢慢地产生，等待着我去解决。并不存在真空，也要人与人之间的交际，我不可能到真空里去生活。

与此同时，我却十分怀念起我田家巷的老房子来。

2004 年

远方的朋友,金安

一

2005年春节后的一天,我的两个远方朋友与丽江的一个地名联系到了一起。

这个地名叫金安,这里有一座百年老桥,我在过去的文章里说到过,后面的文章里,也还会说到。现在要说的是,这一天,远方的朋友、古老的桥、金沙江的山和水等,都在我的脑海里产生了最为特殊的意义。

两个朋友当中,一个来自北京,一个来自浙江,两个都是女同志,工作与文学、文物等艺术行为没有关系。北京的朋友小佟最先和我联系,了解丽江和永胜的民族风情。后来,我看了一些小佟略带日记形式的文章,知道她是一个上班族,从小喜欢云南,酷爱云南的山水、植物和云南少数民族的舞蹈,今年,她利用节假日,仿佛是圆自己遥远的云南梦。

还读了一些小佟业余时间写下的日记和诗歌、词,感觉她是一个很儒雅的女性。

浙江的朋友小吴，我基本上不了解，是小佟从网络上结伴一起到丽江来的。路途中，我边开车边与小吴谈了些话，知道她的职业是会计，长年和数字打交道。我的印象里，数字是枯燥的，但这个在枯燥的数字堆里生活的女子，却喜欢了解环保方面的问题，喜欢旅游，喜欢远方的朋友。后来曾听小吴说过，她的性格很具有两面性。怎么个两面性法，我至今不得而知，只觉得她是一个十分单纯的女子。云南是她向往的地方，丽江让她神往。

二

丽江过年，习惯上不喜欢出门，大多待在家里，或者走亲戚。今年例外，我得陪这两位特殊的客人。清早，我与小佟、小吴从丽江古城出发，去金安，去看那座百年古铁桥。十点左右到达金沙江畔，下车后，把车交给几个筑路工人，交给一片荒地，便要走两个小时的山路，才能到达那个村子。金安我从前到过，但好几年的事了，所以，我知道自己是最不称职的向导。道路不熟悉，又是不太熟悉的远方客人，我有些紧张。紧张的另一个原因，还是因为我一直喜欢金安村的金龙桥，两位朋友都是听了我的介绍而来的，我怕她们不喜欢那里，我怕她们后悔。所以，沿路上，我向她们介绍说，金安的这座老桥，从前叫"梓里桥"，后来叫金龙桥。桥建于1875年，百年多的历史里，桥上走过了丽江的历史，走过了茶马古道的沧桑。而在我的内心里，金安村下面的这座桥，是永远也忘记不了的桥，它记载着不能忘记的历史。

我之所以这样推崇一座桥，另外的原因，它是原汁原味的，它是没有包装过的文物。

小佟说，她喜欢"梓里桥"这个原始的名字。

小吴头天晚上十一点后才到丽江，又有些感冒，我总是担心她娇柔的走不动的样子。

三

到了金沙江畔的下梓里村，才知道对岸有了一条山区公路，可勉强通车。但小佟和小吴都说，坐车去金安，便没有意思了。我喜欢她们这样说话，我仿佛看到她们充满信心的内心世界。所以，我们选择了爬山。这时候，身边是滔滔的江水，头上是险峻的大山，我们的脚下是茅草，深深的茅草，掩饰着脚下的路。小佟和小吴看着江里的水，淡淡地说：江里的水真清。这时候，我看到江水翻着波浪，浪花很干净。

石头也非常干净，但颜色像墨水染过一样。这段时间是金沙江的枯水期，江水干净，但岸边的石头裸露出来，太阳下闪烁着釉黑的光彩。石头漆黑。小佟和小吴面对巨大的石头产生联想，这些石头让她们悬浮在想象的上面。

四

我们随时迷路。金安村下江上的铁索桥依稀可见,但我们却盲目地走进了树林,走进了茅草地和山沟里。前面曾经出现一片梯田,几间草屋,它们近在眼前,我们却难于到达。太阳随时随地跟随着我们,在金沙江边春天的季节里,我们的身上背负着一个火热的情结。

往前走,天气很热,太阳很亮。在一条小溪边休息,坐在泥土地上,我们的身上沾满了草屑、沙子和水汽。阳光晒红了小佟和小吴的脸,我觉得她们比任何时候都漂亮。观察下来,我觉得小佟十分聪明能干,我和她开玩笑说,小佟在单位是领导吧。小佟说不是。

后来,我向朋友介绍小佟的时候,总说她是高级工程师。小佟连声说:不是不是。尽管如此,我还是相信小佟是单位里最有能力的高级工程师。

小吴喜欢静静地笑,普通话十分江南。

走走停停,看到江边出现了几个人,也是去看金安村,去看金龙桥的。他们好像对这里的路十分熟悉,我们就跟着他们往前走,结果,我们总是能走到一条又一条捷近的道路。

五

还没有到金安村,最先到达的是金龙桥。

看到了桥上古老的桥墩,桥头是石头的堡垒,桥两头的瓦屋,木头黄了,瓦一片片漆黑,像是桥的装饰。十八根铁链,横跨大江之上,气势磅礴。铁链都是人工铸成的,历经百年以后,锈迹斑斑……江风习习,吹拂着江边的一切,当然还是茅草,绿色的小麦,黄色的小麦,结了豆荚的豌豆,和红色的花朵。

我心里默默记下来一些枯燥的词句:有些梯田,有些庄稼,有些割麦子的女人,有些人赶着驮着庄稼的牲口。牲口从容地过江桥,踏着腐朽的桥板,并且低下头去,闻桥板上久远的气息。

然后,我们携手过桥。小吴说她恐水,桥离水面有三十多米,更还有可能恐高。走在桥上,桥面摇晃不已。望天空,蓝天上只有云在飘动;观江里,流水一往无前。想起一句话来:逝者如斯夫!

想象往年的马帮。谈论往年的马帮。

六

村子。从金龙桥西岸沿小路而上一公里左右,我们到了金安村。路很陡,弯曲,路边有庄稼和树木。路旁边的箐里,水流潺潺,瀑布到处可见。植物以攀枝花、橄榄、桐木和灌木为主。

小佟和小吴曾站在地边,看豌豆苗上红色的和紫色的花朵,采摘尚未成熟的豆荚。我还为她们摇晃橄榄树,青橄榄落到了沙子地上,捡起来,便可吃下去。

金安村就在这样的环境里。金安村是一个宁静的村庄。村边有水，村里大多数是平房，但随着山地的起伏而错落有致。蜜蜂也生活在这个村子里，所以，村子里到处可见到养蜂的木桶、木箱。木桶和木箱都放在墙角上或者墙头上，蜜蜂轻盈地出入，声音我们听不见，只能想象它们的低唱。

　　每个农家的房上，都有一个用砖砌成的烟囱。这时候，我们看到所有的烟囱里都没有炊烟。偶尔有狗叫的声音，公鸡在打鸣。金安村里静静的。小佟和小吴要去一个农家担水，我们跃过石阶，一起进了那道低矮的木门。院子里全是土，房子里的地面也是泥土，但洒上了水，打扫得干干净净。堂屋里的墙壁上，挂有一个红色的匾，证明这是一个退休职工的家。这里有一位老人，来自供销合作社。

　　我们在房主人家的走廊上坐下，一个年轻女人，为我们泡茶，介绍她娘家在哪里，哪年嫁到金安村来，介绍她的丈夫今天去了何方。村子里正是过节的好日子，丈夫要去接妹妹回娘家。这时候，我才发现她的孩子，独自一个人玩耍，然而，怎么也看不到她的孤单。

　　一个老太太，给我们端上了瓜子。走廊上的石磨、石碓，好像是为我们设立的风景。

　　金安村，一个清静的村庄，一个干净的村庄。

七

　　这个静谧的村子属于金安村人。只不过，在这个村子里，我还是看出来，小佟更加活泼，小吴刚强的另一面慢慢显现。

我不知道，我该怎么离开这个我喜爱的村庄。下午三点多，我们准备离开金安村。一个值得纪念的日子，一点点地离我们而去，一个充满想象和希望的未来，慢慢地来到。

我的内心充满了感动。从前，我的祖父，祖父的祖父，父亲，父亲的兄弟姐妹……都从这里走过。还有我，也曾经走过这个村和这座桥。当时走过这里，完全是为了生计。现在，我到这里来，完全是为了记忆。今天，有远方的朋友和我一起来，意义就更加深远了。

2005 年

初冬的早晨

2004年初冬的一个早晨，蔚蓝的天空中，没有一点儿云彩。我不喜欢一丝不挂的天空，让人感觉到自己是那样的没有着落。这可能与自己当时孤独的心情有关。当年，我想调到丽江，工作单位却很难落实，借在一个临时单位工作，家眷却在另外的小镇上生活。我有点像无家可归的人。然而，丽江的蓝天总是这样，蓝得让人觉得有些虚假，为之叹息。加之前两天又下了一场雪，雪后的晴天里，我写下了这样的诗句：在雪花的边缘独坐，我是长满篱笆的村庄，云彩的小手、端一杯温暖的茶……

这个早晨，我开着车默念着这些诗句，想有些诗的情境，诗只有自己读得懂的。心情当然与这样的早晨十分不协调，淡淡地流露出我的脆弱与自卑。但是，晴朗的天气，还是给冬日里增添了生气，耀眼的阳光照在身上，让人感觉到些许的温暖和惬意。同样，冬日在阳光的沐浴下，让人喜欢出门，晾晒自己的心事。

带着这样的心情,我来到了丽江的街道上。

在车上,我看到了街道两边草地上白色的霜,淡淡的。冷风钻进了车里来,我感到了凉意。独自一个人,还是我的那辆不怎么密封的红色"夏利"车。

一般情况下,我不需要坐班。借调到的那个临时单位,多为文字事务。有什么需要写的东西,就带到家里来完成,然后交差。今天到街上去,也就可以不去单位,我开着车漫无目的地往前走。快到古城口了,红灯还在亮,我停下车来,想着心事。突然,一个姑娘急急忙忙地赶到了我的车门口,说要搭一下我的车。我开的是夏利车,很像丽江街头跑的出租车,很多时候,都有人在我的车前招手,我不感到意外。而且,当时丽江的交通管制不严格,在红灯路口,也可以上人。

我还没有回答她,她已经上车来了。我看到姑娘还不到二十岁,她神色十分慌张。姑娘在车上坐定,喘着气说她的包丢在吃早点的店铺里了,里面有不少钱和十分重要的证件。说完红着脸搓手,着急地看着前面的红灯,盼望着我快点走。

我不知道再说什么好,红灯也已经过去了。我启动汽车,向姑娘说的那条街开去。想了想,反正去那条街路也不长,来回最多一公里。同时,我也没有说我的车不是出租车,这种时候,说多少话都好像没有用了。但我希望姑娘能找回她的包,看到包里的钱和证件。同时,我对姑娘能否找到失去的钱和证件,好像信心不足。

车终于开到了丽江七星二街的中间地带,姑娘叫我停下车。车刚停稳,她便急匆匆地去找钱包了,她说她找到钱包马上就回来。我好像没有听见姑娘说话,开着车掉头,准备走了。知道姑娘这一去,很大程度是没有结果的话题。但是,就在我掉过头,准备出发的时候,姑娘已经快步跑回来了,脸上堆着笑容。不用说,她的包找到了。

事情就是这样让我感到措手不及,没容我多想,姑娘又已经上了车,让我再送她到车站去,她要回家了。姑娘真是把我当成出租车司机了,现在找到了钱包,坐我的车理直气壮。我又开着车往回走,这时候,我的心情也好起来,不想让她扫兴,同时,我觉得和姑娘再走一程,可以分享她的快乐。在往回走的路上,姑娘兴奋地告诉我说,她的包是店主人为她收好的,店主人是个纳西老太太,看到姑娘回来,便笑着还了她,并说一分钱也不会少。

说到这里,姑娘补充道:社会上还是"有好人"。我觉得姑娘的这话里还有话,要让人琢磨一阵子。同时我也想,那个纳西老太太卖半年的早点,也不会卖到姑娘钱包里的钱,但老太太连看一下钱包的意思都没有。所以,老太太敢肯定地说,姑娘钱包里的钱一分也不会少。这也得让人琢磨。

我还想到,姑娘说的社会上还是"有好人",这话从前就有人说过了,代表不了我今天早晨的心情。相反地,我喜欢姑娘在我的身边平淡地介绍她自己。姑娘说她是大学毕业生,没有考上公务员,自主创业在玉龙雪山上一个叫牦牛坪的旅游景点开店,一年下来,生意很不错。进了十一月,是雪山的淡季,她下山来玩耍……就这样,把姑娘送到车站。姑娘付了二十块钱的车费给我。还没来得及作过多的解释,她就走远了……

我开车往回走，在街道上转了一圈，又一圈，这让我心情十分好。

……后来的时间，又在自己的一些生活琐事上动了些脑筋，或者莫名其妙地麻木自己。一天时间过去，再没有更为新鲜的记忆。回到家里，我坐在电脑前，面前银屏的色彩淡淡的，窗前可以看到淡黄银杏树，叶片是浅浅的颜色……于是，趁着好心情，便把这个早晨与那个年轻姑娘相遇的事记了下来。

那时候，我喜欢写散文，在几个散文论坛上发帖，每个星期至少要两篇。有的散文，也发在省内一些报纸的副刊上，更多的是发在《丽江日报》副刊上。当然，散文里表达的，都是如此平淡的小事。想想记录这些小事也有意义，觉得自己只是平凡的人，身边发生不了什么轰轰烈烈的大事。把平凡的日子中温暖的事记下来，再把平凡的日子过得有意义，也十分不容易。

2005 年

声 音

最为美好的事物是不能说出来的。多年来,我一直会想起这句话来,觉得也是为人做事之道,为文更是如此了。很久以前读过一个诗人的文章,他也说:美好的事物是不能说出口的啊!很有同感。

后来,有机会看一些文艺演出,这种感慨就多了。也得出一个经验,作为文化艺术,靠高声大音是不能取胜的。

在丽江,喜欢听丽江纳西古乐。纳西古乐是低调的,舒缓的,从容不迫。特别是主持人宣科,纳西古乐还不出名的时候也好,现在已经声誉满天下也然,他的话语都是从容镇静,让人听了顺耳舒服。

小时候认识一个聋子,对任何人说话,都喜欢趴在人家的肩膀上,对着人家的耳朵放大喉咙,说得面红耳赤。他以为别人也像他一样听不见。这种时候,听话的人,可能只想着如何回避,不会注意他说话的内容。

以上的故事,没有看不起残疾人的意思。只是想用声音说明声音有时候会表达人生的某种缺陷。于是，由声音再想起纳西古乐和宣科说到纳西古乐的声音。实际上，纳西古乐队只是由二三十纳西人组成，其中，有八十多岁的老者，也有二十来岁的妙龄少女。令人钦佩的是乐队中的"八老"，其年龄都在八十岁以上，都是纳西古乐的真传者。在乐队中，乐器老也是一大特色。在演奏会上使用的乐器，大部分是400年前制造的，由于保存完好，至今还油光发亮，只是制造上显得粗糙一些。有一两件乐器，甚至保存了两千年前西域少数民族乐器的原型，被史学界称为"乐器化石"。我们从纳西古乐队的成员和乐器情况可以看到，丽江纳西古乐的保守性、原始性，她之所以没有被外界污染，除了地域上的隔离以外，还有这个民族的封闭观念。纳西人在文化观念上，总是善于保护自己的传统，并在保护自己的传统文化时有机地吸收外界文化，使自己的文化更充实、更完善。

纳西古乐的演奏，是在一座古老的四合院，面朝南的房子就是演奏台。古老的乐器静静地摆在台上，刚进院时，演奏的老人还没有登台。时隔不久，老人们从后台上来，一个个面目沧桑，但又是那样的大气，从容不迫，极富神采。台上台下都没有渲哗，没有浮躁之音。到了古乐院里来，完全被一种气场所征服。

少顷，一声低沉的锣声响起，像是从天边而来，声音逐步环绕于房梁和场子之间，听众完全屏声敛息，任思绪自由翱翔。锣声响过，琴声箫声缓缓奏起，于是，演奏才开始。《八卦》《浪淘沙》《山坡羊》《玉龙山白雪曲》等曲子……从古老的乐器里流淌出来，三弦，二胡，扬琴，笛子，葫芦竹笙，琵琶……都开始行云流水，低吟浅唱，沁人肺腑。人们开始感觉到，老人们的演奏，是对漫长岁月的解释，是对复杂生活的简单理解。这样的演奏功底，只有来自民间，来自一个文化深厚的民族。

难怪纳西古乐会这样名扬九州了。

当然，与纳西古乐一起扬名四海的，还有纳西古乐研究会会长宣科先生。早在 1986 年，宣科先生就以音乐专著《活的音乐化石》即《音乐起源于恐怖》一文轰动海内外。音乐起源于劳动，这是多少年来都没有异议的观点，宣科这个"音乐起源于恐怖"的不同寻常的命题，让世人为之哗然。

宣科先生是一个怪才，是一个音乐大师。

但是，在宣科的生命中，曾度过了 28 年的监狱生活，可能是 28 年的监狱生活修炼了他，出狱后，在地区中学任教，退休后，他一潜心研究音乐，并对音乐产生了极好的感悟。宣科把自己的音乐天赋全部倾注到了民族音乐的研究上，纳西古乐、白沙细乐、纳西窝热热等，他都潜心研究，并成果卓著。

是上天的安排，让纳西古乐和宣科结下了不解之缘。

宣科加盟纳西古乐研究会以后，他利用自己熟悉音乐，熟悉英语的有利条件，把纳西古乐介绍给外国人。到丽江听纳西古乐的外国人，如果不听到宣科的解说，那也是一大遗憾。如今的宣科，就是纳西古乐的代名词，一把打开纳西古乐的钥匙，一个解开纳西古乐密码的神奇人。纳西古乐不老，宣科也就不会老，宣科已经年到七十四，但还有一颗年轻人的心，看到他，他总是朝气蓬勃，意气风发。走在丽江古城，他还和青年人一样穿牛仔裤,穿花格衬衣和花毛衣。

　　当然也有第二种声音,也有人说宣科疯,说宣科狂。真的,宣科是"疯",是"狂"。但话又说回来,宣科不疯不狂,丽江纳西古乐到今天还不一定为外界所了解,她可能还要养在"深闺"无人识。

　　由一种声音,让我们都重新认识一次纳西古乐,重新认识一次宣科。

2005 年

怀念一次日出

　　一个驾驶员的想法，未免十分简单。就拿我来说，开车出差，喜欢走的是山路。云南山多，山路十分险要，我在狭窄的道路上从容地打着方向盘，鸣着喇叭，在汽车的行驶过程感觉自己的存在。这种时候，我会把走山路想象成现实的生活，我们的人生。多年的社会经历让我知道，在生活中，不经过曲折，不经过磨难，那便不是真正的生活和人生。起伏和坎坷才是最为真实的世界。我记得不久前印度总理瓦洁帕衣落选后曾经说过：

　　胜利和失败都是生活的一部分。

　　我很欣赏这位风行一时的大国总理说的这句话。

　　所以，驾驶着汽车走在山路上，我会在蜿蜒的山路上感觉到一种旋律，产生意气风发的意境，感觉到生活的美好。

　　后来，我最大的愿望，就是开几年大汽车。每次开着小汽车拉着领导或同志下乡，在路上看到开大车的师傅从容地驾驶着货车，货箱上码着高高的货物——这时候，我心里满怀敬意。我一直认为，一个职业汽车驾驶员，不开几年大汽车，算不得真正的驾驶员。这个理想直到后来才如愿以偿，那年，我从单位里"下海"出来，自己买了一辆解放牌大货车，拉木料、农药、化肥和粮食。许多人都说我是自讨苦吃，为我想不通。我也知道，开大货车比在单位开小车不知要辛苦多少倍，早出晚归，流汗流血，但我常年乐此不疲。因为，开大货车让我在艰苦的近似流浪的驾驶生活中寻找到了快乐。

开车出门在外，抛锚是常有的事。很多时候，我一个人被抛在了荒野，默默地坐在公路旁边，等待着修理工的到来。所以，如果是几个人一起出车，我喜欢走在前面，这样，如果汽车坏了，后面的师傅上来，便有了照应。开车的人都知道，开车拉货，如果后面还有自己的司机朋友，心里也会踏实许多。

我曾经相处过一位姓白的师傅，他开车的技术很好，人也十分诚实，和他在一起，我有言在先，让他无论如何不要超我，让我走踏实的路。白师傅总是能照我的话去做，他的车比我的动力好许多，但他都不超我的车。中途休息的时候，他常对我说，他是"忍"着油的。

后来，一次抛锚还是如期而至。车是自己的伙伴，坏了，心情会十分不好。白师傅赶上了我，他听了听声音，知道我的车是变速器的主轴坏了，说一时修不好。两人商量，决定我在野外等待，他到前面去为我找修理工。临走时，他看着我忧郁的神情，说他在前面不远的小旅馆里等我。白师傅的话里有一种真诚的温暖。

修理工很快就到了，经过一个夜晚的努力，到黎明时分，车便修好了。我发动汽车，开车往山上爬去。一路山回路转，我脚踩着油门，马达声在山野里轰鸣……很快地，汽车快开到山顶，这时候，我看到太阳露出了脸来，像是从树林里草丛中飘起来的一个灯笼。我记得十分清楚，这个早晨的太阳像血一样红，光线浅浅十分柔软。迎着朝阳，我的车继续往上爬，光线照到了驾驶室里，照到了我的身上，我感觉到太阳就在我的面前，伸手便可触摸到……这时候，汽车也好像是受到鼓舞，昂首向上攀登。这时候，我热血沸腾，情绪高涨到了极点，情不自禁地鸣起了喇叭，喇叭的声音在山谷里回荡……

多年来，我都很感动这个早晨，感动这个早晨的日出。一次意外的抛锚，让我享受了黑暗；一个黎明，我享受到了日出，从黑暗到黎明的过程中，我像是看到了千年的希望。所以。后来的日子里，不论生活中遇到什么样的困难，我只要想到开大汽车所经历的那些困苦，想到那个汽车抛锚的夜晚，那个感受日出的早晨，我就会对生活充满希望和热情。

这样想下来，关于苦难的记忆是个好东西啊。

2004 年

上山小记

　　山箐里的洪水已经退了下来，十月已经到来，再也不可能涨水了。但是，箐边还残留着涨过水的痕迹：两岸边的石头干干净净，一些小树和长草被冲得东倒西歪，新鲜的红土全暴露在外面，在太阳的照耀下，颜色更加红了。今天的太阳比以往任何一天都好，天很蓝。蓝到什么程度呢？就像是谁织了一块蓝色的缎铺在天空上，一个疤痕也没有。山箐的两面，山很高，要仰起头来才看得见山顶，山坡上都长着粗大的松树，以及还没有衰败的青草。松树和青草都很绿，很青，还沾着许多的水气，因为昨天才下了一场雨，雨水把什么都洗干净了，看到哪里都是新鲜的，让人有耳目一新的感觉。山脚下箐边不远的岸坎上，是一溜排的老百姓种的山地。山地是面积不大的梯田，不太平整，土挖得细，畦理得认真，一看就知道是地道的庄稼人干的活，谁看了心里都舒服。地里种的是蚕豆，刚才长出四叶，还没有一个分枝。蚕豆刚出土不久，又刚被雨淋过，早上的露水也还没有干，显得水灵灵的十分有生气。那叶片上，一点疤痕也没有，一点杂质也没有。这些蚕豆都长得一般高，它们都种在同样条件的地里，得到同样的阳光雨露，彼此都不争上下，把几株豆苗拿来相比，怎么看都是一样的。梯地的埂子比较高，最低的也有一米来往。这些埂子都是用石头垒起来的，垒得整齐、平稳。埂坎上也不见闲着，栽着好些花椒树，但是花椒树上已经没有花椒了，叶子也已经发黄，树上的刺却显得比较坚硬，谁也不敢轻易地靠近。我估计这家农户在田埂上种花椒树的原因就是不容易让人轻易把自己的果实摘去，自家可以多有些收入的吧。

　　我在箐边走来走去了好一阵子，我建议和我一起去的人就在箐边安下锅升家伙来，准备在箐边玩一天，大家都欣然同意。我们今天一起出门上山来的一共是三家人，三对夫妻和两个孩子（一家的孩子去昆明上学去了）。当然，三家人是很好的朋友，都喜欢说笑话，开玩笑。我们选择了箐边的一片沙滩放下了我们所背的东西。这是一片相当干净的沙滩，沙子是被流水清洗过的，也好像是用筛子筛过一样，十分均匀。沙滩上也还有地些大块大块的石头，可以用来当凳子坐人，石头干净，但有点凉，需要垫上一点儿山坡上找来的干草或者是树叶子。我们还在岸坎边的松树和白蜡树树上拴起了带去的吊床，吊床不多，只有两张，大家都争着要先睡，最后只好达成协议，先睡的让后睡的打扑克。我知道争不赢她们女人家，就认命开始打扑克。其实，吊床我早已睡过，那种滋味早已在心头。睡吊床的感觉是，人已离开地面，心悬在了半空中。人仰面朝上，眼望着蓝天和白云，什么也不想。人心里全是空的，在家里待久了,心里装得满满的,现在全释放了,完全是一种心旷神怡难于言说的舒服味道。但是今天是不能享受了,就一心一意地去打扑克。我们这里打扑克也是很有意思的,叫作"升级"。我们在岸边的树底下找了一块青草坪,青草地上的草上还有一层露水,而且被树挡住了太阳。这样,我们就又回到了山箐边的沙滩,找了一块当阳的地方,随随便便地坐了下来。在箐边坐,在箐边蹲,根本不需要去选择哪里干净,哪里不干净,全是一片干净的沙子地,你坐到哪里都一定放心。箐中的水在哗哗地响,那种声音清脆、悦耳,完全是听音乐的感觉,不过比一般的音乐更纯净、更清幽。真是有点不想打扑克了,就在山箐边静静地坐一坐,比什么都值得。不过,为了不影响大家的情绪,我还是同意打。我们对打扑克的输赢都比较认真,有时候为一张牌争得面红耳赤,不依不饶。不过话又说回来,如果一点都不注重输赢,那扑克打起来不是要打瞌睡了吗?我们这里打扑克的一些术语,只怕和其他地方差不多,说 J 是钩,说 Q 是圈,也有说洞的,但比较忌讳。有人开玩笑地把 Q 说成是姑娘,可见不是好话。今天打牌,我不和自己的妻子一对,和自己的妻子一对,坐上去就吵闹,都怪对方出错了牌,其实如果牌不好再有水平也不一定能打赢,俗话说,人巧不如家什妙。就这么坐在箐边玩了个把钟头,我们就把对家的帽子戴上了,戴帽子,就是在最后一把的时候用 A 扣对方的底,A 就是帽子,很形象的。

把家里的任何一种玩法带到山上来玩,味道一定和家里不一样。在家里做的事情,有时候觉得一点味道也没有,到了山上无形中就有意思了，这可能就是上山的魅力。但我觉得，上山来能不把家里面做的事带来，做到山上来才想做的事，这才是最有意思的。于是，打了第一把扑克，我就建议不打了，奇怪的是，大家都马上异口同声地同意。可能大家都已经意识到了这一点，都可能要去寻求一点什么。我什么也不问他们，自己一个人顺山箐边的小路走去。这条山坡路走的人很少，路两边的草都长得漫到了小路中间去了。路面上看不见人走过的痕迹。我的脚踏在小路上软绵绵的，感到无比滋润和温和。我是从山坡路自下往上走的，来山上玩的人，都只想往高处去。只说是"水往低处流，人往高处走"是带有乏意的俗语，但我觉得人到了山里还是要往高处走才有意思。往山下走不是又返回原地去了吗？我边走边胡思乱想着，我走着，一阵鸟的叫声传来。这时我才抬起了头，发觉我已经走进树林子里来了。周围的树都密起来，有松树，有灌木，里边还夹杂着果树。有鸟在树间轻轻地飞，是几只小鸟，太小了，只有一丁点大。几只小鸟的颜色是褐色的，它们在林间都成双成对地在一起，看上去一点儿也不孤单。它们飞动的时候十分轻巧，像是一片片羽毛在林间飘浮，它们不弄出一点儿声音来。原来，我听见的鸟叫声是从远处传来的，是那些大鸟的鸣叫。大鸟只敢在远方给我们传来声音，它们走近我们怕会遇到什么不幸。

　　我继续往前走，走不多远，我忽然听见林子里有小鸡叫唤的声音。仔细寻找着看，原来一群小鸡正在灌木丛林里扒土。只能说它们是在扒土，因为我见它们一个劲地头朝下屁股朝上地扒土，它们扒土寻找什么呢？可能在林子里扒土是它们的一种快乐的游戏。看见了小鸡,我就知道附近有人家了。果然,我朝前走不了多远,就看见了一所小土房子。房子在一片茂密的果树林当中,房子的旁边有一个小水塘。房子十分破旧,用山泥筑的墙,房顶上盖的只是茅草、松枝,房檐下边,爬满了从山上攀过来的藤蔓。房子里没有人,房子也没有上锁。我走到房门边上往里看,里面有点黑,但还是看得清有些什么东西,因为房顶上的茅草有好几处都可以露进阳光来。我看见屋子里有一个火塘,火塘里还燃着火烟。有一股细细的阳光像手电筒光柱一样射进了房子里,火塘上的火烟成了紫色。屋子里的地面是泥土地,但是扫得干净,没有一点儿杂质。地面上还摆着一些日常用的农具,煮饭吃的锅盆碗筷。这些东西都摆在地上,但是我相信谁也不会认为摆在那里会弄脏掉。山上的泥土地比城里的水泥地要干净得多,这是我上山后的一个总体感觉。在房子的一角,随便地铺了一张床,床上行李也随便地摆着,看上去有点脏,还闻得到有一点汗水味道。谁是这里的主人呢?我只好关门转身朝外走去。

我来到了房子旁边的小水塘边上了。小水塘实在是太小了,它方圆只有四五米大,是这家人自己动手修筑起来蓄水用的。小水塘的下方,是用石块和水泥筑起的堤坝,不高,但一般的水又冲不垮它。小水塘的上方就开挖得十分简单,土挖到哪里,哪里还有锄头印子。水坝的上方,有野生野长的各式各样的树木和花草。可惜花谢了,草也快衰退了,树木的叶片,也快落光。但是这些树上都还坠着许多的南瓜、福寿瓜。南瓜黄的多,只有少数几个是绿的。瓜叶却已落光了,不注意看,以为是松树上、柳树上还会结瓜的呢。我看着这丰收的瓜果不由得心里喜洋洋。我又朝前迈动了脚步。我一动脚,看到了小水塘的水面上泛起了一阵阵的波浪,波浪由远而近,由小到大。水塘里本来水就不太满,现在是比原来更混浊。我觉得奇怪,便紧走两步到了水塘里浪花泛起的地方。水面上只见有许多的鱼头在漂动,大大小小的黑色的鱼头密密麻麻挤在一起,都张开着它们的嘴,晃动着它们嘴上的胡须。其中有几条鱼的个头比较大,大如茶盅。胡须也长,一摇脑袋,那胡须在水的上面直晃。这几条大鱼还向着我睁大着眼睛,那鱼眼睛简直是飘到水面上来了,一定是以为我是它们的主人,给它们喂东西来了。鱼也是懂得人性的,如果是其他地方的鱼,见人只怕是躲都躲不赢的,它们不怕人,是因为知道人不伤害它们,还要给它们吃的。可惜我没有给它们带来吃的东西,它们只能是在水里呆呆地看着我,它们一定感到失望。

2002 年

洗衣歌

我们听到的所谓现代的、流行的歌曲，生命力到底有多久，那是将来经过时间的检验才能知道的事情。而近年来，老歌、山歌，越来越容易引起人们的怀旧情绪。这可能与人们的生活经历有关，老歌、山歌，轻而易举地让我们回忆起一个时代，自己曾经的岁月。过去了的日子，不管是多么艰难困苦，回忆起来总是会让人感慨万千的。

比如说，我曾经在西藏当兵多年，便十分喜欢《洗衣歌》，那个融藏族味、高原味于一炉的歌曲，旋律起来，便能让人想象载歌载舞的高原，一群漂亮的"卓玛"，英俊的解放军战士，清澈的雅鲁藏布江……当然，还有我在西藏的生活，雪山、沙漠、帐篷、羊群……这会让人产生多少联想啊。

我喜欢《北京人在纽约》这部电视剧，很大程度上是因为里面引用了《洗衣歌》。那天打开电视，正在播放《北京人在纽约》，看到电视中的主人翁王起明在纽约开车上街，不知道他是高兴了还是生气了，他的车里响起了《洗衣歌》。我一下子心里热了起来,喜欢了这部电视剧,觉得亲切真实。这当然可能会有偏见,但我同时发现导演非常聪明,他知道我们中国有一大批人容易怀旧。这一大批人当然也包括导演自己。诗言志,歌亦然。而一首老歌要使不少的人产生共鸣,像《洗衣歌》一样让人百听不厌,旋律、歌词、舞姿等要素,恐怕是缺一不可的。

后来,中央电视台《魅力12》曾以《洗衣歌》为题做过一个节目。这也是无意中打开电视看到的,我再一次相信我与《洗衣歌》有缘。与其说与《洗衣歌》有缘,不如说我这一生与西藏有着难以割舍的情感。听到李娜的《青藏高原》《走进西藏》,看到电视上出现布达拉宫,出现孔繁森在西藏的镜头,看到在青藏线上奔跑的车队,往往忍不住热泪盈眶。所以,每当电视里有布达拉宫出现,有西藏高原的歌曲响起,我的儿子就会大声地叫我。对于西藏的感情,高原生活的细节,像血液一样流淌在我的内心。冰峰、雪域、泥土覆盖的藏房、藏家少女、草原、牦牛、冬小麦、红柳……这些西藏的景物,将永远陪伴我的生命……

中央电视台的《魅力12》,又是《洗衣歌》。先是舞蹈,几个藏族女子翩翩起舞。舞姿优美娴熟,并富于情感。当然是在我最为熟悉的旋律中的舞蹈。《洗衣歌》的旋律是充满动感的,所以,她的出现,始终伴随着舞蹈。《洗衣歌》是具有高原气息的,所以,她的出现,总是会有一群藏族少女载歌载舞。当然,还有弦子、笛声、二胡……不知道应用着多少乐器,把我拉回到很久远的年代。然而,看完中央电视台《魅力12》的节目,我才知道《洗衣歌》的旋律与四川巴塘弦子舞有关,与那条川藏公路有关。其实，这些都不太重要了，重要的是我与西藏的情结。我曾经写过："生活在西藏的日子，我无法回避默默飞翔的乌鸦。我觉得它们是最孤独的，最能让我感动的。我常常看到它们沉重的翅膀和模糊不清的眼神。可能是我的错觉，我自己看天空中飞翔的乌鸦是模糊的，所以，我便认定它们的视线不太清晰。还有偶尔发出的鸣叫，划过茫茫的沙漠。在这种鸣叫中，我感觉到了从来没有体味过的空灵。"

　　文字的语调有些低沉，反映了特定时期我的精神面貌。但不管怎么说，有了上面的这些情绪，再谈我心目中的《洗衣歌》，那就不难理解了。我总是能从《洗衣歌》欢快的旋律中得到精神上的洗礼，从而更进一步理解我现实中的西藏高原和兵营生活。所以，我从内心感谢《洗衣歌》的创作者罗念一先生，他是早期最为优秀的藏歌创作者之一，为我们创作了如此美妙的歌曲。同时，我还感谢最为现代的亚东、李娜、卓玛加、韩红等歌唱家，感谢他们以最为现代的形式为我唱《洗衣歌》。

2002 年

第六辑
编 外

黎明前到达巴黎

想不到,从云南去法国,先要转机越南。昆明到越南河内,一个多小时就可以了。只不过,我们在河内机场里,等待的时间足足八个小时。八个小时都在冰冷的候机室里作无聊的等待。

晚上十一点,终于从越南河内机场出发,经过了十一个小时的飞行,当地时间早晨六点钟到达了巴黎戴高乐机场。凭感觉,好像是从天黑到达黎明,仿佛是没有时差。仔细一想,时差显而易见。我知道,我们在飞机上的时候,不知不觉中经历了一个由黑夜再回到黑夜再到达黎明的过程,像是故意安排好的时间迷宫。但不管怎么说,我们到达巴黎已经是清晨了。

飞机也开始缓缓地降落,透过机窗,天的颜色浅浅的,视线还比较模糊。地面上可以看到清晰的灯光,可以看到霓虹灯在闪烁。最明显的是街道上黄色的光线,描写出了巴黎的每一条大街,流动的红色,是汽车的尾灯。公路上行驶的汽车好像还不多,远远地感觉中,巴黎还比较静。只是,飞机马达声还在轰响,想到这种声音就要带我们走上异国他乡的土地,心情不免有些激动和茫然。机舱里的人开始躁动起来，发出不同语言的声音，都在等待着飞机停稳。

徐徐地降落，可以听到机轮着地的声音了，心情也开始着陆。着陆后的飞机没有停到候机室厅的楼房那边去，而是停在了一块巨大的场地里。我们等着，时间不长，一辆升降车来到了飞机的舷梯旁，机舱门才打开。所有的人都忙着提自己的东西，往前走，陆续上车。车很长，人很多，只能是站着到了候机楼的通道。通道里没有空调，十多个小时以后，大家才感觉到了自然的空气，呼吸着新鲜而陌生的空气进入机场大厅。随着旅客的队伍，我感觉巴黎清晨的空气有些冷，眼睛所看到的倒不十分陌生，也是水泥房，瓷砖地板，还有一些指示方向的标志。

过道上人也越来越多，同时到达的，可能有两架飞机，这是我根据出港的旅客来判断的。我看到两队人马混合到了一起，混合的人群中，除了我们一起的亚洲人外，还有许多的黑人。黑人的飞机，我想是来自非洲。

出境过关检查比较严格，查护照，看签证，看身份证，当然，那些高个子警察，还会抬起头来看看他所检查的人。他们脸上没有表情，一副公事公办、一丝不苟的态度。检查口前排起了长龙，两架飞机上下来的人，排在了不同的窗口。这时候，天也开始明亮了，光线透过玻璃，我看到了曙光。情绪也好了起来，看了看，排在一起的，都是一起出国的朋友，也就松懈下来了。

只是，过关的速度还是比较慢，于是，大家就换着去上卫生间。谁走开，留下的人就看所带的东西。从卫生间回来的人介绍说，卫生间里可以抽烟。有个朋友便迫不及待，他在飞机上馋了一夜的烟，所以拿出烟来走出了队列，向卫生间走去。我走在朋友的后面。顺着标志到了卫生间，却看到里面有个中年妇女在打扫卫生。我们就在门口等待着她打扫，卫生间很干净，她还是认真地擦拭。她脸上没有表情。在卫生间里，我们都没有看到禁止吸烟的标志，朋友也就抽起烟来。看到有人抽烟，打扫卫生的妇女开始生气地说话，用的是法语，所以我们不知道她生气地说些什么，但从她皱着眉头，说话的声音，脸上显示的态度来看，她不喜欢在卫生间里抽烟的人。

这让我有些纳闷，我想，既然没有禁止抽烟的标志，这个妇女也就没有生气的理由，所以，对于法国妇女的生气，我不得而知。

抽烟的朋友只好把烟灭了。

从卫生间回到出关的队伍里，我看到除了我们要经过的出口，另外还有通道，也是出关的道口，但这个道口里出入的，都是一些白人，可能是法国本籍人，他们出关的手续看上去非常简单，只看看一个像护照一样的小本子就挥手微笑着轻松地通过。这个道口人也不多，不需排队。这个时候，许多人都会产生一些想法，我想，看到这种情况，什么样的想法都会产生。我想到的是，我们国家，机场车站码头，首先想到的是要方便外国人，而在法国，他们首先方便的是本国人。这种观念与我们中国是多么地不一样。

我们等待的队伍里有了喊喊喳喳的说话声，这种声音我一直在猜想。这时候，我也听人说，中国人在巴黎机场，出入受阻的情况时有发生。所以，心里开始有些紧张。但过了一会，我们终于还是全部过关了。都走出了机场，来到了候机室。候机室门口，我看到等候在门口的的士，大小接待车辆，打扫卫生的清洁工，穿插得让人眼花缭乱的立交桥……一切都让人觉得好奇。而我们暂不能走，晾在巴黎清晰的风里。我们得在这种风中等待，等待导游小姐的到来。在等待导游小姐的时候，有人发现一个叫小黄的姑娘不见了，大家一下子都着急起来。有人提议派几个人去找，人还没有出去，小黄姑娘回来了。原来，她是到卫生间里去换衣服了。已经是冬天了，小黄姑娘换了一身漂亮的裙子。她可能想到了自己十多个小时的风尘仆仆，身上衣服的灰尘让她感觉到心情的疲惫。

2004 年

点滴的荷兰

记忆中,荷兰的空气是湿润的,湿润的空气中有一种香甜的气息。记得那个早晨,我们从比利时出发,不长时间就进入了荷兰的国度。欧洲的许多国家,简直就只是一步之遥。一路上,我在这块土地上看到的都是绿色。绿色的草地上,青青的树丛中,我也看到了最为完美的欧式建筑。枣红色的瓦面,精巧的阳台,窗户里点缀着洁白的轻纱。最让人感动的是窗台上的花,鲜艳丰腴,不枝不蔓。还有阳台上的小木桌,纯木的,显得有些粗糙,但干净,整齐,透出本质的纹路。桌边上,显得散乱的是几把小木椅,这些漫不经心的小椅子让我想起了啤酒和咖啡。我知道,啤酒和咖啡是欧洲人生活的一个内容。在欧洲的日子里,我才发现啤酒和咖啡是他们生活的空气和土壤,外在的和内心的表达方式。

用啤酒和咖啡来作为一种倾诉的手法。

在欧洲,啤酒和咖啡让我看到一种生活为什么悠然自得。

奶牛随时都会出现,往往是几头站在一块,黄色的或者说是花色的，它们都是一个颜色，像是出自同一父母。在这里，奶牛静静地吃草，或者抬头看着远方。它们成为绿色草地上的一个饰物。在偶尔才可能看到炊烟的乡野，草地、欧式房屋、奶牛……这就是我到荷兰看到的图画。

　　一路行走，到了阿姆斯特丹。阿姆斯特丹是荷兰的首都，是一座奇特的城市。据介绍，全市共有160多条大小水道，由1000余座桥梁相连。我们漫游城中，只见桥梁交错，河渠纵横。市内空气潮湿，原因是这里的地势低于海平面1—5米，被称为"北方威尼斯"。由于地少人多，河面上泊有近2万家"船屋"。过去，城市的建筑几乎均以涂了黑柏油的木桩打基，以防沉陷。建筑荷兰王宫的时候，地基使用了13659根木桩。这天，我们参观完了风车和草场以后，慢慢走过这座水城。河流窜过城市，大海的浪，拍打着古老的房屋。芦苇的花是那样的好看，我们到达的时候，正是好季节，齐腰的芦苇，站满了所有的河岸，让我看到了这个城市的河流是多么的丰盈，像是喝够了母亲乳汁的婴儿。风车和木鞋，也充斥着这座小城和这座小城的边缘，小房子，靠在小河边上，水的上面。进了城里，看到一些小房子修建在河水边上，还有门牌号，虽然小，但看上去干净整洁，是舒适的单身汉的房屋。火车站，飞机场，也离不开水，还有大码头，轮船的出入，水手的号子声，鸣响着远方的寂寞。

　　这天，我在荷兰走过的一切地方都是水和河，海的平面。荷兰阿姆斯特丹，总是与海、河流和水有关。过去和现在，这个城市以水上交通为主，是欧洲一个重要的水上交通要道。在陆地和空中交通尚不发达的时候，荷兰人就是靠这个港口与外界相连接，进行着各种外事活动。听说，他们当年侵略我国台湾省的时候，就是从这个海港出发。远行的船，远来的水手，都在这里靠站。在这个城市里，水手们同样没有家，他们寂寞无聊。久而久之，为之服务的妓女行业出现了。只不过，与其他地方妓女的经营方式不同的是，这里妓女们都没有大规模的组织，她们独立门户，自主接待客人。她们也不躲躲藏藏，公开亮相，并有了不成文的定价。这就是阿姆斯特丹的"橱窗女"。

在这个夜晚，2003年10月2日，我看到了"橱窗女"是多么真实的存在。一条河指引我走向了迷茫，模糊的红灯，让我看到了这条河的污浊。依然是真实的小河，小河里，有小船划过，还有没有回家的鸭和鹅。船上没有人唱歌，他们看着岸上的行人和狭窄的石头路。我走在岸上，看不清小河里的水是否还依然清澈。岸边的道路狭窄而古老，一辆小汽车可以单向行驶，路上人来人往。有高大的欧洲人，有强悍的非洲黑人和我所熟悉的亚洲人的面孔，一些人的眼神让我感到了莫名的恐惧。一路行走，我看到岸上的房屋也古老，两层，或者三层，同样是欧洲流行的风格。这些房屋的窗户都比荷兰其他地方的窗户大一些，装着整块的透明的玻璃。一些窗户的灯还没有亮，一些窗户里，已经放射着红色的光。红色的灯光下面，站着或者坐着的女郎。窗户里很干净，墙壁简单洁白，没有多余的摆设，漂亮的女子，便是全部的内容。一个窗户里，一个，最多两个，都只是"三点式"。这些"橱窗女"，既然已经摆到了前台，当然是越暴露越好。这里是最为彻底的"性"，让你无话可说。

天越来越黑，灯光越发明媚。我只能是在这条河边默默地走，随着熙熙攘攘的人群，埋藏我所有的灵魂。走过小河边的，并不都与"橱窗女"有关，多数是城里的居民，他们是要在这个夜晚赶回家去，或者从家里走向夜市或酒吧。这些人都西装革履，手里拿着一本书，或者在胳膊下夹着一叠文件。更多的，是像我一样的观光客，来自一个不同文化的国度，不动声色地看着从来没有看见过的场景。同时，所有经过这里的人都知道，这些"橱窗女"都不是荷兰人，不是北欧人。听说，这些"橱窗女"来自东欧和亚洲……

就这样走了一遭，到现在为止，我不敢轻易对那个晚上的事物作评价。回宾馆的路上，一些人高谈阔论，一些人默不作声。现在，我还想补充的是，在布满"橱窗女"的小河边上，还有巡逻的荷兰警察。小河边常常有人闹事，警察的任务是维持秩序。据介绍，荷兰的一部分税收来自"橱窗女"，这里还是阿姆斯特丹的一个旅游景点，来往的旅客经久不衰。

所以，对于荷兰，对于阿姆斯特丹，对于"橱窗女"，我只能作一篇游记，纯粹的记录。仅此而已。

2004 年

清晨在巴黎凯旋门

小引：关于巴黎，不能不说的是凯旋门，而悲壮的凯旋门背后其实含藏了一小段传说，一段韵事：因原配约瑟芬不孕，拿破仑另娶奥皇女儿玛丽·路易莎，为了举办一个风光豪华、毕生难忘的婚礼，拿破仑计划让新娘穿越凯旋门到罗浮宫举行婚礼，而下令建造凯旋门。

凯旋门上的雄伟雕刻是不能错过的欣赏重点，内容多在描绘拿破仑帝国出征胜利事迹，正面右边是弗朗索瓦·吕德所雕的《马赛曲》，刻画人民出征捍卫国家的壮烈，所有帝国军队将领的名字都刻在拱门内墙上。凯旋门所在的戴高乐广场是巴黎12条大道的交叉衢口，这些大道部分就是以法国知名将领命名。

第一次踏上欧洲的土地，第一次走进了巴黎。这是2003年9月29日的早晨，我在巴黎沐浴异国他乡的清风，看到了欧洲的太阳散发着淡淡的光辉。一切感觉都是新鲜的，古老的建筑，清澈的塞纳河，笔直的高速公路，飞奔着的汽车，还有带着香水气味的空气，等等，都让我目不暇接。更让人兴奋的是，到了法国的第一站，到达的便是巴黎的凯旋门，我们在这个清晨目睹了法国最具有象征意义的建筑。

我们乘坐的大巴车是在 6 点 30 分从巴黎戴高乐机场出发的，到达香榭丽舍大街的时候，刚好 8 点多一些。凯旋门位于巴黎香榭丽舍大道的中央，走进巴黎，走进这条古老的大道的同时，凯旋门就遥遥在望。这时候，大道上的状况只能是用车水马龙这个词来形容，六个车道的大街上，挤满了各种汽车。印象中，路上跑着的都是小汽车和客运汽车，车辆的速度非常快，像织布机在繁忙地穿梭。乘车走在大道上，听不到喇叭的叫声，只有汽车引擎和车胎的摩擦声。坐在车上，凭窗静坐，我感觉到了这个大都市高速的节奏和现代的信息。同时，我也感叹香榭丽舍大道上快而不乱的景象，我们经过的所有道口，虽然车水马龙，但基本上看不到堵塞的状况出现，路上也很少有警察指挥，一切都是紧张而有秩序地进行着，那样流畅而富有节奏。

前进的过程中，我看到我们的车走在香榭丽舍大道靠边的车道上，我想，这是导游和司机特意安排的，因为，走在这条车道上，车可以行驶得稍稍慢一些，可以让车上的人清楚地看到街上的景物。但是，汽车再慢，也得跟上前面的车，车速还是不算慢。所以，所有的景物，也只能是让它们在瞬间过去。看起来，走马观花已经不是闲置的词，好在这个清晨最后的目的地是凯旋门，到了凯旋门，同样可以欣赏香榭丽舍大道。不过，我还是在瞬间看到了大道两边淡黄了的梧桐树的叶片。在我的眼里，香榭丽舍大道两边除了梧桐，还是梧桐。在这之前，我

第六辑 编 外

曾经希望法国的道路上没有一片落叶，没有一点儿尘埃。但事实上，梧桐的叶片还是铺上了香榭丽舍的人行道，上面有着少许的尘土和杂草。在这里，梧桐树叶片的金黄颜色让我感觉到了巴黎也已经是深深的秋至，浅浅的冬。所以，这时候的巴黎上空，天是那样的蓝，云彩是那样的纯粹。蓝天下，我喜欢上了这条叫作香榭丽舍的大道，我喜欢这条大道上铺满了的石头。香榭丽舍大道都是大小均匀的石头铺成的，没有柏油的味道和水泥的痕迹。石头的排列呈扇面状，整齐好看。在漫长的石头路上，我从过往的车辆后面看清楚了清澈明亮的路面，在这里我很少看到垃圾和杂物，整条大道像是洗过一样。不难发现，在这条大道上行驶的汽车，它们的轮子也一尘不染，就像是一把把干净的刷子，不停地刷洗着这条路。

当时，我坐在车的前排位置，在汽车有节奏的响声中经过了没有多少时间，我便透过车窗看到凯旋门矗立在清晨的风中。啊，凯旋门，没有想象的那样高大，也没有想象的那样矮小。这是一座用欧洲最有特色的石头门，高二十米左右，宽三十米左右。凯旋门只有一个拱形门框，不像其他样式的门，除了中间的大门框外，两边还有小门框。从远处看，凯旋门的四周两三百米内没有任何建筑，但四周有十二条大街伸向它，使这凯旋门始终处于中轴位置。所以，在这里，凯旋门在失去了部分"门"的功能的同时，门的意义便自然地延伸，象征意义也就显现出来。所以，我知道的凯旋门，我现在看到的凯旋门，在法兰西、欧洲和世界上都具有声誉。只不过，在这样的清晨，我感觉到凯旋门依然是那样的从容安静，静静地矗立在欧洲淡淡的晨风中。

　　车内所有的人面对这座看似简单却又内涵深刻的具有象征意义的建筑低声惊叹,我相信,所有人的心,这时候也像石头一样简单而且透彻。看到我们都对凯旋门兴致很高,导游和司机就开着车绕着凯旋门转了三圈,让我们更好地了解凯旋门的外貌。这时候,我看在眼里的一切,虽然还是我上面所表述的一道高大的石门,是石头的集合体,但在这里,我觉得冰冷的石头终于让人产生火一样的激情,我想,这就是凯旋门的魅力所在。我想,这就是法兰西人对她之所以顶礼膜拜的根本原因。所以,多年来,凯旋门才成为一种精神,与法兰西人的生命同在,与一个民族同呼吸共命运。

　　大巴围绕着凯旋门绕了三圈,便在附近的一条路旁停了下来。导游让我们下车,走近凯旋门参观和照相。停车的街道与凯旋门相隔不远,走一两百米就到了。这时候,我们终于可以靠近这座古老而庄严的建筑了。走近凯旋门,仰望高高的门楣,抚摸青灰色的石头。凯旋门的正反两面都有精致的雕塑,并且都出自欧洲雕塑大师之手。雕塑中所刻画的,都是法兰西人心目中的英雄,是拿破仑的整个征战过程,还有所有英雄的名字。我不懂绘画,也不懂雕塑,我只看到凯旋门上的一位英雄挥刀呐喊,有势不可当的气势,而另一位英雄温文尔雅,长刀安然插入鞘中。导游介绍说,这两幅雕塑一幅表示正义,一幅表示和平。当然,两幅雕塑都少不了美女和儿童衬托,美女和儿童都呈半裸状态,表现着欧洲文化最为普遍的观念,显示着欧洲文化最为理想的意义。我知道,这是他们称之为人文精神的表达方式之一。

同时，我也在凯旋门下找到了我应该做的姿势，站在凯旋门前照相，留下一个时刻的意义。当我站在香榭丽舍大道古典的红绿灯的灯柱下，与凯旋门相向而立的时候，太阳也穿破云层。我不由得回过头去，看阳光下的凯旋门。这时候，凯旋门在清澈的阳光的辉映下，显得雄伟壮观，气度不凡。这时候，谁都知道应该向空中扬起高高的头颅。

2004 年

在瑞士苏黎世城

对于欧洲,我永远只可能站在她的一个角落里说话。我作为一个过客到过欧洲,永远不可能了解她的全部。

瑞士的苏黎世城在欧洲的另一面,欧洲的前沿,所以,我同样是站在一个想象的空间与她对话。早就听说过,她是瑞士的第一大都市,世界著名的金融城市。全世界不少国家都在这个城市里有着经济来往,不少的个人或集体,都有可能在这里的银行开着账户,存着钱。这个城市有世界著名的金融街,听说,美国曾经要到这条街的银行里查恐怖分子拉登和伊拉克前总统萨达姆的存款,瑞士政府不让查,还引起过风波。没有想到,苏黎世小小的一条街,它能为世界的经济而存在着……尽管如此,我对苏黎世的经济、银行、金融市场表现着少有的冷静。我作为平民百姓,跨国的经济往来对我没有丝毫的意义。所以,说到苏黎世,我关心的只是一个城,一个悬浮在世界表面的欧洲城市。当然,我还关心这样一个事实:瑞士的这个大都市,曾与中国丽江结为友好城市。我生在丽江,当然想知道这是为什么？

苏黎世城与德国接壤。我们从德国的法兰克福出发，下午便到达两国的边境。进瑞士，要在海关办理签证，这是在其他欧洲国家没有碰到过的。欧洲其他国家都加入了欧盟，出入无须过海关，海关的检查站都撤销了。但是瑞士不行，他们没有加入欧盟。他们不参加欧盟的原因，就是他们的收入比其他欧洲国家高得多。好在，办理签证也很顺利，只耽搁了十多分钟。手续办完毕，上车，马上便进入瑞士的土地。我透过车窗，一点一点地收集她与其他欧洲国家的不同。当然，我所关注的，还有她与丽江结为友好城市的某些联系。

看在眼里的，依然是欧洲四通八达的高速公路，繁忙穿梭的汽车。公路穿过小巧玲珑的山脉，抵达最为和谐的村庄。只是，到了现在，我都不敢肯定地说我看到的就是村庄，因为，我看到的像村庄一样的住宅区，很少看到庄稼地，也看不到种地的犁耙。村庄的四周，都是绿树和草坪。房屋更是干净整洁，红色的屋顶上，看不到一点杂质，小院子用木栅栏象征性地围绕。阳台上，木质的茶几，木质的椅子，表现着温暖的生活。最为喜爱的，是每个窗户上洁白的窗帘，鲜艳的花，我说不出名字的花，开在所有的窗台。这一切，让我想到瑞士人为什么这样喜欢花。在这个时候，我同样想起了丽江的花。我曾经写过，鲜花布满了丽江的街头，布满了古城的每一户人家。就这样想着看似遥远的问题前进，一路上，我们始终都遭遇着青山绿水。空气、阳光，一切都是那样的温暖、潮湿、美好。

在最为美丽的景物中，我们在不知不觉中来到了苏黎世城。

这好像是只能想象的城市，它注定要在这个黄昏出现，留在我的印象中。在城市的边缘，我们的汽车伴随着一条长龙，一点一点地上山，一点一点地下山。坐在车上，居高可以望远，远远的，苏黎世古老的建筑沉浸在山岭的气息中，显示着瑞士这个山地国家的魅力。慢慢地，低矮而古色古香的红绿灯开始出现，表示我们已经进入市区。已经出现有轨电车，车厢长长的，坐着衣服干净、神情高雅的黄头发欧洲人。电车下面的铁轨也没有灰尘，路的两边，依然是鲜花盛开。房屋越来越多，车也越来越多，但我始终没有身居闹市的感觉，没有喇叭声，没有喧哗声。流动的车流，行走的人。虽然马达不停地在响，行人不停地在走，但依然给人一种宁静感。我想，这种现代气息中的静，就是苏黎世的魅力所在了吧。

　　真正进了市区，又与水联系在了一起。我看到的又是一条河，一个湖，与古老的城市连在了一起。所有的建筑都早已是墨守成规，按着亘古不变的定律守候着湛蓝的水域。湖的名字也叫"苏黎世"，河是"里马河"。苏黎世湖与里马河连在一起，苏黎世城就依着这个湖泊和这条河而生存繁衍。河里的水，我说不清有多干净，但可以证明的是，凭肉眼可以看到河底的卵石。河里游着鸭子和鹅，在热闹的市区，它们从容地戏水，不惊不慌。河上有为数不多的桥，两岸是沿河公路和房屋……我不懂画，但我要说它是水墨画，这画在黄昏中定格，锁定我对这个城市的记忆。湖中的波浪，河中的小船，那些缓慢地飘落的树叶，欧式的房屋……是我这个傍晚对苏黎世城的全部记忆。

　　这时候，已经不想离开湖泊与河流，水的边缘。也不想去有名的金融街，看教堂的壁画，听浮在晚霞上的钟声。只是想看看里马河边的酒吧，看看这里的人，为什么也像丽江古城那样喜欢茶座，喜欢咖啡，喜欢啤酒。同时我也看出来，河岸上也有许多人什么也不想，只是默默地坐着，看天上的云彩，看快要消失的晚霞。只是，他们还看不到雪山。这一点，是苏黎世与丽江的唯一不同。

这个黄昏，在瑞士苏黎世城，我想起了丽江。

2004 年

《大家》编辑部

《大家》编辑部在书林街上的一所老房子的二楼。

编辑部只有两间房子,而且有一间里堆满了各式各样的书籍,另外还装有一些其他的杂物,基本上是没有人在那里面办公。所以编辑部的所有人都挤在了一间办公室。这种情况是我在以前没有想到的,在这么一种简陋的环境里,会产生一本在全国都非常有影响力的杂志来。《大家》编辑部这间办公室从前可能是私人住宅,是一个小套间,意思是从编辑部的门进去里面还有一道小门,里面还有一小间房子。里面的那一间房子好像稍稍地大一些,因此,里面一般情况都有三个人在办公,而外面一间就只可以容得下两个人。我自从到了编辑部里,就觉得他们非常拥挤,那几天,正好有几家电视台都去搞采访,编辑部的人只好走到办公楼外面的过道上站着,等里面的事情办完了他们才进去。

这两间房子里,靠外那一间里摆着两张办公桌,靠里那一间摆着三张办公桌。这些办公桌上,都堆满了稿件、信、书籍,在上面还放着红色的和蓝色的笔。办公室里的椅子，有一半是木椅子，有一半是藤椅。这些桌椅都显得有些陈旧，有一个藤椅的靠背还坏了，只有一个坐架，上面垫了块青布做的坐垫。我记得我有一次就是坐在这个没有靠背的椅子上和电视台的记者小姐说话。

我印象比较深的，是在办公室的墙壁上，贴了好几张《大家》杂志的封面，那些诺贝尔奖得主的画像，给这个办公室增加了许多庄严肃穆的气氛。在墙壁上的一块空地方，还有人用红色的圆珠笔写了这样一句话：更多的人死于心碎！我想这可能是有人在心情不好的时候写下来的，多少有点让人难于理解。

主编和副主编，几位编辑，名字都是很熟悉的，除了海男以外，其他的几位从来都没有见过面，因此觉得神秘。这天，海男出差去了，海惠把我带到了编辑部里，一一给我作了介绍。

主编李巍，大家都叫他李老师，在这之前，我只是看过他的几篇《主编絮语》，其他情况一概不知。他的主编絮语里，我印象最深的是关于对文章的"倒读"的话题。所说的倒读，就是把一篇文章先从头看两段，然后从后面看，马上就可以判断出文章的好与差。据李老师介绍说，他们是没有采用倒读的方法的。几天相处，觉得李老师不爱开玩笑，对人的关心，也是不显示在表面上，他对任何事情都喜欢落到实处。

李老师性子比较急，走路的步子相当快，听说连星期天都扎在办公室里，是个工作狂。他给我的感觉是，对《大家》杂志十分地爱。我到了《大家》杂志社，中午休息的时候闲着无事，就与马非和雷平阳打扑克，三缺一，就请了李老师抵上，结果他输了一局，做了一次下蹲运动。

　　在想象中，韩旭是一个大个子，一脸的毛胡子。其实不是，他留着长头发，脸很白净，随时都点燃一支香烟，显得非常文静，一身的书生气息。由于韩旭是我的《怒江故事》的责任编辑，电视台的记者将我和他拍了一个镜头，那时我和他走在一条小巷子里，我们没有注意摄影师怎么样拍镜头，我和他在说一些关于写作的事。他说在来稿中又看到了一篇我的稿子，好像题目叫作《摆象棋摊的老人》。我说是，叫他在审稿的时候留意一下。话是这么说，最终我的那篇小说也没有发出来，我后来寄了好几个杂志也没有让我发。通过这件事我明白了一个道理，得了奖也不是随便什么样的东西就能拿出来发的，写东西不认真就不会有人轻易地买你的账。同时也说明韩旭和大家看稿的眼力是准确的。

　　在没有到《大家》编辑部以前，觉得李锦雯应该是一个男同志，因为好多人都觉得这个名字也可以取给一个男同志。结果猜错了，小李是一个年轻姑娘，漂亮活泼。她叫我木老师，让我很不好意思。她还问我是不是到过怒江。我说到过，我在怒江修了两年公路。她就说，还是要亲身经历过才写得出《怒江故事》来，我觉得这是一句非常有见地的话，我应该感谢怒江，感谢生活。我和小李，在去北京参加颁奖大会的时候还有过一些交往，我觉得她在北京认识的人比较多，地形也熟悉。有一次杂志社的同志都出外办事去了，她领我到和平里东土城路吃饭，记得那个饭店的名字叫金孔雀饭店，在和平里是最好的一家。由于只是我们两个人，就要了两碗面条。面条上来了，吃了两口,我便被呛得咳嗽不已,十分狼狈。小李说,木老师,吃面条,要用嘴吃,不要用心吃。

我到了编辑部,主要的任务是接受电视台的采访。记得第一天进了编辑部,就来了三家电视台。一家是云南经济电视台,那两家是昆明的电视台。电视台的记者先生和小姐都非常忙,我刚到就要对我进行提问和摄像。我却是一点准备也没有,我是从来没有经过这种场面的,在这种时候,只能是赶鸭子上架。第一家采访我的是云南经济电视台,摄像师是虎良灿,记者小姐叫什么名字我记不清楚了,但是这位小姐对我的采访最为详细,她问了我在怒江的几乎全部生活情况。她还告诉我,叫我随便讲,不是我讲的所有话都要播放出来,而只是选讲得好的播。这次采访持续了半个多小时,在中途,我们不得不作一个短暂的休息,在休息的时候她一再叫我放松一些,这样就从一个侧面告诉我在采访时我显得紧张,我听了她的话以后希望自己能和她配合好把这次采访任务完成好。但是在后来的采访中我还是看见她不时地轻轻皱起了眉头,我是多么地恨自己力不从心。虽然如此,云南经济电视台的采访还是播放出来了,我们家乡的许多人都说看到了我上了镜头,就只是普通话讲得不好,好像是文言文夹着白话文一样。

最后一家是昆明电视台,昆明电视台的这位记者小姐长得非常漂亮,而且和出版社的好些人都很熟,她一进《大家》杂志社来就有好些人走来和她打招呼,我还看见有人给她送书,可见她是经常到这里来的,人缘非常好。在《大家》编辑部里,这位记者小姐说,她这几天得了感冒,她说她头天晚上还在挂针,由于第二天要到杂志采访,挂了针以后又睡在床上读了我的《怒江故事》,把小说中的几个人物大体上都记得有个头绪,就已经到了清晨二点了。我对她的这种敬业精神非常感动,她讲了几句题外话就开始对我进行采访,可是才谈了几句,就有一位她们一起来的小姐叫停一下。她说,我说普通话好像是不习惯,建议我就讲家乡的土话。我说,我讲家乡话你们听不懂,我到昆明来也是没有讲我们家乡的土话的。采访我的那位漂亮的记者小姐马上说,就让他讲这种不太标准的普通话好,这种话播放出来才显得真实。搞摄像的那个小伙子也在这时候叫我在采访时眼睛要看着记者,我说,我随时都是看着她的。也不知道是为什么,在一旁的人都哈哈笑了起来。

2000 年

403号房间

1998年,第二届"大家·红河文学奖"在北京举行。我的《怒江故事》有幸得了短篇小说奖,便与《大家》杂志社的编辑们来到了北京。在北京的时间里,我和韩旭一起住在中国作家活动中心的403号房间。这是一间双人标间,门朝着南方,房间里面铺着鲜红的地毯,有一张写字台摆在两张床的中间,在写字台的前面,有两把木制的椅子。房间里面的灯光十分柔和,电话摆在床头柜上,是一部枣红色的电话机,这一切设施都有现代气息,也很谐调我的心情。

我和韩旭在住进这个房间以前并没有过深的交往,但是我们好像是一见如故,说话做事都十分融洽。我们每天都睡得很晚,在房间里看书、看报、不断地吸烟,香烟随时在屋子里缭绕。因为这次到北京事情比较多,多数时间里,我们都不在这个房间里,都到外面跑。韩旭到外面去的时间比我更多,他在北京有许多的朋友,随时有人约他见面,高兴起来就要喝一点酒,我经常闻到他从外面带进来的酒气。我一个人待在这间房子里,电话随时都有可能响起来，但这些电话都是找韩旭的。我在电话里知道，出版社要韩旭到深圳出一趟差，好像是要印刷一个什么东西。接到电话，我就替他记下来了，在他回来的时候通知了他。

我记得这个电话是一个昆明人打来的，先是用普通话和我说，才说了几句就用昆明话和我说了，他在千里之外马上就听出了我的普通话不地道，是一个云南人。在一天夜里，一个北京女子打了一个电话过来，问韩旭在不在家，我说不在，她又问今晚会不会回来，我说，会回来，但时间可能会晚一些。这个女子说，她在《大家》上发了一个中篇，韩旭是她的责编，但是从来没有见过面，她想见见韩旭。

这个女子的话让我想起了作者和编辑的关系，作为一个写作者来说，对编辑自己文章的人有一种非常特殊的感情，编辑们要把一篇文章反复地读，逐字逐句地斟酌，付出极大的心血，因此作者对自己的责任编辑感到非常亲切。我的《怒江故事》也是韩旭的责编，这次我有机会到北京来，是由于这篇文章得了"大家·红河文学奖"，我知道我应该感谢他。这次到北京来，我和他又住在了一间房子里，我却从来没有向他说一句感谢的话，但是一切我都心里明白。

后来，我还接到了云南人民出版社社长程志方老师的一个找韩旭的电话，韩旭不在，程老师问我是谁。我说，我是木祥。程老师说，木祥同志，我姓程，叫程志方，韩旭回来叫他给我打个电话。程志方老师我没有和他见过面，但是我知道他是云南人民出版社的领导，听说，程老师在评选"大家·红河文学奖"的时候也到了北京,他在扶持云南文学新人的工作中做出了很大的努力。对于程老师,我了解得不多,我只是在云南人民出版社出版"她们文学丛书"上看到了他写的序言。序言上有这样一段:她们将给我们:另一片蓝天白云,另一轮明月和朝阳,另一双眼睛,另一座家园。

颁奖会议开过以后,我和韩旭就非常熟悉了,他不再叫我木祥,他叫我"老木"。海男听了说:叫起老木了,在403号里住出感情来了!

会议以后要在北京住上几天,我们就有了一些空余时间,这些天来,我和韩旭就很少待在403房间里,我们一边上街办一些单位的事情,一边到街头上去乱窜。我们去了天安门,去了王府井大街。但去得最多的是书店,三联书店,新知书店,差不多跑遍了王府井大街上的每一家书店。我们到了书店就不想出来,把那些书一一地看了个遍,在走出书店的时候,我看见韩旭的手里提着一袋子书。我们还到了中国美术馆,我以前不知道北京有这么个地方,是韩旭把我带到了美术馆的门前,我们在这个门前转来转去,看有没有什么美术展览,可惜这天没有,我们就只好回家。

我们走到了长安街,韩旭说坐上两站公共汽车就可以坐上地铁,下了地铁再走上十多分钟的路我们就可以回到和平里。本来,在北京开会我们是可以报销出租车车票的,但是韩旭觉得坐出租车太贵。我站在长安街上望着来来往往的汽车感慨。

一天晚上,韩旭和我还在403号房间里见了顾建平和龙冬。顾建平、龙冬和韩旭是非常熟悉的朋友,一个在《十月》杂志社工作，一个在中国青年出版社供职。这两个人是以前韩旭在403号房间里和我讲得最多的人，他把我介绍给他们，是为了让我在文学界多认识一些人。可惜我那天说话不多，龙冬和顾建平随时都在引我说话，热情好客让人感到十分温暖。我们还到附近的一家小食店吃了一点东西，喝了两杯酒。回到403房间里，我们都有了一点醉意，随便地倒下睡觉。韩旭在朦胧中说我这次在北京说话太少了，好像自信心不足。韩旭一句话说中了我的要害，我从来就是一个没有一点儿自信心的人。我还想起了在大会堂颁奖的那一天，韩旭到处找我去接受电视台的采访，我却独自一个人躲到了那辆大巴车上。我是一个最不善于说话的人，所以也就不敢多在大庭广众下露面。据我的了解，韩旭也是一个不太多话的人，但是他虽然说不多却是说得有条有理。在北京，他总是引导我多说，他在默默地听，他试图在默默之中发现我的一点什么……

现在想起往事，觉得我总是让他失望。

2000 年

我怎么讲述海男

1998年3月，我的短篇小说得了《大家》杂志第二届"大家·红河文学奖"。当时，海男在《大家》杂志社工作。消息传到永胜，便传出一种说法，我的这个奖项与海男有着密切的联系。这让我很尴尬。本来，在现实中的许多文学评奖中，都或多或少会有一些水分，加上海男与我认识非常早，关系又非同一般，所以，要想说清它，真是不容易。

于是，我对这个奖项一直都不理直气壮，从来不提得奖的事，后来发展成很少在人们面前谈我的文章。不过，那年我还是与海男一起到了北京人民大会堂参加了颁奖大会，得了两万元的奖金。这次得奖的，还有叶兆言、迟子建、张锐锋等几位作家。评奖的，也不是大家杂志社的人，是全国的知名作家。在北京看到这些作家，更是有些自卑。但不管怎么说，这次得奖是我创作生涯中最值得纪念的一件事。

在北京，海男也给了我许多的鼓励和支持。

因此，好些时候，我都会想起与海男有关的记忆片断。

片断一

1978年，我从西藏当兵回到永胜，当年考到丽江农校读书。当时，我的一个哥哥与海男同在永胜县水电局工作。那年春天，他们一起在一个叫三友的村子里下乡，住在大队上一所古老的土木房子里。我到三友去见哥哥，便见到了海男。当时，海男只有十六七岁，是一个非常漂亮文静的女孩。穿着学生装，扎着小辫。她的白色塑料凉鞋，后来被写进了她的小说和散文里。记得她的工作是打字，基本工作就是操作一架最为老式的铅字打字机。不过，我没有和她说话，也没有看过她的手怎么按动打字机上的按钮。

但每次都同在一个食堂里吃饭。吃饭的时候，海男从不到桌子上来，端碗独自走到一边去了。这个情节给我的印象很深，以致后来我到她家吃饭的时候，还会想起来这情况来。想起这件事来，我怎么也无法将它与现在中国文坛上非常有影响的女作家海男联系到一块去。

片断二

海男从乡下回到县城以后，我就从未和她有过来往。隐约听到她开始创作，有了成绩后调到了县文化馆，为了诗歌，与妹妹海惠徒步走过黄河，写下了大量的诗篇，并成为当时朦胧诗派中最有影响力的诗人之一。

1989年，海男参加诗刊社的青春诗会，并要去就读鲁迅文学院。去北京，9月份出发，这我记得最为清楚。那时候，我已经在农业局开车，海男去北京，就是乘我的车先到昆明，再转火车。我开的是一辆"蓝箭牌"轻型客货两用车，从永胜县城到昆明，走了两天的时间。两天的时间里，海男坐在后排位上，很少说话。我不知道她的哪一首诗歌是在我的车上构思而成。两天时间，我觉得我们走过了整个秋天，走过了所有的阳光和稻田。

其实，我当时就是一个文学痴迷者，但在车里没有说半句关于文学的话题。我知道，开车不是我生命的全部。但我知道，这种想法无法用语言表达出来。

我们偶尔说到天空的颜色，秋天谷子的金黄，田埂上绿色的草，露水，还有她的母亲……

片断三

海男的母亲刘秀英，是她作品中说得最多的人物。在海男的一些作品里，还有她母亲的照片。那些照片我都熟悉。我还知道她出生在离永胜很远的地方，我还很年轻的时候，就看到她戴一顶草帽，挎一个黄挎包，走在永胜三川的田埂上。她是一个农艺师，一生从事养蚕事业。就是这个与桑园、蚕丝有关的女人，在永胜三川这个地方生养了海男四兄妹，生养了一个诗人和作家。

最没有想到的是，我参加工作以后，和海男的母亲是一个单位。我们在一起开会,听她用滇南腔在会上发言。有几次,她和我坐车下乡,坐在车上,我听不到她说话,掉头去看,她在后排位上编织着毛衣。

我的儿子,曾经穿过她编织的衣服。

海男的小说

海男去北京,其实是她的母亲找我搭的车。到了昆明,我送海男到了火车站。买了车票,又送她到昆明师专找妹妹海惠。然后分别。然后,一直没有消息。只到后来读到了她的诗歌和小说。

先读的是中篇小说《人间消息》。这可能是海男的第一个中篇,也是最有影响力的一篇。写朦胧诗的海男,其小说有着浓郁的诗意。但是,在她的小说中,我还是看到了作家的生活,永胜的风俗和故乡的影子。我司空见惯的事物,显现在了她的笔下,美丽无比。

我不知道,海男的这个小说中为什么会不可避免地出现了刑场,以及那些剃光了头发的囚犯。子弹一颗颗跳出枪膛,枪声在空旷的原野上开花……这时候,我感觉到了,死亡在作家的文字里美丽无比。

同时,海男诗意的小说,让我抵达了最为现实的生活。她最开始的小说,都没有具体的故事,那些她心目中的故事,都成了诗的语言的集合,情绪的显露。在她的小说里,显露着无尽的诗的情结。我读到的是她的情绪,她的一瞬间的灵魂闪光。

再后来，海男的小说更是异彩纷呈。《女人传》《男人传》《爱情传》……面对海男每年出版的三四部小说，我不知道还能说些什么。

海男的散文

海男的散文，我最先读的是她的集子《空中花园》。这是我第一次全面地接触她的散文。在她的散文里，依然是诗化的语言，对事件、情绪、过去和未来的行云流水般的书写，让我尝试到了语言之美，意境之美。当然，对于我来说，主要是阅读作者的一种情绪，感情的历程，内心的表达。她的散文里，我毫不费力就找到了《永胜小镇》，海男关于小镇的描写："一年四季的小巷，市面上鲜花装饰了古镇、街头站满了卖花的少女老妪。"这些我所熟悉的事物，她在文章里说了多少，还有多少，放在了她的想象的角落。

无法叙述的诗歌

关于海男，我永远不能讲述的是她的诗歌，而我们又不能回避她的诗歌。所以，在关于海男的这个短文里，我对她的诗歌表示沉默和敬意。

后来，我们一起去香格里拉，一起去丽江永胜的松坪和他留山，对于她的诗歌，我都闭口不谈。去香格里拉是雨季，冒着雨去，蒙蒙细雨中，我们翻过高山蹚过小河。到了德钦，那个云南和西藏的边缘、梅里雪山下的时候，天晴朗了。那个早晨，我们在梅里雪山下。月亮还没有下去，阳光上来了，高耸入云的雪山，让我懂得了什么是神女。美丽的梅里雪山，让车上的人激动不已。这个早上，海男对同行的诗人李森说：你应该写一首长诗。

海男没有说她自己要写关于梅里雪山的诗。回来以后，她写了一本非常漂亮的插图散文《香巴拉》。至于永胜，她写了一本《边疆灵魂书》。也是散文。

后来一直都是分别，她在昆明，我在永胜。一个月，或者说半个月通一次电话。两家人有什么事，都会想得起彼此。特别是我，工作调动，孩子读书，出现困难，想到的就是海男，给她打电话。

以上的一些话，更是与诗歌无关。

2010 年

与马师干一杯酒

三年前,我与马霁鸿同住永胜小镇。一个晚上,我在他家三楼的厨房里喝酒,酒酣,我对他说,我想写一个关于他的评论文章,题目就叫《与马师干一杯酒》。后来,因自己生存上的一些杂事缠身,便把这事搁置了下来。

我一直叫马霁鸿"马师",和我一般的文友,都叫他马师。年龄稍小者,又叫他马老师。我一直认为,大家喜欢叫马霁鸿"马师",与他过去的职业有关。马霁鸿开始参加工作的时候是在丽江永胜汽车客运站,车站里的同事,大多喜欢称别人师傅。在这个小镇的车站里,那些与汽车、旅客有关的工作人员,他们称呼同事喜欢在别人姓氏后面带上"师傅",表示尊敬的意味,如果再省略个"傅"字,只在姓后面加个师,就显得更亲切些。我想,人们对马霁鸿称"马师",应该来源于这个小镇的风土人情。

同时也表现出小镇上的人们对马霁鸿的尊重,这种尊重首先来自他的文学的态度,对生活和诗歌的始终如一的执着追求。

在云南和西藏的边缘

我和马霁鸿相处多年,觉得他总是平易近人,对人真诚,和蔼可亲。他给多数文友的印象,是平等的弟兄般的关系。所以,小镇上所有的文友,从不会因他的和蔼而不尊重他,都把他当作知心朋友。马霁鸿平等的心态换来的是人们的敬重,这让我感到非常难能可贵。

文如其人。马霁鸿的文学创作,是他个人精神品质的真实体现,是他内心的直接表达。同时,我觉得他的创作是来自一种原始的冲动。据我所知,他出生在农村,又经历过"文化大革命",从小吃过许多苦,没有读过多少书。就是这个命运里注定就与高等学府无缘的人,从走上社会的那一天起,就执着地开始与文字、与文学有着追求和思考。还是在部队当兵的时候,他就热情地为部队写通讯报道、写散文和诗歌,作品不断地出现在部队和地方的报刊上。一个土生土长的乡村农民,是凭他的刻苦与天赋,开始了漫漫的文学生涯。

马霁鸿从部队退伍,安排在汽车客运站工作。客运站的工作,与文学好像是风马牛不相及,在人来人往中,在尘世的喧嚣中,马霁鸿的一首首诗歌,一篇篇散文还是出现了。不多的几年,他的诗歌散文,发表在全国许多报刊上。由于他的才华,成了中国少数民族作家协会会员,云南省作协会员,被调到县文艺创作室当起了作家。

多年来,马霁鸿写作得最多的是诗歌和散文。当年,永胜有一个十分有名气的文学社团"星巷",星巷的成员有海男、蔡晓龄、严谅等有名的作家,他们和马霁鸿一样,现在都在云南和全国很有名气。当时,马霁鸿就是《星巷》的主力军,所写的诗歌、散文，在全国知名的报刊上发表，很有名气。而马霁鸿这个从"星巷"里走出来的诗人，却有着与其他诗人作家不同的创作手法，他的个人修养决定他不可能随大流、赶时髦。更大程度上，马霁鸿的创作一直是显示出他对古文、古诗词的阅读理解和潜心研究，从而深入地对"传统型"新诗的创新和探讨。所以，马霁鸿的诗歌，意境幽深，曲调合谐，情趣高远。读他的诗歌，往往是在产生美感的同时，能得到一些启迪和感悟，完全不同于一些诗人的空洞和说教。我觉得，马霁鸿的这种创作方法，源自他对诗歌散文创作的理解，他明白，是诗歌，就得言志，就得吐出心中的感叹与不快。

仔细阅读马霁鸿的诗歌，主要是借景抒情的、以古论今的，还有一些是抒发偶然燃烧于心中的个人情感的……这些，我们可以从他贴在"中财"上的诗歌中可以看得出来。

先读一首《候鸟》，我们可略见一斑。

  天生挑剔的骨血
  日日设计命运的变迁
  纵然没有一寸家园
  也不随意而安

  总不相信
  总不相信世间只有一副春秋
  总不甘心
  总不甘心盯死一方天地

在云南和西藏的边缘

  转绿回黄

  南来北往

  南来北往

  ……

  这是多么从容而自信的笔调,我们随时可能看到的"候鸟",怎么就想不出如此的深意来呢?如此好的诗歌还非常多。

  马霁鸿不满足自己在诗歌的创作,而是把自己对诗歌的意境、文字上的把握,都有机地移植到了散文创作上。他的散文,文字功底深厚,用词遣句,都深思熟虑,不轻易下笔。所以,他的散文,总是诗意盎然,意境深远。如他贴在"中财"上的野山拾趣一组散文,更是诗歌和散文有机结合的上乘之作。

  他写《山行》:"山路如土著人的套头,一圈圈朝上盘旋。山风也就沿着这灰白的套头一圈圈朝上盘旋,盘旋。"他写《秋韵》:"日暮关山。汉子沽酒归来。趔趄在鞋袜上的酒香,逗得三五蜜蜂乱忙。汉子远去了,高高低低的脚步,却从梁子上梭下来,从斜坡上溜下来,将涧水的清洌韵味淙淙奏响。"

  所以,纵观马霁鸿的散文,总是能让人读到一些儒雅和文气。

  他的《数九时节数花枝》是我最先读到的。他写道:"喜欢在冬天里绽放的花朵,其实是很多很多的。只不过有了梅花这面大旗在寒冬里迎风招展,有了咏梅的清词丽句在人们心中暗洒芬芳,梅花周围那些吐艳摇馨的花朵,便颇有些'除却巫山不见云'的遭逢,被赏花的目光有意无意地忽略,晾在一旁了。

  "'数九'隆冬,又是梅花露脸的时节。"

读到这里，我们似乎可以看到，这时候的马霁鸿，正"端了一杯清茶，站在阳台上，让温润的茶汽久久熏蒸双目，之后，心平气和地，静静观赏自家与邻居的一枝枝一簇簇正在盛开的艳丽与素洁"……

马霁鸿的诗歌散文，也没有在一个层面上停滞不前。几年来，他又开始随笔的创作，而且取得了引人注目的成就。所以，我们在"中财"上，又可以看到他的感悟，读到他对人生的思考。他的随笔，虽然所有的"事件"都来自普通百姓生活，但给人的印象是，他文章的切入点不同，写作的手法也尽量减少说教，在针砭时弊的同时，文章在不经意间弥漫出诗情画意来，起到引人入胜的效果。

等等这些，都只是我对马霁鸿诗歌散文的粗浅看法，旨在引起对这位"中财"的热衷者的关注。同时，我还想说的是，马霁鸿、陈洪金我们三人都是永胜籍的文友，又是"中财"上的老网友，但在文学创作上的"路径"却不大相同。我曾经说过，与陈洪金相比，我的散文太叙事，缺少散文应有的诗意。读了马霁鸿的许多诗歌和散文，我觉得自己的文章太随意了些，缺少了许多的韵味和执着……

至此，别无他言。期望与马师再干一杯酒。

2004 年

马霁鸿散文赏析

丽江作家当中,马霁鸿的散文数量多,在全国影响大。"中财"的朋友,大多知道这位作家。我曾把马霁鸿的名字打进搜索栏目里,他在"中财"上的精华文章,让我吃惊。他写作20多年,在全国各大报刊发表散文上百万字,一些精品被《读者》《新华文摘》等刊物选登。最近,马霁鸿出版的五卷文集中,散文占了四卷。由于朋友关系,我协助他的文集第一校,系统地读了他的文章。感慨较多,想写点读后感言。

马霁鸿的散文,首先是立意高。所谓的立意,我想指的是文章的主题和反映主题的方法。散文要不要主题,怎样表现主题,历史上曾有过多次争论。然而,散文的个人性特征,决定了它是承载个人人生经验的载体。散文总是以"我"为审视和表现对象,作者的经历、审美情趣和对世界的认识才是散文开拓的领域。所以,散文创作,第一要义是表达自我,表达个人思想,或大或小的情绪。从这个意义上说,散文虽然表达情绪、体验等的文本最多,但更深层次上解析,散文却是涉及哲学、理性。

历史上，我国被称为"散文"的文章，皆提倡秉承"载道"的文统，文笔起时，锋芒已锲入时代思潮的中心。这种倡导，虽多次引起争议，说这种"载道"，不利于散文的"空灵"，题材的自由，扼杀作家的想象云云。但我个人认为，那种无主题，无思想，无意义，"自由主义"，脱离社会，游离世界的文章，实际上并不多见，并且存在的空间不大。

传承了我国散文的文化理念，马霁鸿的散文，始终把握时代脉搏，把握最真诚的个人情愫，他利用各种表现手法，展示着时代的精神风貌和个人的积极向上的人生体验。我们读他的散文不难看出，每一篇文章，总是调动主客观因素，利用个人的生活体验及对生命意义的认知，表现当代，歌颂真善美，激励人们的意志。翻开他的散文篇章，《儒雅春秋文墨香》《祖母给了我君子风貌》《吃药成趣》《扎一溜鲜花做篱笆》《人生需从容》《给生命一些"留白"》《九泉因你绕芬芳》等散文，其主题都是鲜明的，立场很明显地表达在文章之中，没有含糊其词。就连非常个人化的文章，也是情绪向上的，能够给人以精神力量。请看《吃药成趣》中的片断：

> 得了一场病，吃了很多药。流经肚腹的药汁，要是攒起来，得动用好几口大缸装盛呢。也就品出了许多药趣，供人悠悠品味，人生竟还有这么一番境界哩。去时就揣了一本书，边挪身子边给一页页书分发时光。渐渐地，不用任何工具也能守住了候诊的心绪。

得病去看病，却也要守候出一片高雅的情绪来，我想，这就是主题与立意的不同了。

马霁鸿的散文的另一个特点是抒情笔调优美。我们常说起文章的笔调。文章的笔调，它受内外等各方面因素的影响，笔调，不只是文章中表现为内容部分，同样表现在形式当中。在各种文本中，强烈的抒情性，是散文笔调的灵魂。由于散文抒情目的和对象不同，派生出散文笔调有着它自生的特点。散文的抒情，我们的笔触往往较为简略，我们只留意于人、事、景、物的某一侧面和一片断，遣词造句，我们刻意追求的，是以这些描写和叙述为手段而实现的抒情效果。马霁鸿总是在简约的描述中，用最精当的语言，衍生出浓重的抒情色彩，对客观外界的描述尽可能鲜明地打上主体感情的印记。最为难得的是，马霁鸿的散文里，主观抒情所占的比重比较大。主观抒情，要求作者把客观事物在脑海里发酵、过滤，然后抒发出强烈的感情浪花。所以，强烈的主观抒情，较之客观抒情，更具感情色彩，更能显示作者的想象能力，显示作者的文学修养，驾驭调动语言的能力。

我们来读欣赏《点燃明灯照路人》片断：

> 灯火悠悠摇曳，青烟缓缓婆娑，淡黄的灯光在堂屋里回环几圈，将墙角门边映亮之后，几个纵步跳到廊檐上，停一停，稳稳神，然后一闪一闪扩散开去，照射得街心一溜整齐的青石板闪闪发亮，照射得走过青石板的牛蹄子、马蹄子闪闪发亮，照射得跑来跑去的小伙伴们的脸蛋闪闪发亮……

这样的精美文章还有许多，马霁鸿的散文，排比、拟人、明喻、暗喻、夸张等各种修辞方法都尽可能地发挥其作用，让文章显示出独特的魅力。

值得一说的，是马霁鸿的散文里，有不少简短的抒情文章。他的这些短散文中，有许多"精微"的细节描写，这些描写中，他调动了诗一样的语言，使所描写的事物，达到了"精微"之美。然而，马霁鸿散文里的这种"精微"，与一般人散文里的"精微"有别。这是因为，他的"精微"主要是用于对他描写的主体的感情观照。在马霁鸿的散文里，大多是用于描摹外物，但他知道散文的任务不是创造典型人物、事件与环境，而是取人的一颦一笑，事物的一枝一叶，取事物的一两个典型特征，进行渲染，起到事半功倍的效果。读马霁鸿的散文，我们与作者之间的距离是那样近，我们甚至可以窥见创作主体的心灵深处。在马霁鸿的这引起精短散文里，我们可以领略到一个诗人饱含抒情汁液的诗情画意。他的《杏路踏雨》就是例子：

只有路边深深浅浅的草芽，噙住了雨儿晶亮晶亮的足音。

只有枝头酣梦乍醒的花瓣，毛茸茸地粘住了粉红粉白的三月。

半截弯崖处，一团白云闪出来，窈窈窕窕飘过来，飘过来。近了，更近了，原来是一袭素裙在悠然摇曳。

素裙摇曳。无雨的雨路上，斜斜飘移着一只玉色蝴蝶。蝴蝶渐入杏林，飘飘又停停。东边伸过来一枝花瓣，就牵住了，贴贴东边的一枝莹润。西边吊下来一嘟噜花蕊，就凑拢了,嗅嗅西边的一嘟噜芳菲。

一不小心踩虚了路边草丛,腰就柳柳地一闪。低头瞧去,裙边早已湿漉漉地洇开了水渍。方才想起抬头望天。天正憋灰了脸,偷偷地笑,笑出星星点点泪滴。

……

旋落伞上的花瓣。摇落裙上的花瓣。却掸不去路上的花瓣。花雨点点的泥径,自杏林中蜿蜒出一路幽香。

慌慌张张的素裙,喘吁吁逃出了杏林。被惊动了的花蝶,却不依不饶,裙边一翅翅紫色的舞蹈黄色的翩跹,一直追过山岗。

马霁鸿的另一类散文便是"杂文"。杂文是文艺性的社会论文,它有政论、文艺两种因素,但以议论为主。马霁鸿的杂文,不像议论文那样抽象地说理,或者简单地举例说明,而是运用形象化的方法,通过自己的思考,对具体事例的剖析,以比喻、征引、联想、引申、夹叙夹议等手法来阐发深刻的道理,说理的同时,有强烈的感情色彩。几年来,《给山水放个长假》《汲纳几丝文气》《莫让人生作弊》《留下一点遗憾》《生当做人杰》《饭桌文学与文件口舌》《执著的灿烂》深受好评,《时常把一把斋》被《读者》选载。

说到底,写杂文是需要有一种责任心的。马霁鸿善于捕捉社会生活中的点滴的感受,片断的思想,些微的观察,大至宇宙,小到微粒,天南海北,古今中外,新闻轶事,街谈巷议,评人、议事、说理,把杂文写得生动别致,自成一家。

虽然，马霁鸿的杂文还不似鲁迅"是匕首，是投枪，能和读者一同杀出一条血路来的东西"，但在新时期，新形势下，我们还需要马霁鸿这样的好杂文出现。

以上种种，真有言不尽意的感慨，同时，肯定会有值得争议的话题。随着社会的发展，散文在一片繁荣的同时也悄无声息地发生变化，出现新的追求形式。马霁鸿坚持主题的鲜明，而散文界却出现了另外的声音：非主题，无主题，天马行空，信马由缰，追求片断、多元、空灵的写作思想。马霁鸿坚持想象、抒情、比喻、情调，而散文界却出现了"在场说"，倡导叙事直白、无比喻、无抒情。对于散文可能出现的新流派、新主张，我还不知道马霁鸿有何见解，然而，我最为景仰的，是他的坚守，坚守传统，坚守古典，坚守那片平静的天空。

不管世界如何变幻，我们期望马霁鸿有更多的好散文问世。

2007 年

陈洪金的文章和生活片断

多年来，写作已经成了陈洪金生活的一个重要组成部分。他作为一个执迷于文学的写作者，已经把写作作为一种生活的姿态，个人生存的方式。陈洪金所希望的，是梦想着把自己以文学的样式摆在人们面前，最后把他忘却。同时，陈洪金试图让知道他的人和不知道他的人看到的不只是他的外部，他脱口而出的话语。他想用文字的方式让人们知道一种灵魂的闪现，一种风景与客观保持着距离，同时产生美感。

这可能是陈洪金写作《灵魂的地址》的初衷，他几年来一贯的愿望，一种思绪，想通过一种不同的方式展现在人们的面前。只不过，开始的时候，他也曾担心自己的愿望能否达到。现在，他的《灵魂地址》由百花文艺出版社出版了，挥之不去的孤独却与日俱增。他对家乡的抵达，路途实在是太遥远了。

诗歌弥漫的办公室

认识陈洪金，或者说陈洪金调到我们单位以后，我接触了更多的诗歌。在这之前，我对诗歌一直怀有恐惧心理，所以很少读诗和写诗。但陈洪金和我在一起就不行了，我总是看到他每天都在办公室里写诗抄诗，不断地往外面推销他的诗歌。前两年单位里没有电脑，他的诗歌都是用一支钢笔抄写的，在一沓沓稿格纸上，我看到了像蜜蜂一样大小的字迹上弥漫着诗歌的味道。所以，在那间不到十五平方米的办公室里，也充溢着诗歌的话语和不经意扔下的诗歌碎片。

于是，这里就有了诗歌氛围。过去，我一直写小说和散文，现在也不知不觉地写一些诗歌。我曾经和陈洪金谈起诗歌怎么写，他的经验是"不停地写"，时间一长，有些想不到的语言就会不自觉地来到笔下。我后来的经验证明，他说的话有一定的道理。

由于诗歌，散文才"新"而有味

开始的时候，陈洪金自己一直觉得自己的文学出路在诗歌里。他从读高中的时候就写诗歌，上了大学就更是不务正业地以诗歌为"中心"。大学毕业，到一个山村学校教书，基本上是每天写诗。他说，写诗像吃饭睡觉一样，是他每天都要进行的必修课。前不久，我还看过他在乡下写诗的笔记本，本上密密麻麻的诗歌是他每一天的足迹。

然而，连他也说不清，外界的朋友却是从他的散文开始认识他的。所以，他说，对此，他依然是耿耿于怀。他写了那么多的诗歌，发表了的没有多少，只是他写作量的十分之一都没有。而他的散文，基本上是每写必发，去年才几个月的时间，一本《灵魂的地址》就已经结成了集子。所以，这个具有诗歌情结的诗人，发出了被诗歌淹没了的感叹。同时，让我对诗歌更怀一层畏惧。但我的诗歌写作却没有停止，陈洪金也没有停止写诗。

还是在那间办公室里，我们也都感悟出了一个道理，正是由于诗歌，散文才"新"而有味。

陈洪金和我

前面我说过，陈洪金和我是一个单位，多数时间都待在一间办公室里。我们单位的全称叫云南丽江永胜县委宣传部，整个单位人最多的时候是九个，人少的时候只有五个。上班的时候，我们都待在两间不到十五平方米的办公室里。这就是我说过的，我们是在一个碗里抓饭吃。

有时候，我和陈洪金也一起下乡出差去，这时候，我坐在前面，我的旁边是领导。陈洪金就只能坐在后面了。这不是我比他有能耐，而是我还有一个工作是开车，开单位的小汽车，在前面掌握方向盘。

单位里人不多，喜欢写文学作品的也只是我们两个人，两个人都想办法出书，发表文章。坐在一起，开口讲的就是关于文章的事，外界人听了可能觉得有点酸。我们两个，也没有文人相轻的表现，这其中的原因，一是我们的文章风格井水不犯河水；二是我们年龄差距比较大；三是他的妻子彪老师还是我儿子的老师，我怕他和彪老师吹枕边风，让我儿子在学校里受气，我真是不敢得罪他。有时候，我还特意请彪老师和班主任吃饭，但彪老师不喜欢去，陈洪金就去代替了。

更具体的陈洪金

在单位里，陈洪金经常坐在电脑前面上网。本来，他家里也接了网线，但后来还是把网停了。问他原因，他说，一是上网有些耽搁写作时间，二是影响妻子女儿休息。

所以，单位里没有事的时候，我所了解的陈洪金，多数时间就在那台老式的"海尔"电脑前面，通过网络和外界不断地进行指尖上的交流。这时候，我总是看他和那些网上的朋友不断地为一件作品议论纷纷。我坐在旁边，当然知道他们所有的话题，但我知道，他的那些通过网络认识的朋友，谁也没有见到过这个写诗和写新散文的云南人。他们生活在一个现实与虚拟的空间，人的外表，个人的外在气质，都退居到从属地位。其中语言和文章成了最本质的交流方式，沟通的根本和源泉。

在这里我还想说的是，是网络造就了陈洪金这个新散文的写手，如果不是得力于网络，我想他的新散文不知要多少年才能被外界认识。

我还想到，在某种程度上，他还应该感谢我。还是在两年前,我都用上了电脑,他还只是用手在写作。所以,我一直劝他买电脑,我到昆明出差,硬是借钱给他买了一台"海尔"电脑回来。这样,他写公文和文件的速度快了(他一年要写大量的公文),写文章的时候就没有抄写带来的烦恼了。

总之,这个现实中的陈洪金和我相处几年,还没有"文人相轻"的迹象显现出来。

我看陈洪金的散文

我和陈洪金在一起工作,谈论得最多的当然也是文学。我们相互间在文学创作上每一个念头,都会让对方知道。就像他最近写的"山区教师序列",在动笔之前就和我说过,写好以后,又通过网络把文章网号传给我。而去年写的《灵魂的地址》,他写出一篇,我马上就看到了。至于我的文章,我也告诉他写作的计划,像写《丽江马帮》《青春棚》《丽江修女》等,都是未动笔就把目的让对方知道了。

我们是这样的亲密无间,但我却从来都认定我们的文章风格是迥然不同的,不管从哪个方面说,我们的作品都不能放在一个栏目里。所以,他经常上"新散文",而且成了特约版主,而我很少上新散文的原因,就是因为文章的风格不同,我知道我的文章与"新散文"上的文章有着差异。

但对于陈洪金的文章,总是要读的,一是了解新散文,二是了解这个人,我身边的人。我有自知之明,要知己知彼,文章才能有进步。通过几年的接触了解,我觉得洪金的文章,最大的特点是具有浓厚的诗意。他是写诗的，从一开始就着迷于诗歌创作。所以，这就注定了他的散文诗意浓厚，语言富有个性，更具有他个人的感情色彩。看了他的文章，有时候我都不明白，一个小小的意向，一个看似微不足道的场景，都会被他诗意成为一篇耐人寻味的散文。

陈洪金的散文，还不时出现一个村庄的影子，那个生活了二十年的村庄的影子总是在他的散文里流露。他生活在丽江一个叫"三川"的坝子里，那些像城堡一样的村庄，是他永远的话题。我们可以看到，他写的《经幡》《泥墙》《暮色》等，都会出现一个耐人寻味的乡村。

同时，陈洪金也承认，他是喝着那个村庄的水长大的，那里有他永远的童年。我和他都认为，许多好文章好诗歌，都与童年有不解之缘。这些年，陈洪金的许多散文都流露出生他养他的乡村情结，实在是不足为奇。

2004 年

诗画雁南

雁南从前与我在一个单位工作，她的真名叫杨宝琼，被誉为美女诗人和画家。最近，杨宝琼出了一本诗集，《盲鱼看不见爱情》。诗集中配有她的画。读罢诗集，观看了她的彩色画页，感慨良多，有很多的想法。

首先想说的是，杨宝琼的诗集，是在诗歌创作和出版都是在十分"边缘化"的背景下出版的。众所周知，随着社会经济的发展，诗歌创作不论是作者和作品都在质和量上呈下滑的趋势。据《中国青年报》署名文章透露，全国著名杂志《诗刊》的发行量，由20世纪80年代的54万份，滑到现在的2.5万份。进入20世纪90年代中期，特别是进入新世纪以来，诗人们仿佛蓦然间发现，写诗不仅无法购房置车，甚至连养家糊口也难以维持了。曾有人历数历届中国青春诗会学员的现状：舒婷在鼓浪屿成了半个隐士，徐敬亚迁居深圳从商，徐国静转行搞起教育，顾城在新西兰自杀……连一度风靡校园的偶像诗人汪国真也不写诗了，据说，闲暇时他除了题字作画外，其工作室主要为企业、风景区和城市创作宣传歌曲。国内外汉诗研究学家都开始感叹：中国诗歌创作，越来越边缘化。

然而，杨宝琼的诗歌，就在这种特殊的历史时期创作完成，并结集出版。所以，当接过她送我的散发油墨香气的诗集时，我从内心深处激动和感叹！其实，杨宝琼的诗歌创作道路也不平坦，她当过山区教师、县报记者、行政公务员，参加工作后，家事，公事繁多，结婚生小孩后，老人小孩，自己的身体，都让她应接不暇。然而，就是在这种情况下，她以一种热爱，一种信心，完成了一本诗集的创作。我想，这是一个诗歌创作者对生命、对生活、对社会的向往与热爱。单从这个意义上说，杨宝琼的诗歌，值得让人尊敬——尊敬她对诗歌的热爱与坚守。那一年，正是5月，诗人海男到永胜，看了雁南的诗。这个风靡诗坛的女诗人也为这种精神所感动，为她的诗所打动，为诗集写下了评论和序言。

在《盲鱼看不见爱情》出版以前，我曾在工作之余断断续续读了一些杨宝琼的新作。每读一首，都可以感悟到女性特质的浪漫主义色彩，同时可以读出激情、深沉、激愤等情绪，读出一个有着强烈女性意识的诗人对生活的独特领悟。有时候，真不敢相信，眼前的诗歌，便出自于自己面前这位娇小秀气的小女子："瓦罐陷入深深的往事不能自拔／用阳光和时间擦拭身子／把罐口闪烁的釉光／给你／把隔世的弦歌／给你"。（杨宝琼：《沉默的瓦罐》）

"有谁能体验得到一只深陷地下的瓦罐的沉思？瓦罐，在无法抵达的黑暗里，揽一缕阳光擦拭自己……"杨宝琼的诗歌，不论从语感、意境上,读来让人出其不意,让人感觉到她是一个有着良好的文学积淀、诗艺娴熟的女诗人。而且,从她的诗歌里,我们可以读出女性诗人的历史使命感和负重感。正如海男所说,女诗人的吟唱,在早期大都是围绕着性别的体验而展开。杨宝琼的诗歌,无不印上女性的烙印,使她回到诗本身。她的一些关于亲人、爱情的诗歌,让我们仿佛听到了一个多愁善感而意志坚强的女子在吟唱,让她成为诗本身。她以细腻而犀利的笔触生动而贴切地写出了女性的生命本质和女性意识,展示了一个女性诗人特有的灵气、才气和个性:"沿着水声逃离喧嚣的鱼/在光阴的河流里放弃光明/游动安静下来/心跳安静下来/黑暗里的一切都很干净/往事褪去绚丽的色彩/在深深的水底潜伏/波澜不惊。"(杨宝琼:《盲鱼》)

这是关于盲鱼的诗。杨宝琼在诗集后记里说,盲鱼生活在宜良九乡荫翠谷,在幽暗漫长的黑暗中退化了眼睛,延续着卑微的生命……就是这种怪异的小动物,让她在迷茫、寂寞、忧伤、无助的时候,常常梦见自己变成了一条盲鱼,颜色、光环、斑斓,什么也看不见,她只希望人与人用心与心沟通,情与情交融,爱与爱契合。由此可见,作为诗人,杨宝琼是敏感的,内心是丰富的。正因为如此,她才可能凭着女诗人的特有敏感和悟性,写出了那么多关于情爱和佳作,让我们读到了诗的真实自然、表里如一,读到了我们理想中的诗。

读了《盲鱼看不见爱情》,单从书名和部分诗歌里,我们感觉到杨宝琼是一个多愁善感的女诗人。然而,在诗集里,我们同样可以读到她热爱生活,关注现实的动人诗篇。她生在丽江,长在丽江，一直为丽江讴歌。她写丽江东巴谷："风从峡谷的白云间流过／沾染着天空很蓝很蓝的颜色／阳光在水中漂游／干净 纯粹／银子样脆响。"

东巴舞在她的诗歌里是这样的："天空远去 黑暗沉陷／东巴神性恣肆的舞蹈／神秘 放纵 澄净……"在她的眼里，东巴舞还可以"打捞陷落的灵魂／漫溯毁灭与诞生／密麻的经文／触到时间深处巨大的隐秘／倾吐黑夜的雨水"。

除此之外，我们还能在诗集里读到她热爱生活，吟唱春天的诗篇。

值得说到的是，除了写诗，杨宝琼还擅长绘画。《盲鱼看不见爱情》里的画作，都是她自己完成。这让我想起唐代的王维和许多的诗人画家，他们大多能诗画兼工。我们知道，王维擅诗歌，又精绘画。王维描写自然景物，画面感极强，"大漠孤烟直，长河落日圆""白云回望合，青霭入看无"，诗中有画。王维的《雪溪图》，又透露着浓郁的诗味。因此，苏轼评论说："味摩诘之诗，诗中有画，观摩诘之画，画中有诗。"所以，杨宝琼写诗，又擅画，我们不觉得奇怪，因为诗和画自古以来都有着密切的联系。画在她的心间，画布在她的心间，有时候也能形成诗歌："我不想说话 一直沉默／面对画布冥想着乌鸦说出的预言／空空的白满含逃离时／最初的遗迹 最初的绳结"。

只是，一般人又难于两者兼工，这需要有才气才行。杨宝琼的画，在永胜却小有名气，曾多次参加画展，并多次获奖。诗歌的成就也不可小看，前不久，她的诗歌获《人民文学》诗歌征文大赛优秀奖，让人刮目相看。

当然，我们明白杨宝琼不是专业诗人，因为工作，她的诗歌新作也明显地减少。然而，正如海男所说，在杨宝琼的诗歌里，我并没有看到凋零期，因为她是一位年轻而饱满的女诗人，我们除了看到她的绽放之外，我似乎并没有听到凋零的疼痛。因为她还年轻，她的年轻正像花蕾绽放前的妖娆，在一行行的诗歌之中，弥漫着女诗人开始与外在的事物相遇的经验。

读了杨宝琼的诗集，然后，让我们再联想到诗坛现状。仔细想来，我们开始明白，明白我们的时代还是需要诗歌。虽然现在的诗坛不再是烽火燎原，但坚守诗歌的人还在，为生活、为理想歌唱的人还在……特别是在丽江，还活跃着许多执着、天真、满怀信心的诗人，我们经常能读到他们漂亮的诗篇。在丽江，每次读到像杨宝琼这样优秀诗人的诗歌，孤独的心情会被阅读开阔许多。社会进步了，更容易出现种种焦虑，心情也更容易烦躁了。读了这些好诗歌，我不只是学他们如何为诗，还懂得了一些人、一些事，觉得做人真好，做人真不容易。物质生活进步了，精神生活更要得到提高，这才是完美的生活。诗是精神世界的产物，它让我们慢慢明白，其实，社会上，除了物质生活以外，值得我们爱的人和事物，还太多太多……

2006 年

刘芝英诗歌赏析

  我调到丽江市文联后,安排着和刘芝英在一个办公室上班,我在中财论坛上发表散文,她却喜欢在中财上发表诗歌。坐在同一间散发着新鲜油漆味道的办公室里,有一种亲切感和陌生感。其实,我与刘芝英早年就认识,只是交往不多。先是知道她的名字,读到了她的一些散文和诗歌。第一次是我参加丽江文学艺术奖评奖的时候,在文学组评委会上,读到了她的诗歌,并在第一时间知道她得了这次的诗歌奖。第二次是她向我约稿,此时,她在丽江玉龙县编《玉龙文艺》,发表了我的小说和散文。当时,根本没有想到会调到同一个单位,并在一间办公室里上班。于是,与这个文学爱好者坐在一起,便产生这样的想法,人生要经历的一些事,有时候真是难于预测,也是无法说清楚的。

  上班不久,刘芝英的诗集《诗亦沉思》便出版了。一个深秋的早晨,她把散发着墨香的诗集放到了我的办公桌上。随便翻开,一首诗的标题便吸引了我:《一个人行走》。便把诗往下读:"没有人用声音/捞走我脑海里活蹦乱跳的鱼/没有人挽着我的胳膊/让我走另外一条路/对着草坪上满地的残阳/傻傻地笑/让太阳在两丛竹林间/走来走去/没有人说我/是疯子……"诗中没有提到诗歌,没有说到对文学的热爱和坚守,但是,我固执地认为这是刘芝英对文学对诗歌的表白。于是,心里便产生一些感动和联想。首先想到的是在市场经济时代,写诗的人不多了,好诗不多了。在这样的背景下,能看到一本诗集的出版,让人觉得实在不容易。我曾经在评论一位诗人的时候说过,随着社会经济的发展,诗歌创作不论是作者和作品都在质和量上呈下滑的趋势。全国著名杂志《诗刊》的发行量,由20世纪80年代54万份,滑到现在的2.5万份。谁都清楚,写诗不仅无法购房置车,甚至连养家糊口也难以维持了。然而,刘芝英却是一直义无反顾地坚守着自己的诗歌阵地,以最为纯净的语言,表达着对诗歌的热爱。

刘芝英的诗集里,我还读到另外一些关于对诗歌的阐释。她的诗歌让我看到一个要把"桌子坐成诗/把路走成诗"的女诗人,正在不断地成长。读着她的诗歌,我觉得她对诗歌感情真挚,认识到位,表现了一个年轻诗人的良好心态。这种心态对一个诗人来说,相当重要。我们知道,诗是我国最早的文学样式,远古时候,诗歌来自民众,源于生活,出自心灵;其文字浑厚纯朴,纯乎天籁,每一个字都充满了诗意,《诗经》便是流传至今的不朽经典。我国曾是诗的大国,单是唐诗宋词,优秀的诗作多如繁星,世界上哪个国家哪个时代都没法产生那么多优秀的诗人和脍炙人口的诗篇。所以,即使是在市场经济时代,我们也要保持发扬我国文化传统，需要像刘芝英这样的诗人热爱诗歌，为诗歌的繁荣作不懈的努力。这是因为，诗歌繁荣的时候，也是一个民族思维最活跃，情感最丰沛，神思最飞扬的时代，也必然是一个充满希望的时代。可喜的是，在丽江，就活跃着刘芝英这样的诗人，他们坚守着诗歌阵地，用诗的姿态保持坚守丽江的文化品位。

感慨之余，断断续续读了《诗亦沉思》的大部分篇章。大多数人认为，刘芝英的诗歌重在理性，然而，我觉得刘芝英的诗歌，首先是抒情的。诗永远是抒情的文学。不可否认，越来越发达的工业社会难免给人造成了一种非人化的尴尬境遇。针对这种局面，尼采早就说过"上帝死了"。社会生活让人越来越有一种"生活在别处"的感觉，可能正是这种原因，刘芝英便以诗的形式在飘摇的精神家园中寻找抒情出路，以此来对抗"荒芜"的困惑，以求得的生活真实。

不过，刘芝英诗歌中的抒情，是在有意无意地逃离赞美、讽刺、愤怒或欢乐。她的诗句总是在极为平淡极为平静的口气中缓缓"流出"。她力避抒情诗那种常见的、极富气势的句子，着力加强叙述成分。刘芝英的诗中隐匿了爱憎，抒情以相当自我的视点，并且是不动声色的冷抒情格调，把个人心态隐匿于诗中，让读者以自己的方式去解读体会诗中的情感。这里，我最喜欢她的《传言》，听说，这是她读中专时候写的一首爱情诗，热烈的感情，被她如此冷静地道来："你以为我是一只鸟儿／一抖翅膀／就会飞到你再也寻不到的去处／可是我没有翅膀／并且身体沉重……你想用目光织出一张网／把我罩在你的身旁／可是

我不是鸟 / 不会傻乎乎的 / 一步一步 / 走进你的网中央……"

诗歌抒情是同语言表达欲望分不开的。很明显，刘芝英的诗歌语言从国家、民族语言空间转向"个人的话语空间"，在一定程度上使自己的诗歌语言获得了本体意义，这样一来，诗人也就更加"本体"起来。于是，刘芝英的诗歌在表现个人的内心世界时，又从另一个角度反映出个人对社会及宇宙的关系。所以，读了刘芝英的诗，我真实地感悟到，感人的感情是产生文本魅力的灵魂！高尚情怀是包括诗歌在内的一切文学创作者的必备素养之一！

抒情是诗歌的生命，但抒情模式相当复杂。诗歌在抒情的过程中，不能忽视诗歌整体的意境化与意象化。其中，意境化把抒情贯穿于与要抒之情有关的艺术境界之中，从而达到情景合一，融为一体；而意象化则是将生活环境中用来表现抒情主体的"意"融入个人情感之中。刘芝英在抒情的意境化和意象化上处理就比较得当："妈妈说那轮弯弯的月儿 / 是被天狗吃缺了的 / 可是天狗 / 为什么要吃月亮呢 / 那轮弯弯的月儿 / 是被我的眼睛吃缺了的吧……"读了刘芝英这样的诗歌，我们领悟到的，便不只是诗中的情了，那浓郁的抒情中，所产生的意境，那是难于言说了。

当然，刘芝英的诗歌，有着她理性的思考，这也是她的诗歌的一大特点。把诗集命名为《诗亦沉思》，我们不难看出她的良苦用心。理性使我们思考，理性使我们崇高，将理性融入诗歌，可以探索民族的意蕴，思考自我的奥秘，破译真善美的真谛。刘芝英的很大一部分诗歌，偏重于理性的阐释，虽然形象不宏大，但写作状态的冷静，读起来没有较大的气势，但明理晓畅。更可喜的是，她的理性诗歌不作无病之呻吟，在看似平淡的文字里，有一种飞扬激昂的意趣，令人感到世界的宏阔，人生的深邃，事物的多姿。用理性来观照人生，人生也显示出它的摇曳多姿，变幻万千。刘芝英的诗歌，是用形象的语言表达纷繁的人世，展示人生深刻的底蕴。她寻找着具有蕴藉力的意象，挖掘它的内涵，体现自己的人生思考。

然而，刘芝英的诗长处在于此，局限也在于此：倾情于微观而疏懒于宏观，所以，她的抒情诗或哲理诗，大多是从微观入手的，虽然明白晓畅，不故弄玄虚，但部分诗作中却少了几分绕梁之余韵。然而，刘芝英还很年轻，"一个人的行走"其路还很长，继续走下去，前途不可估量！

2008 年

尹晓燕小说的自我意识

因为写小说，一直很关心国内外小说创作的发展动态，更关心丽江本地小说作家在写些什么，在哪些刊物上发表小说作品。认真算下来，这两年还活跃的丽江本土的小说作者屈指可数，和晓梅、蔡晓龄、胡继惠、陈洪金、木祥、赵晓梅、何顺学、和凤琼、杨世祥、闵书琦等。丽江的小说作者不多，但作品质量却都比较高，他们每年都要在省内外一些重要刊物上发表比较有影响力的小说。让人高兴的是，最近两年，丽江又冒出了一些年轻的小说作者，尹晓燕就是其中的一个。尹晓燕写作时间不长，但小说作品在《丽江》《滇池》等杂志上发表，得到了同行们的认同。

由于工作关系，开始接触尹晓燕的作品是散文。散文写作，自我意识比较强，需要有感而发，文字需发自内心。尹晓燕的散文，大多写的是山区教师生活，其中有一篇《树底往事》，文章中有这样的文字："蚂蚁这种小家伙就会常常成群结队地在房间里巡视，但凡屋里有一点食物，特别是甜食，它们顷刻间就会将其消灭干净。睡觉的时候，蚂蚁便会和我亲密接触，时时刻刻都在骚扰我。但是，很多时候我都不忍心伤害它们，任它们吃，任它们爬。然而，在我熟睡以后就不能顾及它们了，往往在早晨起床以后，床上便是一层黑压压的蚂蚁尸体。"

这样的山区教师生活，用这样从容朴实的语言叙述出来，让人读到了一个年轻女教师陌生的生活，内心真实的表达。也就是这篇散文里，还有这样的故事，说自己一个人住在寝室，深夜里听到窗外有男人咳嗽的声音，再过一会，闻到有人在外面吸烟。但是，这个人守在窗外，而没有直接骚扰寝室里的她……读了这样的散文，读者会懂得一个真实的山区，山区的生活朴实里透出人性之美，让人充满想象。山区贫乏，山区人的思维并不贫乏，他们有自己的追求和理想。

读了尹晓燕的这些散文，觉得她适合讲故事，写小说。

后来不久，尹晓燕的一批小说真的问世了。然而，她的小说里，依然透出自我观照，自我情感和浓郁的乡村味道。她用第一人称写出了《爱相随》，她用神奇的故事酿造出了《野八角》，后来被《滇池》选发在小说头条的《古桥》，又是第一人称，又把自己真实的感情融进小说里去了。她用真情实感塑造人物，编织故事，小说中的乡土气息、民风民俗经过她细致描写，真诚地表现着她熟悉的滇西北这片神奇的土地。

这可能与她的经历有关。新世纪初，尹晓燕就在永胜山区教书，作为一名山区人民教师，一待就是六年。可以这样说，她最为宝贵的青春年华，都留在了山区教师的工作岗位上。据说，那个时候，因为生存环境、工作条件让她有过困惑、苦恼，而现在回忆当年,又觉得是一笔宝贵的精神财富。每当想起往事,想起当年的生活,当年的朋友,她都有一种创作的冲动,于是,就有了一批表达山区生活的散文和小说问世。

当然,尹晓燕自我情绪,不是空洞的表述,她的所有感情,都是通过故事的描写,人物的塑造来达到的。她的《爱相随》里有这样一个故事:小说中的"我",被同学校的老师醉酒后强暴了。可以想象,一个年轻女子被强暴后的心情,可以想象,只要报警,这个强奸犯便会锒铛入狱。然而,小说中的"我",通过激烈的思想斗争,并得到爱她的未婚夫的同意后,没有告发强奸者。原因很简单,就是这个教师入狱后,山区就少了一名教师,那些山里娃,就有失学的危险。小说里的故事,肯定是虚构的,那种艰苦环境却是真实的。小说里的"我",对山区老师的爱,对山区教育的赤诚却是真实的。故事的虚构和感情的真实,完美地统一在了小说中,让人读来有一种震撼力量。

小说《野八角》里的故事,写的也是山区教师,这篇小说,篇幅不长,但具有浓郁的魔幻色彩。小说讲了一名城市男子,大学毕业后当了一名乡村教师。到了偏僻的山区,却喜欢上了一位山里姑娘,留在了山区,宁愿当一辈子山区教师,其中原因,细心的读者会看得出来,是这位热心山区教育的姑娘,常常让这位教师吃放有"野八角"的菜肴,姑娘放这种调料的唯一目的,就是为了让这位年轻的教师留下来。

一位山区姑娘,为了爱,为了山里的孩子,给年轻教师"下"了蛊药"野八角",看似很不道德的行为,但透过尹晓燕对山区教育环境的描写,对小说人物的刻画,觉得这种行为是那样合情合理,那种"野",那种"不道德"里,也暗示着一种悲壮的力量。

所以,读过尹晓燕小说的人,都觉得故事新颖、感人,一些山区教师,读了都爱不释手。

中篇小说《古桥》,更是表现出尹晓燕较强的想象力。她把人世间的母性之爱,延伸到了山区,延伸到了古代,她通过现实主义和浪漫主义色彩结合,试图表达一种纯净的母女之爱,女性之美。尹晓燕的小说,总是忠于现实,但又不失浪漫主义色彩,看似离奇的故事,却又让人觉得合情合理。《古桥》中发生的故事,她选择讲述的时间不同,地点不同。故事发生在茶马古道时期,或者给了一个不确定的时间段,但是,小说中的那个黑衣女子,那个"我",却具有现代女性色彩,给人留下了深刻的印象。

尹晓燕的小说,用第一人称表述的篇幅较多,这就容易拉近读者与作者之间的距离。《古桥》中的"我",从一个小镇到了金沙江边,看到那个神秘的黑衣女子,产生了强烈的亲和力,便有了想了解、想接触的愿望。细心的读者可能已经看出,小说一开始,便暗示着"我"与这个黑衣女子有种某种特殊的联系。

其实,"我"便是这个黑衣女子与她的妹妹爱情风波的产物。尹晓燕通过倒叙、插叙的方法,描写了黑衣女子两姐妹的爱情风波,扭曲的爱,离奇的"偷梁换柱"式的婚姻,然后产生了"我"。读到了小说的结尾,通过一种暗示,终于真相大白,那便是"我"与那个黑衣女子产生爱的切入点。

尹晓燕的小说，总是把自己融进故事里去。许多小说作者，小说容易让情节与叙述者分离，没有作者的感情在里面。然而，尹晓燕的小说，却让人读到作者，作者的真情实感融入小说故事里。这是她的小说很容易引起共鸣的原因之一。

2015 年

"沧阳"情未了
——杨春山散文浅析

近两年来时间里,杨春山出版了两本散文集。一本叫《沧阳行吟》,一本叫《情溢沧阳》。两本书都冠以"沧阳"之名,作者对沧阳之情,不言而喻。丽江人和搞边屯文化研究的专家都知道,沧阳,意为永胜。杨春山出生在永胜,工作在永胜,那里是生他养他的大地,有他赖以生存的土壤和雨露阳光。所以,他的散文,肯定要与永胜家乡有关,与"沧阳"不可分割。可以想见,杨春山的故乡情结,亲情,友情,应该都浓缩到了这两本集子里面了。

其实,杨春山的这种故乡情结,表现在散文里,也彰显了散文的特点之一。纵观散文的发展历史,我们不难看出,散文这种文本的出现,明显的具有特殊的地域性,对特定的地理和人文表达作者特殊的情感。这一点,我们可以从历代散文名家那里找到佐证。在古代散文里,范仲淹的《岳阳楼记》,苏轼的《前赤壁赋》等名篇,都有着作者所熟悉的地域,都寄托着作者特殊的情感和感悟。现代的散文家更是如此,鲁迅的《故乡》,

朱自清的《荷塘月色》等作品，无不反映作者对的家乡的情感。他们的散文，都有着明显的地域特征，他们写的，是故乡，是行走大地的所见所闻，而不是凭空编造，更不是无病呻吟。

所以，杨春山把握住了这个散文的基本特点，他是个乡土作者，他知道他不可能去写欧洲文化，去写他不熟悉的北京风物，他把视线放在了家乡。他的《翠湖：回望中发现梦想的天堂》《酣睡在金沙江和程海波涛里的小城》《家乡方言》《章斐：马帮踏过一个村庄》《画匠岳峰》《杀猪匠老韩》等大量文章，无不抒发着对家乡的挚爱。他试图把笔端触摸到故乡的每一个角落，让人们与他一起分享故乡的边屯文化。

找准了写作方向，杨春山在表达形式上作了全方位的尝试。他在描写故乡风物，书写边屯文化的时候，首先表达的是一种真情。在动笔之前，用心揣摩所表现对象的外部环境，再深入探究事物的本质与文化内涵，然后付诸笔端。因此，他就有了这样的文字："老人长长的烟锅一明一灭，一天的时光就溜走了；照壁上的阳光一升一降，百年的光阴就消失了。一个个孩子，读着照壁上的诗词，看着照壁上的山水，成为了一个个老人；一个个老人，看着照壁上的山水，读着照壁上的诗词，成为了一个个孩子。乡村就是这样传继着书香，把时光拧成了一根细长的绳子，延续千年。"

杨春山的散文，我感觉写得比较率性。语言流畅，比喻得当，叙述如行云流水，体现了他驾驭文字的功力。他的比喻，抒情都恰如其分，不事雕琢。家乡的感情在他心里，他就可以任性地表达，尽情地歌唱，放开歌喉歌唱。特殊的题材，特殊的环境，让他没有理由去雕琢，没有时间去琢磨怎么按规律写散文。他可以凭借自己的真情实感去打动人，去表达自己的意愿。他没有理由去寻找文章的所谓格式、规律，他可以任性地为自己的家乡歌唱。

我们知道，现代散文里，其写作的格式、定义都在发生变化，什么样的散文好，什么样的散文读者喜欢，都随着时代的变化而不断地变化着。20世纪80年代红极一时的诗歌热早就失去了往日的风潮，90年代大家推崇的散文，如今也褪去了原来的热度。世界在变，信息化，多元化，我们很难去追风。

所以，杨春山的散文，就不乏那种任性作品。有时候，他的散文好像是不按套路出牌，想到哪里就是哪里，天马行空，直来直去。文学的创作规律本来就是如此，散文的文体在变，人们对散文概念的理论都在变。传统的诗文提倡"诗言志"，而后来却有人提出反其道而行之，说不能过分提倡主题，那种无主题论，随意表达论便出现在一些评论家的论点里。在散文领域里，理论随时翻新，散文评论因为对象文体的驳杂性和概念的游移性，而始终处于支离破碎的"亚理论"状态。杨春山就是在继承传统散文的同时，又放开自己的视野，从容地为故乡歌吟着。

文学界有句名言，叫作"文如其人"。我觉得，文如其人，最先就指散文而言的。散文短小，并且书写的对象特殊，散文的感情虚假不得，散文最能看出人的秉性，最能抵达人的内心，可能也与散文这种地域性和个人性有关。小说可以编造故事，制造谎言，诗歌可以夸张，想象的成分更大。散文却更要有的放矢，人家读了你的散文，马上可以想到这个人，不似小说，你可以说这个人物是编造的，是虚构的，一篇散文，你说是虚构的，你也可以虚构，但总是难经得起时代的推敲。

所以，杨春山的散文，也表达着他的个性。他的这种个性，就是真情、坦然、率真。他说："我和乡村若即若离的状态，决定了我的视野不会飘移我所依恋的乡村。我在乡村行走，乡村的每一寸土地都铭刻着我深深的足迹。思索、感悟、记录，成为我面对乡村的一种状态。在这里，我努力寻找属于自己的精神坐标，把一些被人们淡忘的乡村歌谣轻轻吟唱着，来埋葬我的孤独，来温暖我的情怀。"

杨春山的散文语言为是精练的。散文可以叙事，可以抒情，主观和客观有机交融。叙事的从容，抒情的达意，这些手法，都得靠精练的语言、丰富的语汇来实现。杨春山的散文语言，叙事时从容不迫，抒情时长短相间，抑扬顿挫富有乐感。《在博物馆赋》中，他这样写道："非遗记忆，有珐琅银器、火草纺织、三川铜器，民间刺绣，尽显手工艺传承之风流；有永胜油茶、三川火腿、腊参肝酱、永北水酥，尽得边屯饮食之真味。每幅图片，皆有故事相随；每件实物，皆为历史遗存。读文、观画、视物，需仔细品读、反思，方得边屯文化之真味……"

杨春山就是这样地抒发着自己的"沧阳"情节。现在，我们都难于预料，杨春山的这种书写，这种行吟对我们的故乡，对我们的边屯文化有多么重要。然而，随着现代化的进程日益加快，随着这些沧桑的记忆最终成为记忆的时候，我们再回过头来读他的这些"瓦窑"和"陶罐"，读这些"慢节奏"和"散淡时光"的时候，我们才会放慢脚步，增加许多的感慨万千。

同时，我相信杨春山这位"沧阳"行吟者，还会和他说的一样："今后，我将更加自觉地在边屯文化大旗下寻找自己的位置，书写出更多描摹、歌颂家乡的文字，以报答所有关心我、支持我的朋友们。"

我们有理由相信，杨春山的沧阳之情，远远还未了。

2005 年

永远的歌者

　　冷碧在丽江文坛活跃时间较早，大约在 20 世纪 80 年代便写诗，发表诗歌，并有一定影响力。同时，冷碧在丽江文坛活跃时间较长，自开始创作以来，一直笔耕不辍，至今仍有新作问世，是在丽江作家群中有着深远的影响的作家之一。

　　这种情况在其他地方可能不多见。20 世纪 80 年代的作家诗人，随着我国经济结构调整，受到市场经济的影响，大都不再创作写诗，在文坛上销声匿迹。从这个意义上说，冷碧成了另类。他的创作，他的歌吟，不受所谓的"市场"和"经济"影响，保持了一个诗人的热情与坚守。他是真正的歌者。

　　现在，冷碧出版诗文集《钟爱随着时间渐长》就是这种热情和坚守的表达。

　　据我所知，冷碧还出版过两本诗集。冷碧创作诗歌 20 多年，诗歌数量不算多。然而，当人们知道他是一个"农牧业专家"，其次才是诗人的时候，便自然地会由衷感叹。

　　1983 年，冷碧从丽江农校毕业，分配到了华坪县，在条件最为艰苦的永兴区、石龙坝乡工作12年。20世纪80年代，那里交通滞后，物资匮乏，信息闭塞，文化单一。然而，冷碧用12年的青春岁月，向乡人民政府提交了《发展畜牧，迈进富裕——石龙坝乡畜牧业展望》，参与编写《力争小康，奔向富裕》一书，笔墨着力于畜牧业概况，畜牧业生产剖析，畜牧业生产发展的指导思想，畜牧业发展规划。就是这样一个钟爱农牧业，爱岗敬业的农牧业科技干部，却写出了大量的诗歌，这个时期，我们便读到了他发表在《玉龙山》《丽江报》《华坪文化报》《乌木河》等刊物上的《对你的爱》《河滩上》《赠爱妻》《苍房湾的茶山》《乌木春》《火塘》等诗歌。

丽江作家，专业创作的不多。然而，丽江文化底蕴深厚，这种文化的厚重，其效果是展示了丽江作家艺术家的强大阵容。丽江作家艺术家众多，历史上，方国瑜、周霖、赵净修、赵银棠、高玉柱等作家学者都享誉中外。近年来，又有一大批像冷碧这样的作家艺术家活跃在文坛，他们在各自的领域成绩斐然，影响深远。近年来，作家艺术家成就也大，获奖作品增多，从2000年开始，少数民族作家连续几届获"骏马奖"，还有作家在《诗刊》《人民文学》《边疆文学》《大家》等杂志上获奖，小凉山诗人群在国内引起较大反响，音乐、舞蹈、美术、书法等文艺门类更是独领风骚，在国内外产生深远影响。

丽江产生这些影响的作家艺术家，都与"专业"和业余无关。

自古以来，专业作家不多，不少优秀诗文，都出自业余作家之手。有评论家认为，业余作家有着他们的独特性，依靠悟性和才气，领悟了汉语，顺其自然地写作，他们的诗歌是纯朴自然的。这种纯朴自然包括了他们诗歌的内容、语言、意境等方面。

所以，从冷碧诗歌内容上来说，他的诗歌，可以说是来自生命、生活体验的诗歌。也就是说，他的写作，出于他的生活经验和生存经历，他的诗歌，和他的日常的平淡的生活息息相关。冷碧写作的材料、素材、出发点，都离不开他的生活。比如他《院子》的里的诗句："晾晒着父亲的汗珠子／看那夏粮与秋收／粒粒饱满／院子／甜蜜着母亲每一个晨昏／看那鸡和鸭，还有鹅／只只肥壮……"无不深深地打上他生活的烙印，倾注着他本真的感情色彩。

读冷碧的诗方知，不管是刚开始写作时写的那些有关初到异乡的经验和心情的诗歌，以及怀念亲人的诗歌，还是后来写作的回忆故乡和童年生活场景的诗歌，都是冷碧"自己"的生活，都是他体验过的经历、感受和感情。看冷碧的这些诗，我们就亲切地感受到，人们常说的"体验既诗歌"，确实有一定的道理。对一个诗人来说，有体验才能有感受，才能有思考，才能发出自己的声音。我总是觉得，诗歌，说到底便是生活的语言分泌物。我们读到的好的诗歌，它必定是生活土壤中长出的带着阳光雨露的小花小草或者参天大树。读罢冷碧的诗歌，便感觉诗歌不应该是空中楼阁，不管是什么样的诗歌，地基就打在诗人的生活中。

从情感的表达上来说，冷碧的所有诗歌都具备足够的抒情性。我们每读他的一首诗，都感觉抒情意味浓郁。读冷碧的一首首关于爱情，关于故土的抒情诗，总是让人感觉到情感真挚，韵味浓郁。读他其他的诗歌就更是了，要么是触景生情抒发他内心的各种情感的抒情诗，要么是引动亲情的抒情诗；要么是有关友谊、时间和自然的抒情诗；要么就是借助回忆的画卷慢慢展开的抒情诗……当然，冷碧的抒情诗，都具备了一定控制力，有意内敛暗含着的抒情诗歌。其中，他写的有关友谊、时间、景物的一些诗歌具备了一定的功力，这也让人很吃惊。写过诗歌的人都知道，抒情诗歌滥情容易，控制很难，不动声色的抒情诗歌才是高级的抒情诗歌。冷碧的一些"冷抒情"、信手写下却别有深意以及情在言外就更难了。

例如他的《花开了》："桃花红到枝头／我和你相遇相知／玫瑰红到心头／我和你相恋相思／梅花红到骨髓／我和你相守相依／花开了，你在我的心里鲜艳／花开了，你在我的心里燃烧／一辈子我会用心呵护／我俩如花似火的爱情……"这样的诗句，让人心生感动。

冷碧诗歌的美，还在于诗歌中呈现出的意象美。我们说的意象，就是客观物象经过诗人独特的情感活动而创造出来的一种艺术形象。简单地说，意象就是寓"意"之"象"，就是用来寄托主观情感的客观物象，这就要主观的"意"和客观的"象"有机结合，呈现给我们的，是融入诗人思想感情之"物象"，是赋予诗人某种特殊含义和文学意韵的具体形象。在这里，意象是物我相合的主客体相融的统一。诗人产生某个想法后，把所要表达的情感用物象呈现出来，这就是意象。那么，冷碧是怎么表达他的诗歌意象的呢？

"村庄在我的诗里／辣椒红，豆荚黄／熟悉的身影，忙里忙

外／村庄在我的诗里／有春天／有燕子的爱情／有笑声／有呓语……"(《村庄在我的诗里》)

冷碧的诗歌意象是独特的,新颖的,给人耳目一新的感觉。

其实,意象并不是神秘的东西,古体诗里的意象比比皆是。中国现代诗人、营造意象的大师艾青笔下的火把、土地、太阳等意象,让我们印象深刻,臧克家笔下的那一匹老马,舒婷笔下的那一棵橡树等意象,都因为它们独创性的美而流传于世。冷碧作为一个新诗作者,巧妙地沿用了古典意象的神韵,吸收了中国现代诗人关于意象美学观念,为我们创作出了许多优美的诗歌,让我们得到了美的享受。

值得一说的是,冷碧出生在丽江永胜县,学习在丽江,而生活工作在华坪。他总是忘不了华坪这片热土给了他创作的灵感,这些,我们在他的诗歌《华坪的月亮》《鲤鱼河畔》《华坪是我一生不弃的故乡》中便能真实地感受到。冷碧真诚地歌唱华坪,他生活了28年的第二故乡。这种热爱,这种情感,不通过生命的真实体验是到达不了的。读罢他的这些诗篇,我们为这个热爱第二故乡,热爱农牧业,热爱生活,热爱自己的专业,热爱生活的歌者而感动。随着岁月渐行渐远,我们会更加理解冷碧。他是永远的歌者。

还是以冷碧的这首《钟爱守着岁月渐长》结束或开始吧:

我的钟爱与凡尘的花有关
唯美的含蓄守着岁月渐长

春日的泥土

从冬日的僵硬中苏醒

赢得耕耘

钟爱源于生命

爱情源于心灵

不怨天尤人

也不轻易许诺

我希望

钟爱年年天高地阔

我希望

爱情四季有花有果

  愿这位生命的歌者生命之树常青,为我们创作出更多更好的诗歌。

2015 年

梦想者人生理想

梦游是丽江从事文学创作较早者，也是丽江作家中持续写作时间最长的作家之一。早在20世纪80年代初，他还在永胜县三中读初中的时候，便开始文学创作，并取得了喜人的成绩。1981年10月，他就以文学新人的身份参加永胜县文代会。那时他还是个初中生。

后来，梦游从学校到了农村，开始了地地道道的农民生活。然而，文学之梦痴情不改，一直笔耕不辍。在艰难的农村生活中，他种田打工，娶妻生子，经历着一般作家难于想象的艰难。虽然如此，梦游的写作之梦一直没有停止。写作之梦贯穿于他的黑夜与白昼。我觉得，梦游是一个十分纯粹的作家，是一个甘愿为文学献身的理想主义者。

为了写作，梦游放弃了商机，放弃了市场经济的诱惑，在工作和写作的同时，参加汉语言文学自学考试，取得了自学中文专科文凭，自身素质得到了很大的提高。经过不断积累，经过向文学界老师虚心学习，写作渐入佳境，在省内外报刊杂志上发表大量作品，并加入了云南省作家协会。

梦游的这种对文学的痴情，让我们想到了陈洪金提出的"三川文学"现象。地处永胜北边的三川镇，是丽江的一个美丽的坝子，物产丰富的"鱼米之乡"。多年来，三川涌现出一大批文人，曾经出现两个文学社，很多人都在这块土地上吟诗作赋，书法绘画也都有各自的团体。三川作家的涌现，最初是海男和她的妹妹海惠，然后是李理、姬惠、木祥和杨学韬，再然后是李梦游、赵文金、杨春山和雁南。今年，海男的诗集获得了鲁迅文学奖，这位全国著名的诗人，和她的妹妹海惠在三川小镇上度过了她们的少女时代。

多年来，三川文学创作与永北、期纳形成了齐头并进的局面，为永胜的文学艺术创造了良好的氛围，为全国输送了不少文艺人才。

梦游的成长，受到了永胜崇尚文学艺术之风的影响，同时得到了文学前辈的无私帮助。杨金乾、胡继惠、杨学韬、马霁鸿等文学前辈，给了他鼓励和支持，让他在文学之路上走得更远。特别是梦游到了永胜水泥厂后，公司的领导人尽其才，让梦游从事企业文化宣传工作，让他有了更多的机会接触文艺界朋友，提高了他的写作欲望。

由于工作关系，我与梦游交往不多，但对他的文学之路却比较了解。梦游年轻时写了大量的诗歌，我至今还记得他发表在报刊上充满激情的诗句。其实，一个作家的写作过程，大多是从诗歌开始的。年轻的时候写诗歌，阅读诗歌，诗歌总是伴随年轻人成长。年轻人心里有太多的激情，这种激情要迅速表达，最好的形式是诗歌。

慢慢地，梦游成熟了，他开始潜心于散文创作。梦游遵循着每个作家成长的一般规律，从诗歌出发，然后开始写小说或散文。特别是梦游到了写作后期，散文的数量更是多。原因是散文可以从容，像散步、聊天，不大起大落，平静地叙述，淡淡地抒情，人生处于从容状态。梦游的人生、散文和诗歌便是这样联系的。

梦游的散文，以叙事性散文为多。散文离不开叙事。梦游的散文叙事，是舒缓的谈心，是人生最动人的经历。他写三川，写怒江，写丽江，几乎把自己所有的经历都付诸笔端。然而，细看下来，散文中的事，看似流水账，但却是经过作者精心选择的事件，说明着人生世态、感情、感悟。散文的事件，不为塑造人物服务，而是为作者情感服务，表达作者的种种情绪。

我喜欢梦游的散文的叙事手法，在文章中，他不高高在上，阅读之中，仿佛是与读者谈心。例如《读者》杂志上的短散文，内容接近生活，看似简单的文章，但接近生活本质，是作者经过提炼了的生活，读起来有味。记得有一年，我心情不好，早晨煮茶喝茶时读一两篇，专选短文读，用于调理心态、平衡日子。

梦游的许多散文，就起到了调节心态、平衡日子的作用。

其实，梦游的散文，在平静的叙事当中，抒情韵味也特别浓郁。好像没有读到他不抒情的散文。我曾经说过，散文的抒情，有主观抒情和客观抒情。主观抒情，是寄情于物，运用各种感情色彩浓厚的文辞，调动各种修辞手段，抒发对客观事物的感受。主观抒情要求作者把客观事物在脑海里发酵、过滤，然后抒发出强烈的感情浪花。所以，强烈的主观抒情，较之客观抒情，更具感情色彩，更能显示作者的想象能力，显示作者的文学修养，驾驭调动语言的能力。

梦游的散文，以客观抒情者较多。如他写黑龙潭的文字："每个人心中的都有自己的得月楼，每个人心中都有自己的黑龙潭。不论是以往泉水清亮透澈的黑龙潭，还是如今枯涸沧桑的黑龙潭，在我心中都是一样的美丽，因为黑龙潭承载着我日渐浓烈的情感，同时也承载着我美好的人生期望。我坚信，黑龙潭一定会有美丽如初的那一天，只是时间的早晚而已。"

他的散文，抒情方法是将情感寄予事件、人物活动之中，用最感人的事件、人物来感动读者。这种抒情用的是"白描"，文辞平而不淡，拒绝夸张、比喻等修辞格。

梦游的散文，虚实处理得十分得体。散文是最能窥见作者心灵的，虚假的感情，读者轻易便能发现。所以，散文切忌虚假，事要实，情要真。然而，散文不是生活的流水账，记录的事件、人物是要经过筛选的，选择最能表达自己思想感情的事件、人物的同时，还要有所"完善"。所谓的完善，就是"虚"，要对整篇文章进行修枝打杈，这个过程就是虚。不经过加工的人物、事件，是形不成好文章的。出现多重线索，多个场景，多个人物，多个事件，这有益于增加散文内涵和外延。

梦游的散文，主题和内涵极为丰富。我们应该承认，我们读过的多数散文都应该是有主题的，只是反映事物大小不一。一度有人提倡无主题散文，无主题就是"主题"，文章中总是反映他们虚无的情绪，这是现实生活某一种人的生活态度，也可以认为是文章的"主题"。我主张散文的主题在散文的叙述过程中自然流露，而不是刻意地"点"出来。

梦游在写实散文中巧妙地做到了这一点，散文的内涵，要看文章中人物、事件、信息、感情的含量有多少。有的散文，虽然短，但反映的是人们普遍关心的问题，或者是牵动人们情感的事物，它的内涵也大；有的散文，洋洋洒洒万言，我们读了却不知所云。

应该说，梦游的散文，属于传统文化的影响，不追求所谓的创新。新时期，散文发展日新月异。这种发展繁荣，主要在数量上，而形式上的创新，还没有得到普遍认可。例如"文化散文""新散文""原散文""在场散文"散文门类的提出，其文本都没有超越传统散文的范畴。仔细阅读这些门类的散文会发现，其实，这种散文我们的前辈都尝试过。而且，他们的散文，都没有摆脱传统散文的脉络。

所以，梦游还是不骄不躁。他还是从容不迫地写出了这样的丽江，如写泸沽湖："往湖里看去，湖水清澈见底，连落在水底的那些颗粒不大，但均匀圆滑的沙粒都看得一清二楚，沙粒慢慢扩张到湖水深处，渐渐溶入到那一抹令人心醉的蓝色里，越发衬托出湖水的深邃来。我走到湖边，也用手掬起一点湖水，轻轻的喝了一口，湖水入口微凉，有一点甜，跟在车上喝的矿泉水差很多，始知泸沽湖的水可以喝，这话一点也不假。不用说在缺水的时候，就是在正常情况下，渴了有这样纯净的泸沽湖水喝，也算是一件幸事了……"

梦游还是这样平淡地写作。他有梦，但他更喜欢平淡地生活。他说，这是他目前追求的人生理想状态。

2015 年

杨世祥和他的《木楞房之恋》

前不久,我到华坪县去过傈僳族的"阔时节",接触了一些文朋好友。也才听说华坪县成立了一个文学沙龙,一共是七个人组成,可以说是华坪县一个典雅的写作群体。这个沙龙、这个群体,我想在另外的文章里作介绍,但我之所以一开始就说起这个文学社团,原因是社团中有个傈僳族作家,名叫杨世祥。他新近又出了一本书,叫《木楞房之恋》。

我认识杨世祥只有两年不到的时间,都是在会议上或饭局上。分手后,他在华坪,我在永胜,平时交往不多,他的文章也读得不多。但他给我留下的印象是不爱说话,初次见面,他就给我敬了一杯酒,好像是说了句"话在酒中"的托词。和我的所有不善言谈的少数民族朋友一样,朋友见面就只好喝酒,以酒代话了。当然,酒喝多了,话也会多一些,气氛也会活跃一些。但杨世祥是喝了酒也不爱说话,只是喜欢静静地听着。所以,他在我的眼里一直是个文静的小伙子。他在一篇题为《丑的断想》里称他生得丑,我觉得言过其实,那是文章中的杨世祥。现实中的杨世祥生得不丑,精干而有朝气。

在华坪期间，曾有人多次说起，杨世祥在背地里常提到我，说我创作十分勤奋（我听了十分感动，但我的这篇文章不是为这句话写的）。但我不知道，杨世祥读过我的多少文章，对我的文章评价如何。而就我来说，对杨世祥文章的接触，真的是从这本《木楞房之恋》开始的。我在华坪又一次接触了杨世祥这个人，从华坪县委宣传部得到了他的《木楞房之恋》，我喜欢把人与文交融着来读，读起文字，想起声音，感到轻松愉快。所以在华坪期间，就抽时间选读了部分篇章，到了家里才两天就全部拜读完了。

掩卷沉思，远远近近依然是起伏的大山。有一种木质的味道，有一种天然质朴的清新。木楞房在山野清风中，沐浴一缕最纯粹的阳光……杨世祥的文章里流露出来的生活之美、艺术之美，让我感受到了一个民族、一个人的纯洁与高贵。我也与世祥一样：听着葫芦笙声，竟然泪流满面，我知道那些不懂汉话的祖先，用葫芦笙诉说一个民族的苦难与光荣。真的，当时就是那样的心境，我刚从傈僳族山寨下来，我能用傈僳族的颜色、话语、风情、炊烟和牛羊等混合着《木楞房之恋》来读。顺便说一句，我在这里提到了傈僳族的"颜色"这个词，是因为华坪花傈僳的服饰给了我强烈的色彩冲击，在华坪傈僳山寨，我不止一次想到了彩虹和蝴蝶。在杨世祥的文章里，也有大量的反映花傈僳的篇幅，他写道："姑娘被山歌撑长大，满坡的荞子花阿，染出了一片身负雨露的流云……"我觉得花傈僳就应该这样写才是真实感人的。

从华坪回来，读罢书卷，让人感到高兴的是，《木楞房之恋》

在云南和西藏的边缘

全书近20万字，题材大多数与傈僳族有关，读了它，你能了解到一个真实的傈僳族。杨世祥是傈僳族，他奋斗，他探索，他历尽磨难，但他自始至终都没有离开过生他养他的傈僳族山寨。杨世祥于1972年出生在华坪县中心镇楠木木脚村，放过羊，种过地，当过爆破员、农科员、代课教师、临时工等。我不知道杨世祥在自己人生的路上画了多少个梦想的圆，但我知道的杨世祥，现在的落脚之地还是在华坪，那个活跃着几万花傈僳的故乡。所以，他文章的题材，就与傈僳族这个话题结下了不解之缘。他写傈僳族生活，可以说是从内容到形式都是由傈僳族的话题开始，再到傈僳族的话题结束。在文章中，我们可以看到傈僳人的服饰、宗教、族源、迁徙、耕作方式、食宿婚姻，等等。我们从他的《毕扒世家》里，看到的不止是一个傈僳人的人生道路，一个梦想，在通篇文章里，随时可以看到"毕扒"（巫师）的行踪，道场的显现，一种宗教气氛如何在傈僳族山寨里弥漫。在杨世祥不显山露水的叙述里面，我们可以看到一种神秘宗教是如何在那片土地上扎根、在那些大山深处影响着一代又一代傈僳人的。

从反映形式上，杨世祥述说傈僳族风情调动了小说，散文，诗歌几种文学样式。在《木楞房之恋》这本集子中，小说也好，散文也好，诗歌也好，其内容都没有离开华坪，并大多数文章都涉及傈僳山寨。我们看到，杨世祥在写作过程中，看准了自己所熟悉的生活的同时，也试图在文学的各个领域加以探讨和研究，用不同的文学样式来反映本民族的原始、多样、进步和变化。通过阅读这本集子，从总体上看，杨世祥在小说创作上成就比较大，在题材的把握，驾驭语言的能力上都有自己的特点。像《通往山外的路》《毕扒世家》等篇章，文章中的主人翁既似有作者自己的影子，有他独特的感情，但又不只是他个人的生活小圈子，而是整个傈僳族生活的缩影，所以，文章读来亲切朴素的同时，极具梦幻色彩，让人自觉不自学地又被傈僳生活和生活中的人物和场景感染一次，让人认识到了一个扑朔迷离的傈家山寨。

在客观地介绍傈僳族和表达自己的生活观点的时候，杨世祥采用了散文样式。他的散文篇幅都不长，取材也是经过精心挑选的。像《风情万种花傈僳》《傈僳族认亲只问氏族不问姓》《奇异的"玛卓人"》等，所选的题材都是经过仔细酝酿的，是人们最为关心的。在用散文介绍傈僳族风俗的时候，杨世祥极大地显示了自己从容不迫的本性，最富有个性的语言色彩。正如丁发荣同志在序言里所说的，世祥的作品"细细咀嚼，带有一些人生哲学，把文章写到这种境地，主要是靠语言、结构、内容"。所以，这种风格表现在杨世祥的散文上，就使他的文风准确生动，不枝不蔓，读来生动活泼。读罢《木楞房之恋》里的文章，最后让人产生对那些花傈僳生活的山寨的向往，对那些傈僳人的热爱。

当然，我在读《木楞房之恋》的时候，还想到杨世祥的创作视野问题。杨世祥长期生活在自己独特的天地里，这是一个优势，但长此以往，也可能会成为一种劣势。所以，希望他能在立足于自己风格、自己优势的基础上，拓宽视野，进一步打开创作思路，增进与外界的交流合作，把作品推向外面的世界。

2002 年

网络散文怎么样

那些能经常在纸质刊物上发表诗文的高手，很可能对网络上的文字不屑一顾。这几年，对网络文学是与非的争论，也是此起彼伏。好在，现在人们对网络文学的"是非"有了一个基本的调子：即，有利也有弊。虽然，这个论调总算提及了网络文学有利的一面，但也没有否定它有弊的一面，只不过，网络文学再不用担心有朝一日被封杀在萌芽状态。当然，关于网络文学"利弊"的争论，也不会停滞不前。只不过，网络文学发展的迅猛之势，也让人始料不及。我涉及网络文学的时间不长，到达的网站也不多，但是，我知道文学网站早已是遍地开花，让人目不暇接。

随着通信网络的快速发展，网络文学在中国文学上的地位越来越不容低估。网络文学的作用也正日益显现出来，一些作家新秀正通过网络这种特殊的媒介，走向成熟，并在文坛上崭露头角。网络文学成了纸质刊物有益的补充，一些网络爱好者，通过网络认识了一些优秀的纸刊，成了这些刊物的忠实读者。

所以，期刊文学，也逐步看到了网络文学的重要性，他们也期望能用网络文学来"网"住读者。近年来，许多刊物都纷纷创办"下半月网刊"和出版网络图书就是一个例子。同时，也为网络文学爱好者自己的文章登上纸质刊物创造了条件。

这些年活跃在网络文学里的作家中，各种文体的操作者都有，然而在网络文学中，非常活跃的文体却是诗歌和散文。在各种论坛上，所发的文章，诗歌、散文占了大多数。我对网络诗歌的现状了解不深，并且我涉及的网站，更多的是发表散文，阅读散文，所以就单说对网络散文的一些看法。

网络散文的写手们，大多数文化程度都比较高，一般以干部、学生、公务员和职员为主力军。由于网络文学具有它特殊的一面，它要写作者对网络的占有，懂得电子计算机最为基本的操作规程，所以这些写手，文化层次相对较高，并且有一定的写作经验，也因此网络文学爱好者们一上来就显示出不凡的实力。有相当一部分作者，过去就长期从事写作，由于各种原因，文章压在抽屉里，到了网络这个自由天地以后，一发不可收拾，展示了他们个人的才华，所以，容易得到网友和社会的公认。

散文能在网络上占一席之地，并在短时间内取得成就，这与它的文体形式有极大的关系。散文写作，没有特定的框框套套，行文一般都比较自由。特别是到了网络这里，散文就更自由散漫了，不要主题，不要意境，好像是和朋友聊天，有话便说，只要愿意，有啥说啥，什么事情都可以成为文章。有时候，情绪来了，可以把"当下"的事件一气呵成，马上贴到网站上，供网友欣赏。有的人，一天能就几篇文章出来，让人眼花缭乱。由于以上原因，网络散文加快了打乱散文既定模式的步伐，使散文更加内心化、简单化，更加个人化、情绪化，也加强了对主题的淡化。我不知道，这会不会打乱散文的操作规程。但这样的散文，总是让人看了耳目一新，而且容易出现好作品，而现在最为时髦的说法：新散文——这就是一些散文刊物也爱到网络上挑选文章的原因。

  值得一说的是，网络文学培养了大批散文作者，推动着"新散文"前进步伐的同时，也培养了一些自以为是的作者。其中表现在，这些作者往往只图数量上的增加，以每天能写出几篇文章为炫耀的资本，而缺乏精品意识，作品的质量难于提高。由于上网时间多，形成了一个网络圈子，他们只看网络上的文章，不看前人的经典作品，不想承认文学的"继承发展"这个客观规律，所以，网络作家要想更上一层楼，确实不是那么容易。再者，在网络中，发表文章随意，又没有稿费，缺乏专业的网络批评，诚意的批评难于出现，有些评论，还会误导网络写作。所以，网络散文的写作虽然有大胆创新的一面，也容易停滞不前，在一个层面上徘徊。

2003 年

小说《乌鸦》中的性描写

没有性描写的长篇小说无法完整，爱情和婚姻的情节往往会贯穿于长篇小说的始终。这是由人类生活的客观条件所决定的，像命运一样难于改变。因此，对小说中性描写的争论也最多，特别是女性作家小说中的性描写，非常容易引起反复的争论。《乌鸦》（作者九丹，长江文艺出版社出版）的情况也是如此，但不全因为它的作者是女性作家九丹。而是因为，《乌鸦》中所反映的是"另类"的留学生生活，通篇都以最为特殊的妓女生活为背景，刻画着表面的文明与内在的肮脏，诅咒现实中没落的变态性思潮走向灭亡。

对《乌鸦》中性描写的评论中，持批判意见的占很大分量，这些人认为，《乌鸦》这部小说以最为敏感的另类生活为题材，大胆地渲染性的色彩，有以此招徕读者之嫌。其实，在我看来，《乌鸦》中关于性的描写只是一种表象，小说中关于性的情节，只是为表达作者的一种思想、为一种倾向服务。所以，把《乌鸦》看成是纯粹反映留学生生活、反映妓女生活的作品，那是一种错误的看法。仔细琢磨作品可以看出来,《乌鸦》所反映的生活其实不应该有地域的局限,它是一部跨越时空的小说,其事件可以放到更为广泛的空间。因为,作品中的情节,看似写中国留学生的生活、妓女生活,但它却有着最为普遍的意义。从小说的艺术价值来说,也不能把其中的性描写看成是局部的暴露,小说的主旨,是想通过局部反映最为普遍的生活态度,它对人生价值观的改变,逐渐滋生蔓延的逆向性心理进行了深入的剖析。如果我们从这个意义上来看待《乌鸦》中的性描写,我们就会看到更深层的东西,并且从中得到反思。

阅读《乌鸦》以及小说中的"性",首先要打破小说中具体的地域概念。这里所描述的地理、人物,都具有不确指性。小说写的是新加坡的生活,新加坡人和中国的留学生,但小说中反映的生活,却超越了新加坡之外,超出了中国留学生这个范畴,作品所反映的生活,其内容涵盖了整个世界的性变态范畴。这个观点,我们在仔细研究小说中的人物后就可能看出来。小说中那个留学生海伦、既官也商的柳道、神出鬼没的麦太太、私炎、芬,其实都不是确指人物,他们代表着现代生活中的某一个领域、一种生活观念、一种以死亡气息密切相连的阶层。小说只不过是通过这些人物,把人生的追求、人类的价值等属于世界观的东西,搬到了留学生生活中来了。

小说中的麦太太是一张网,作家通过这张网,网住了海伦、柳道、芬、私炎以及其他人物和空间。这个人物在小说一开始就神秘地出现,成了存在于世界的无形的网。小说中的麦太太灰暗、老朽,装腔作势却道貌岸然。作品对她的描写,就是要人们从她表面的文化，看出掩盖着的丑恶的历史和现实。麦太太的过去就不光彩，现实中，她虚荣，她险恶。她误以为海伦的父亲是个高官，便不择手段网住海伦，并在暗地里打探其真实性。时间不长，便对海伦进行出卖，以此来稳住海伦，网住柳道……可见这个人对生活的态度，为人处世的居心不良。而且，在麦太太那里，不论过去和现在，性都是服务于经济和政治的工具。

我们不能不注意的是，柳道这个道貌岸然的人物在小说中的核心作用。柳道是小说中的主要人物，在作家的笔下，他是个亦官亦商亦爱女人的角色。小说中的柳道，生活在经济发达的社会里，是商界要人，也是国会成员，在他的身边，却随时坐着几个年轻美貌的女子。我觉得这种叙述就是一种夸张的虚指，这个柳道的象征意义非常明显。在小说的性描写中，也暴露着柳道虚荣心，在现实生活中，他自己都会说喜欢女人，却说去红灯区丢面子。也就是这个很顾面子的柳道，暗地里，却在进行着更为残酷的性交易。也就是这个柳道，在他喜欢的海伦那里表现着成熟的两面手法，从而使海伦的人生道路上染上悲剧色彩。

小说中的海伦是《乌鸦》中"性"描写的主体，同时，她也是柳道的情人，是妓女，是性的牺牲品，也是作家最为关切的人物。社会的、个人的原因，使海伦走进了妓女生活的死胡同。但在这条绝望的路上，海伦一直抱有希望，一直保持着人类最基本的人性。她尽管地位低下，但她面对现实敢说实话，承认现实，不像柳道那样虚伪、自私，与之形成鲜明的对比。所以，在不可回避地描写性的同时，作者对这种最底层的人表示出极大的同情。小说通过性描写，通过在同一种性生活的阴影下的人物对比，让我们看到这样一个现实：那些阳奉阴违的人总是躲在社会的阴暗角落里，他们貌似清白、高雅，实际上，他们的内心世界连妓女都不如！这有多么大的讽刺意义！

在小说中，作者还对海伦的性格进行了多重性的构造。我们看到，在同学"芬"做人流手术时，她竟把自己卖淫得到的500元钱用来为芬交手术费，而芬的情人却在关键的时候无影无踪。同时，作者想通过海伦这个理想人物，为性变态者掘一座无比广阔的坟墓。柳道在海伦到达新加坡的同时出现，并且首先进入到海伦的性生活里，最终，这个爱着海伦，也被子海伦"爱"着的人，又在海伦的手中死去。这个具有戏剧性的结局，表达着作者鲜明的倾向。柳道是性变态的典型，是转型社会的变态人物的典型。作者通过这个人物反映在社会转型、经济发展后人们思维发生的变化，心理的扭曲。《乌鸦》想通过柳道这个人物让人们认识到，人的思想意识的转变，已经跟不上金钱和物质的转变速度，最终这种人物会被历史所埋葬。

总之，《乌鸦》中性描写的意义，我们不能以性谈性，以性看性。小说中关于性描写的意义还在于，所有靠"性"来挽救自己的人，将挽救不了自己，也挽救不了别人。

2003 年

散文的帽子

近年来,我们已经看到散文有了好多顶新的帽子。美文,大散文,文化散文,新散文,原散文,书斋散文与体验散文……这些帽子,都不知不觉地戴到了散文的头上,让人产生目不暇接的感叹。

同时我们也已经看到,给散文戴帽子的人们,都在试图以这种"戴帽子"的形式提倡自己的散文观。《美文》主编贾平凹说:"提出大散文是有背景的,因为1992年我们创办这份杂志的时候,散文界还是比较沉寂的,文坛上的散文一部分是老人的回忆性文章,还有一部分是很浅的很造作的文章。我们想,一方面要顾散文的内涵,要有时代性,另一方面要拓开散文题材的路子。"

后来,余秋雨又以一种新的散文样式倡导"文化散文",他说:"我觉得用生命历险的方式去进行这种大文化之间的考察有可能出现在文体意义上的大构建。这个大构建在某个层次上不一定很出色,但他一定有存在的理由,这样也可以摆脱我们以前比较小家子气的某一种文体。"

"新散文"这个词,我在20世纪末《大家》杂志上最先看到,《大家》杂志曾隆重推出过一批"新散文"作品,并声称要开"新散文"之先河。后来,在网络文学论坛上,又出现以"新散文"命名的两个网站,一个"新散文"网站的宗旨是:有情、有思、有趣、无界线写作。另一个"新散文"网站则提出:前倾、先锋、思索。新散文,其散文观,都在创新上。

还有一个我喜欢的网站:"原散文",这个网站的散文观也非常明确:语言干净而透明,像水一样无形而极具张力地流动,喜欢笨拙、原初和充满生命激情的文字……

上述种种,散文的帽子下面,都在极力体现着散文的新意和革命,得到了不少的喝彩声,"散文热"一度成为一种文化气候,所谓的散文多元化,也逐步成为时髦话题。当然,我们也看到有人对散文的这些新帽子提出质疑和批评。以"大散文"这个概念来说,北京大学中文系教授陈平原就不同意"大散文"和"小散文"的观点,《人民日报》高级记者卞毓方也很反感把我的文章归入"大文化散文"里面。他说我的文章的"大"是渗透在"骨头"里面的,不是由文章的长短来决定。

对于"新散文"的概念,我本人就持过不同的意见。我曾经在私下里对朋友说过,任何一种艺术,都是在继承的基础上发展,一味地提倡新,便是无源之水,无本之木。至于"美文"和"文化散文"的概念,也是众说纷纭,有人提出,散文的写作追求,大都是以美为目标的,所以,"美文"一说,可以说是标榜,也有"多此一举"之嫌,"文化散文"一说的意义更是模棱两可,它是文化人写的散文,还是散文里拥有什么特殊的"文化"?那么,什么样的散文是没有文化的散文?……种种问题,各路高手都提得很尖锐,各持己见,莫衷一是。

类似的关于散文帽子的评论文章还很多,这种争论到底有无意义,我不得而知。只是,散文要不要戴这样或那样的帽子,值得批评家们思考。这是因为,给散文戴帽子,是中国文学史上的老问题,属于老生常谈。中国文学论理论的历史上,对散文的定义,一直是个争论不休的问题,读过文学概论的人,都记忆犹新。还要说到的是,文学评论家们过去给散文戴帽子,是散文的归属问题,是怎么将散文与其他文体相区别的问题。而近几年来,大家热衷于给散文戴的帽子,是想赋予散文新的内容,在散文中,依然要让"散文"形成独特的门类或派别,如此而已,其主导思想也可以说得上难能可贵。

但是,散文应不应与其他艺术一样分门类派别,真值得讨论。因为,其他艺术门类的派别,有着存在的历史和现实依据。例如诗歌戏剧的派别形成,诗歌不但有格律诗、旧体诗的区分,还有朦胧诗和自由诗等客观依据;戏剧方面,又因它有地域的因素,唱腔的不同,唱、念、打、做等的明显不同,产生出不同的艺术门派。而散文的派别,我们怎么来区分,大散文派,新散文派,原散文派,文化散文派,好像我们都说不出理由来,或者说理由不充分,不能让人信服。这可能也是散文自身的特点决定的,散文可以散淡,可以激情,可以叙事,可以信马由缰,可以从容不迫……所以,曾经出现这样的观点:任何要给散文戴帽子的想法,都可能只是徒劳。

然而，不能否认散文的帽子后面，散文的繁荣和发展。关于一种艺术的门类派别的出现和争论，总是与这种艺术的繁荣程度、人们对它的关注程度有着联系。所以，我认为，散文的这些帽子的出现，与这些年来散文的繁荣不无关系。同时我们还应该看到，散文的历史上，还是出现过"帽子"的，我们也注意到，各个时期，散文出现过帽子的同时，也出现杰出的散文家。 历史上的"唐宋八大家"，便让人叹为观止。只是，新时期的散文，在散文的这些帽子下面，散文没有形成应有的派别效应，不少散文的帽子下面，都没有叫得响的领军人物，没有形成有影响、有个性的散文家，或者说，没有多少人承认的有影响的散文大家。从这个角度来看，一些散文家在推崇散文新的帽子的同时，又不承认领军人物的存在。

　　这让我们在散文的新帽子下面看到尴尬的表情。

2004 年